编委会名单

教育部人文社会科学重点研究基地重大研究项目实验研究子课题

广州黄金高德教育研究有限公司 编

幼儿科学创造力培养研究与实践

暨南大學出版社
JINAN UNIVERSITY PRESS
中国·广州

图书在版编目（CIP）数据

幼儿科学创造力培养研究与实践/广州黄金高德教育研究有限公司编．—广州：暨南大学出版社，2009.5
ISBN 978－7－81135－307－5

Ⅰ.幼…　Ⅱ.广…　Ⅲ.学前儿童—创造力—能力培养—文集
Ⅳ.G610－53

中国版本图书馆 CIP 数据核字（2009）第 075928 号

出版发行：暨南大学出版社

地　址：中国广州暨南大学
电　话：总编室（8620）85221601
营销部（8620）85225284　85228291　85220693（邮购）
传　真：（8620）85221583（办公室）　85223774（营销部）
邮　编：510630
网　址：http：//www.jnupress.com　http：//press.jnu.edu.cn

排　版：暨南大学出版社排版设计中心
印　刷：广州市怡升印刷有限公司

开　本：890mm×1240mm　1/32
印　张：9.75
字　数：260 千
版　次：2009 年 5 月第 1 版
印　次：2009 年 5 月第 1 次
印　数：1—4000 册

定　价：18.00 元

“幼儿科学创造力培养”课题开题会议在广东省人大会议中心举行

专家和领导给实验基地幼儿园授牌仪式

“幼儿科学创造力培养”课题结题鉴定会在广州华泰宾馆举行

专家给实验基地幼儿园颁发结题证书

中国心理学会学校心理专业委员会

《幼儿科学创造力培养》项目

鉴 定 意 见

鉴定专家组经过认真审查教育部人文社会科学重点研究基地重大研究项目《儿童科学思维过程与科学创造力培养》实验研究子课题“幼儿科学创造力培养”课题组提交的鉴定材料，讨论后形成如下意见：

该课题是一项具有教育实践意义的课题，探讨了婴幼儿创新思维及创造人格培养的途径、方法、材料等，从心理学和教育学的角度阐述了婴幼儿创造力发展的必要性与可行性。从实证的角度探讨了婴幼儿创造力发展对个体有关心理素质和可持续性发展的影响。

1. 该课题根据课题研究方案进行了深入研究，完成了课题申报书中的各项内容，达到了预期的研究目标。

2. 该课题针对幼儿科学创造力培养问题展开实验研究，既有理论创新性，又有实际指导意义。

3. 该课题研究思路清晰，研究设计合理，研究方法得当，数据可靠，结论较严密。

该课题研究对于完善我国幼儿创新思维课程体系，促进教师专业化成长具有较重要启示，产生了积极的教育效果和较广泛的社会效果。

建议在此研究的基础上，课题组进一步加强后续研究，扩大应用研究范围，在更广泛的范围内进行推广和运用。

专家组一致同意该课题通过结题鉴定。

中国心理学会学校心理专业委员会

二00九年三月六日

成果鉴定专家组（签名）：

前　言

一位美国小学教师对一位中国家长说："对人的创造能力来说，有两个东西比死记硬背更重要，一个是他要知道到哪里去寻找他所需要的比他能够记忆的多得多的知识，再一个是他综合使用这些知识进行新的创造的能力。死记硬背，既不会让一个人知识丰富，也不会让一个人变得聪明，这就是我的观点。"

还有一位教授曾说过："我相信，一定会有越来越多的人看到这样一个重要的事实：每一个孩子都是富有创造力的生命，关键在于我们能否发现他们的天赋。我想，文明发展到今天，人类已经应该能够看到每一个生命拥有的价值了。"

今天，这些说法已经得到美国教育界的普遍认同。这种观念不仅承认差异，而且尊重差异；不仅尊重一般性的差异，而且尊重特殊性的差异。在他们看来，人的千差万别恰恰构成了人的丰富多彩的创造力的基础，而教育的任务恰恰应该是把人的各种各样的能力发掘出来，而不能像可口可乐的生产线那样，把自己的产品造成一个模样。

人类的每一次重大发明创造都推动了社会跃上一个新台阶。比如，机器的发明，解放了人的体力；而电脑的发明，解放了人的脑力。未来社会，随着信息与网络化的知识经济时代的到来，一般性脑力劳动会被电脑取代，创造性的脑力劳动就留给了人脑。国际社会已经清醒地认识到，社会的可持续发展越来越取决于一流创造型人才，而不仅仅取决于煤炭、石油、天然气等自然资源。

所以说，我们的教育要解决的最重要的问题，就是如何最大限度地开发人的创新潜能，培养更多的创造型人才。而创新教育必须从学前阶段开始，才能实现其应用价值。美国有一份调查报告显示：一般人在5岁时可具有90%的创造力，在7岁时具有10%的创造力，而8岁以后创造力就下降为2%了。为什么呢？因为与成人相比，孩子的好奇心和好胜心强，没有过多的思想束缚，敢想、敢做。由于他们不受约束地思考和做事，有着强烈的创造精神，因此这个时期是开发脑力资源、培养创新意识和创造能力的黄金期。

培养幼儿的创新思维能促进幼儿身心全面和谐地发展。人类一出生就具有巨大的创造潜能，只要得到适时和科学的开发，就有可能成为高创造力的人。所以，在这一阶段实施创新思维教育能满足幼儿个体全面发展的需要。

广州黄金高德教育研究有限公司承担的教育部人文社会科学重点研究基地重大研究项目“儿童科学思维过程与科学创造力培养”实验研究子课题“幼儿科学创造力培养”，对培养幼儿的科学创新思维具有重要的理论指导意义和应用价值。课题组选择了12所省、市一级幼儿园作为课题研究的实验基地，全面、具体地实施课题的研究方案。经过4年的课题研究，现已顺利通过鉴定。

《幼儿科学创造力培养研究与实践》一书是对“幼儿科学创造力培养”这一课题的高度总结和概括。课题组从实验基地幼儿园的各类科研论文中筛选出部分有代表性的编辑出版。这些论文具有一定的可操作性及教育借鉴价值。愿此书能给幼教工作者和父母们带来启迪和收获。

广州黄金高德教育研究有限公司

2009年4月

课题简介

一、课题名称：幼儿科学创造力培养

二、课题来源：教育部人文社会科学重点研究基地重大研究项目“儿童科学思维过程与科学创造力培养”实验研究子课题

课题批准号：05JJDXLX005

三、课题承担机构：广州黄金高德教育研究有限公司

四、课题研究起止时间：2005 年 5 月—2009 年 3 月

五、课题研究情况概述

（一）研究背景

心理学的研究表明，婴幼儿具有巨大的创造潜能，只要得到科学的培养与开发，就可能成为富有创造性的人。创新能力发展的关键期是 2～6 岁，因此，婴幼儿时期是创造力发展的关键期，婴幼儿时期创造力的发展对其整个心理发展起重要的促进作用。

然而，目前我国在这方面的研究非常薄弱。近年来，幼儿创造力培养已经成为当前研究的热点。以往的幼儿教育存在着不少问题，主要是重知识而轻操作，重聚合思维而轻创新，重指导而轻激发。这影响了幼儿创新思维能力的开发和整体素质的提高。如何培养幼儿创新思维这个重大课题，迫切需要从理论和实践的层面上加以研究与探索，以推动我国教育改革实践的深入，进一步提高幼儿教育教学质量，提升教师的业务素养和专业水平，增强办学竞争力。

（二）研究目的

（1）探索和总结“幼儿科学创造力培养”的内容和策略。

（2）总结和推广“幼儿科学创造力培养”的实践模式。

（3）通过幼儿创新思维培养，促进幼儿园创造性地实施素质教育。

（三）研究内容

（1）应用性专题研究：幼儿科学创造力培养的多种实践模式及其特点；现代信息技术的应用与幼儿科学创造力培养；幼儿多元智能发展与健全人格的培养；幼儿园、家庭、社区互动育人与幼儿科学创造力培养；幼儿科学创造力培养的影响因素与实施策略研究等。

（2）具有典型意义的幼儿科学创造力培养的个案研究。

（四）研究的基本构思

1. 关于科学创造力的构成

本课题立足于国际心理学与幼儿教育的前沿，在总结国内外相关研究的基础上，提出了关于科学创造力构成的系统理论。科学创造力分为科学创新思维能力与科学创造人格两部分，各部分构成如下：

- 科学创新思维
  - 科学发现能力
    - 现象观察能力（动态观察、操作观察）
    - 问题发现能力（问题确定、问题探究）
    - 比较概括能力（特征分析、特征归纳）
  - 科学构思能力
    - 变通分类能力（深层分类、多维分类）
    - 类比联想能力［关系类比（空间、图形、词语）、问题解决类比］
    - 发散思考能力（功能发散、方法发散）
  - 科学验证能力
    - 因果推理能力（演绎推理、因果判断）
    - 假设检验能力（假设提出、假设验证）
    - 变量控制能力（变量确定、实验设计）

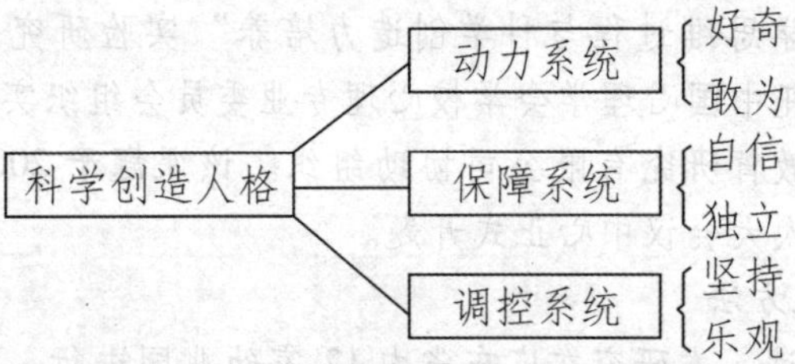

2. 关于科学创造力培养的方法：微观发生法

本课题引进国际心理学研究与训练儿童的一种最新的方法——微观发生法，根据我们系统的研究进行改进，作为本研究培养幼儿科学创造力构成的基本方法。

运用微观发生法培养幼儿科学创造力，要在教学过程中设定好几个关键性的环节，关注幼儿在关键环节上认知方面的变化，把握其新的认知策略和技能最初出现的时机，并及时提供反馈和指导，促进幼儿相应的认知策略和技能从最初出现到概化的一致使用过渡。

使用微观发生法促进幼儿的科学创造力，活动实施包括以下三个环节：

第一，设置情境，引导观察，引发策略出现。

第二，多次尝试，提供反馈，形成目标策略。

第三，相似任务，训练巩固，促进策略迁移。

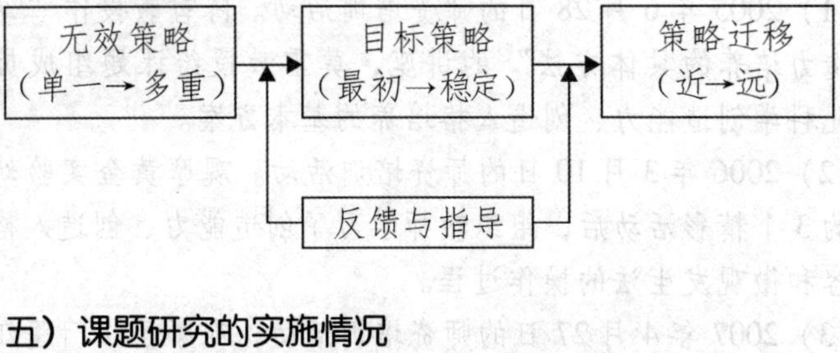

（五）课题研究的实施情况

“幼儿科学创造力培养”作为教育部人文社会科学重点研究项

目“儿童科学思维过程与科学创造力培养”实验研究子课题，由总课题组委托中国心理学会学校心理专业委员会组织实施，并由广州黄金高德教育研究有限公司协助组织。该课题于2005年6月5日在广东省人大会议中心正式开题。

1. 实施方法

(1) 被试。本研究在广东省内12家幼儿园进行。采用自愿报名的方式，根据每个幼儿园的规模，确定小班（3岁组）、中班（4岁组）与大班（5岁组）各30~100人为实验组，同时根据需要确定相应的控制组作为比较。

(2) 材料。采用总课题组设计的3类材料：第一类，教学活动方案；第二类，图形类比手册；第三类，配套的教学用具。

(3) 实施程序与做法。本研究在实验班进行创造力培养的训练。这种训练遵循幼儿心理发展的特点，要在无负担的情况下进行。本研究将创造力培养的训练编为6个程序，或称6段。训练采用上面3类材料，每个程序正常操作时间为3~4个月。教师按照这6个程序逐个操作，全部程序完成大约要18~24个月。

(4) 在课题研究的开始和结束时，实验组和对照组同时完成《幼儿科学创新思维能力测验》的测查。

2. 师资培训活动

我们定期组织师资培训活动，指导教师更好地理解和进行课题研究工作，共组织4次培训活动：

(1) 2005年6月28日的师资培训活动。陈哲教授作“幼儿科学创造力培养的具体方法”的讲座，莫雷教授给课题组成员分析了幼儿科学创造能力、创造人格培养的基本方案。

(2) 2006年3月10日的师资培训活动。观摩黄金实验幼儿园带来的3个精彩活动后，组织教师学习了创造能力、创造人格的具体内容和微观发生法的操作过程。

(3) 2007年4月27日的师资培训活动。观摩了江门蓬江幼儿园的课例，听专家讲述如何进行科研论文的写作，各实验基地进行经验分享交流。

(4) 2007 年 11 月 23 日的师资培训活动。总课题组组织子课题实验基地学习如何写科研课题结题报告和个案研究报告。

3. 教研活动

(1) 2006 年 6 月，由各地区课题幼儿园开展“地区定点、展示交流”的系列研讨会。研讨会分别在江门、南海、惠州、韶关 4 个地区进行，共有 9 所幼儿园参与展示及观摩。展示课例多达 15 个，其中新生成课例占 65% 以上，有的地区新生成课例甚至占 100%。其余课例虽来自提供的活动方案，但实践教师在此基础上进行了大胆的修改、调整，完善了课例。

(2) 2006 年 10—11 月，12 家幼儿园又分别在江门、南海、惠州、韶关、广州 5 个地区举行了研讨会。研讨会共展示 17 个活动，这其中的大部分课例也是自主生成的活动。

(六) 主要研究成果

在总课题组和专家的组织、指导下，经过各实验基地的共同努力，我们对课题“幼儿科学创造力培养”进行了理论与应用研究，研究成果主要体现在以下两方面：

1. 理论研究

完成约 20 万字的课题研究论文集，含各实验研究子课题幼儿园的研究报告、经验论文、个案研究、活动设计等。本论文集于 2009 年 5 月由暨南大学出版社出版。

实验研究从以下四个方面论证了幼儿科学创造力的培养。

(1) 课程探索。通过实施实验方案，在教学的过程中完善了教学方案，论证并探索了一套较为科学的培养幼儿科学创新思维的课程。如南海机关幼儿园论证了在幼儿科学创新思维培养下语言表达能力的课程探索的可行性，江门蓬江幼儿园、南海桂城中心幼儿园和惠东实验幼儿园论证了幼儿科学创新思维的课程实施的具体方法、途径。

(2) 人格培养。结合实验基地自身的特色与优势，积极探索了幼儿科学创造人格培养的方法，论证了幼儿好奇、敢为、自信、独立、坚持、乐观等品质是幼儿形成创造人格的基础。

（3）教学材料和教学手段。利用总课题组提供的材料，结合幼儿园老师自主设计的材料，创设多种途径，通过多样手段，论证了适合幼儿科学创造力培养的材料与手段。

（4）家园、社区互动机制研究。充分利用家庭、幼儿园、社区的资源，发挥各自的机制，互动合作，营造适合幼儿创造力培养的环境，论证了家庭、幼儿园、社区互动机制与幼儿创造力培养的关系。

2. 应用研究

在理论研究的过程中，各实验基地创造性地生成了许多教学活动方案、课例，详见课题研究论文集之“活动设计”。

专家简介

课题组组长李惠健博士、教授： 广州黄金早期教育集团校长、广州黄金早期教育研究所所长、广州黄金幼儿早期教育培训中心校长、广州黄金商贸培训学院院长、广州黄金高德教育研究有限公司总经理、广州杰出青年协会常务副会长兼秘书长、香港学前教育学院教授、广州市第九届和第十届青联委员、广州市青少年发展基金会理事，撰写了十多本专著、八十多本讲义和教材，获国家专利三项，取得黄金密码记忆技术、保密技术等二十多项成果。

课题组副组长邓冬梅硕士： 广州黄金早期教育集团常务副校长、广州黄金高德教育研究有限公司副总经理、广州黄金商贸培训学院副院长。

课题组副组长刘军副教授： 广州黄金早期教育集团校长助理、广州黄金高德教育研究有限公司教研部总监、广东省学前教育专业委员会理事及游戏与玩具研究部常务副主任、广州市幼教学会秘书长、广州市幼儿教育研究会常务理事。

课题鉴定组专家莫雷博士、教授： 中国心理学会副理事长、华南师范大学副校长、教育心理学博士生导师、广东省重点学科教育心理学的学术带头人培养对象（十工程之一），同时担任国务院学位委员会学科评议组成员、国家教委心理学教学指导委员会委员、广东省普教科研学术委员会委员等职务。

课题鉴定组专家杨宁博士、教授： 广东省学前教育专业委员会主任、华南师范大学学前教育系主任。

课题鉴定组专家梁雅珠副教授： 北京教科院早期教育研究所所长。

目　录

研究报告

经验论文

个案研究

活动设计

附　录

研究报告

科学教学手段和适宜教学材料对幼儿科学创新思维培养的作用研究

广州市黄金实验幼儿园课题组　陈文希

【摘　要】幼儿的科学教育是科学的启蒙教育，目的在于激发幼儿的兴趣和探究欲望，而幼儿的兴趣和欲望的提高有赖于科学的教学手段和适宜的教学材料。我园开展了为期3年的“科学的教学手段和适宜的教学材料对幼儿科学创造能力培养的作用”的实验研究，并根据“幼儿科学创造力培养”课题组提供的活动方案，确立了以科学的教学手段、适宜的教学材料为重点的探索研究工作，取得了较好的实验效果。

【关键词】幼儿科学创造力　教学手段　教学材料

一、问题提出

时代的飞速发展，社会的不断进步，要求不断培养有科学素养和创新精神的人，而有科学素养、创新精神的人才的培养，不是一朝一夕就能实现的，而是一个漫长的教育过程。它必须从幼儿期抓起，因为幼儿期是创新思维发展的关键期。心理学的研究表明，创新能力发展的关键期是2～6岁，如果在这个阶段错过创新培养，以后就很难重新点燃创新的火花。因此，在学前教育时期要着力培养幼儿的科学创新能力。

幼儿对周围的一切事物有着好奇的心理反应，所以我们要根据幼儿的心理发展需要给予适当的刺激，而这就需要我们提供有效的教学材料来引发幼儿的创新思维。我们都知道，教学材料是支撑教学活动的基础，因此材料的投放是幼儿园教学活动的基本要求，它直接影响幼儿参与活动的积极性和教师组织活动的质量。然而在现实教学活动中，教师有时在不知不觉中走进误区：①认为教学手段运用越超前越好，有时为了吸引幼儿而滥用与教学活动无关的手段。②认为教学材料的投放越多越好，有时为了展示过多的材料而干扰幼儿的思维，等等。这多方面的因素导致教师为了组织活动而花费了过多的人力、物力，浪费了时间和精力，而幼儿在活动中也没有获得真正的发展，可以说是徒劳无功。

教学手段是教师为完成教学任务而采取的工作方法，它是教学过程中教师和学生活动的结合。只有恰当的教学手段才能吸引幼儿，才能更好地让幼儿在不知不觉中发展自己各方面的能力。因此，变更陈腐的、不合理的、不适应形势发展需要的方法，代之以新的教学手段是非常重要的。

鉴于教学材料和教学手段对幼儿科学创新思维培养的重要性，我园参加了由全国教育科学“十一五”规划国家级课题“幼儿科学创造力培养”的研究，并以“幼儿科学创新思维培养的教学手段与教学材料”为课题进行了研究，目的是探索关于幼儿科学创新能力培养的教学手段与教学材料，以更好地培养幼儿的创造力，同时增强教师的创新教育意识，提高创新教育能力，建立一支勇于创新、乐于创新、善于创新的师资队伍，走科研兴园之路。

二、研究方法

（一）被试

采取同层次对比法，从幼儿园的小班中抽取 3 个实验班和 3 个对照班，其中一班为实验班，二班为对照班，各 30 人，实验班与对照班幼儿的生源、幼儿所处的班级环境、教师的教龄以及教学能力基本相当。

（二）材料

实验班采用“幼儿科学创造力培养”课题组提供的系列教学课例。在此基础上根据本班幼儿的年龄特点、发展水平和教学目标的要求，对教学课例的个别环节作了适当的调整，主要是从教学活动材料的投放和应用、改善和开发，教学手段的相互渗透和整合，以及吸纳新信息等方面来开展幼儿科学创造能力活动的研究。

（三）程序

实验班采用总课题组提供的系列教学课例，根据活动内容和幼儿易于接受的教学手段和教学材料，对实验班被试进行了为期3年的实验，每个学期实施30个教学课例，平均每周实施1~2个教学活动课例。实验前，我们对所有实验班的老师进行严格培训，且每个学期都组织参加课题组的大教研活动。在实验的过程中，中心课题组的专家都能定期进行指导，开展听课、评课活动及参与我们提出修改活动课例的讨论，确保实验班的活动顺利进行。而对照班被试按照原先的教学活动进行，没有添加任何的活动内容干预。实验3年后，对实验效果进行测查。最后由主试对实验班幼儿和对照班幼儿进行幼儿科学创造能力测验，每个幼儿单独进行施测。

三、研究过程与结论

（一）教学手段的应用

（1）语言渲染法。语言是人们进行交流和传递信息的工具。幼儿教师在与孩子的交往中除了运用语言作为工具外，还要注重语言技巧的运用。而语言技巧的运用要根据幼儿的年龄特点、活动内容的需要等，通过语言的变化突出重点问题，把孩子的无意注意变成有意注意。语言渲染法始于“情”，终于“理”，是一种情理交融、师生互动的新的教学方法。但要真正做到恰到好处地渲染情感、增强感染力，却并不是一件很容易的事情，它要求任课教师有较强的语言组织能力、高超的语言技巧，并且要熟知幼儿的心理特点。

（2）情境贯穿法。根据活动的内容和要求，创设特定的教学情境，教师和孩子均以角色参与活动，使幼儿如临其境、如见其人、如闻其声，使情绪与情节产生互动，引起共鸣。

（3）间接迁移法。根据幼儿接受知识的难易程度和特点，教师有意识地引导幼儿运用已有的知识经验，使其迁移到有关联的活动内容之中，使幼儿借助已有的知识经验对新的问题产生联想，从而轻松掌握知识、获得经验。

（4）任务指向法。根据活动内容，提出明确的任务指向，引导幼儿的思维向着任务目标进行思考，并与老师提供的材料产生积极的互动。这个过程是幼儿独立自主的探索过程。

（5）观察发现法。根据活动要求，引导幼儿有目的地观察，在观察中发现问题，以丰富幼儿的感性知识，扩大眼界，培养幼儿观察事物的兴趣和方法，进而在观察的基础上学会思考、概括、反思，促进其能力发展。

（6）层次渐进法。幼儿的思维特点是从具体形象思维过渡到抽象逻辑思维，这决定了他们在思考问题的时候需要一个循序渐进的过程，而这个过程就是幼儿逐步转变思维方式，推进能力发展的过程。

（二）教学材料的投放

前文提到，现阶段幼儿教学材料的投放问题是非常突出的。这主要表现在：活动区域的材料更换的时间不合理，有的一放就是一两个月，甚至整个学期都毫无变化，缺少经常性的变化是不能吸引幼儿主动参与活动的；活动材料缺乏系统性、层次性和递进性；材料的投放流于形式，固定的多，变化的少，教师动手动脑的多，幼儿动手动脑的少，相对忽视了活动区的教育功能。针对上述问题，我们认为应该合理投放材料，促进幼儿的主动参与。

（1）根据幼儿兴趣投放材料。教师所用的教学材料的丰富程度直接关系到幼儿活动质量，丰富的材料才能使幼儿尽兴、尽情地“研究”他们的世界。教学材料应该是丰富多彩的，但丰富的材料并不等于越多越好。幼儿注意力具有不稳定性，过多的材料反而容易造成幼儿分心，这显然与我们的初衷是背离的。因此，在投放教学材料的时候，应考虑材料投放的针对性、目的性和科学性，并依据对幼儿活动的观察，进行定期更换和补充。

如小班的时候，在娃娃家投放了小床、衣服、生日蛋糕、图书等，每个幼儿都玩得那么投入，合作交往能力和语言表达能力都得到了锻炼和提高；在建筑区投放了各种不同形状、颜色的大纸箱，并在建筑区的分割物上粘贴形状各异的建筑图片，幼儿在搬弄、摆放、围拢、堆高的过程中，发展手的灵活性和空间知觉，提高了运动能力。大班的时候，在科学区投放了电线、电珠、塑料、毛线、电池、手电筒、万花筒、纸条等材料，促使幼儿探索和发现材料的内在不同，激发幼儿对生活中自然科学现象的兴趣。

在各个活动区投放不同的材料，便于激发幼儿游戏的兴趣，让他们在游戏情境中操作，在合作中学习、探索，在玩中成长。

(2) 提供层次性材料，满足不同幼儿发展需要。不同年龄段的幼儿，有着不同的兴趣、爱好和个性，甚至同一年龄的幼儿，也存在着能力上的差异，而且发展速度也不一样。所以我们在提供教学材料的时候，千万不能“一刀切”，既要考虑“吃不了”的幼儿，又要兼顾到“吃不饱”的幼儿，使每一个幼儿都能在适宜的环境中获得发展。如为了促进幼儿小肌肉的发育，并培养他们细致操作的能力，我们在游戏区设置了“穿木珠”的内容。在游戏中，能力强的儿童可选择软绳穿入木珠，能力弱的儿童可以用硬绳。这样可以让每一个幼儿都找到适合自己的材料，有不同的操作机会。在活动后选择第二区域内容，让操作快的幼儿减少消极等待的时间，使每个孩子都获得成功感。

四、结果与分析

我们在实验过程中根据教学课例和幼儿年龄特点、发展水平，选择了不同的教育手段（语言渲染法、情境贯穿法、间接迁移法、任务指向法、观察发现法、层次渐进法）和适宜的教学材料。结果发现，在幼儿科学创造能力培养活动中，合理地运用教学手段，投放适宜的教学材料，可以影响幼儿对问题的敏感程度，增强其活动的主动性，其创新思维也得到了很大发展。

在实验进行到第三年的时候，我们对实验班和对照班的幼儿进行了幼儿科学创造能力的测验。计算出每个幼儿的分数，用 SPSS 11.5 对所有数据进行统计处理，结果见表1。

表1　实验班和对照班幼儿科学创造能力的测验结果

	平均数	标准差	t 值	p
实验班（30人）	29.32	2.91	3.448	0.001
对照班（30人）	26.47	3.45		

测验结果表明，实验班幼儿的科学创造能力得分显著高于对照班幼儿。这就从幼儿自身的角度说明了：如果有科学的教学手段和合适的教学材料，幼儿的科学创造力可以得到更好的培养，而且效果非常明显。

五、思考与建议

教学手段和教学材料是幼儿教学不可缺少的因素，幼儿教师应把握这个度，既要讲究教学的绩效和效果，又要让幼儿的自由和天性得到满足。

（一）设计教学手段、投放教学材料要结合幼儿的年龄特点、发展水平和兴趣需要以及活动内容

皮亚杰强调兴趣和需要在儿童心理发展中的动力作用，他认为："一切理智的原料并不是所有年龄阶段的儿童都能吸收的，在活动中我们应该考虑幼儿每个年龄阶段的特殊兴趣和需要。"在幼儿科学创造能力培养的教学活动中，虽然我们都是实施课题组提供的活动课例，但我们并不是一成不变地照搬活动课例，而是根据不同班级幼儿的年龄特点、发展水平和兴趣需要以及活动内容，设计不同的教学手段，投放不同的教学材料。如活动"降落伞"、"有

趣的影子"、"让站不稳的东西站稳"、"好玩的器械"、"想办法"等，老师根据活动内容的难易程度和特点，设计教学手段，投放教学材料，满足幼儿的需要，促进幼儿的知、情、意、行的协调发展。

（二）设计教学手段、投放教学材料要尊重幼儿的主体地位，让幼儿拥有参与活动的主动权

皮亚杰认为，儿童是一个"独立的变量"，儿童的心理发展是一种主动积极和不断建构的活动，他们在活动中不断建构智力的基本概念和思维形式，是主体与外部世界这个客体不断相互作用而逐渐建构的结果。而教学手段、教学材料是属于外部世界给孩子提供的客体，孩子只有在教师设计的教学手段和投放的教学材料中进行互动，他们参与活动的主体地位才得以正常发挥，才真正谈得上拥有参与活动的主动权。如在中班的活动课例"水果与坚果"中，老师给孩子投放了大量的水果和坚果，这些水果和坚果就是外部世界给孩子提供的客体。孩子通过观察发现水果和坚果的特点，并在比较中找出水果和坚果的异同。孩子在与手段和材料的互动中不断地构建自己的思维，从而表现出参与活动的积极行为，满足了心理和生理的需要。

（三）设计教学手段、投放教学材料是促进和提高教师组织幼儿科学创造力活动的重要途径

人的成长需要环境，而幼儿教师的成才也需要平台。参加了幼儿科学创造能力培养课题组的研究活动后，教师们参与研究、交流的机会多了，业务能力有了明显的提高，从过去只会按葫芦画样地照搬教案到能够自己设计教案，较好地把握教案，并在每次讨论中发表自己的意见，说出自己的想法，大胆提出活动的目标与方向，减少执行活动教案的盲目性和被动性。如中班活动教案"大小房子"，根据活动教案的要求，老师要为活动准备两间大小尺寸不同、形状相同的房子，但实际上，不仅老师没有能力做出一模一样的房子，而且幼儿也很难从这个模型中产生身处其中的感受，于是老师根据幼儿园现有的资源，大胆地设计了“大小操场”的活动教具。这种材料的投放，贴近孩子的生活，还在原有的活动方案中增加了让孩子感受身在其中的活动环节，使孩子在教学中能真正体现和享受活动的过程，从而提高教师组织幼儿科学创造力培养活动的能力，达到最佳的教育效果。

参考文献

［1］陈红敏，莫雷．幼儿科学创新人格的架构及其培养．当代教育论坛，2005（2）：83～85

［2］李志英．提供适宜的操作材料让幼儿学有意义的数学．学前课程研究，2008（1）：34～36

［3］张成霞．关于幼儿园活动区活动质量的调查研究．学前教育研究，2005（7－8）：49～50

［4］梁振．幼儿数学教学中存在的误区及对策．广西教育，2004（10）：35

［5］王兴兰．走出幼儿活动教育的误区．山东教育，2002（12下）：24～25

［6］谢红霞．浅谈教学、教学方法、教学方法改革．太原大学教育学院学报，2008（6）：29～30

幼儿科学创造人格培养的有效方法研究

广东省科学院幼儿园课题组

【摘　要】 本研究旨在探索幼儿科学创造人格培养的有效方法。本园根据微观发生法设计了“幼儿科学创造人格培养活动方案”，并善用幼儿园优势资源，渗透园本课程，进行了为期3年的教育实验。实验结果显示，实验班幼儿的科学创造能力明显比对照班提高得快。这说明在实验中贯彻的微观发生法以及采用的自然观察法、游戏法、实验操作法、经验总结法、配合教育法、环境教育法等具体方法，可有效地培养幼儿科学创造人格，促进幼儿的好奇心、敢为性、自信心、独立性、坚持性、乐观性等科学创造人格特质的形成，有利于幼儿科学创造能力的提高。

【关键词】 幼儿科学创造人格　微观发生法　园本课程

一、课题的提出

提高自主创新能力，建设创新型国家，是当前我国发展战略的核心，是提高综合国力的关键。注重对新一代创新人才的培养，努力造就世界一流科学家和科技领军人才，是推动社会发展的重要保证。科技型人才最关键的特征是具有科学创造力。心理学研究表明，能力和人格是人才素质的两个基本方面，科学创造力应主要包括科学创造力和科学创造人格两个组成部分。心理学研究还表明，幼儿时期是人格发展的关键期。因此，必须从小培养幼儿的科学创造人格，以提高其科学创新能力。

幼儿的科学创造人格包含三个系统：动力系统、保障系统和调控系统。其中，动力系统是创造性活动开始的基础，在幼儿身上主要表现为好奇心和敢为性。保障系统是其完成创造活动的有力保障，具体可以表现为独立性和自信心。只有以上两个系统还不能完成创造活动，个体还要有坚韧不拔的毅力和乐观向上的态度，即调控系统，在幼儿身上主要表现为坚持性和乐观性。以上六个人格特征是个体科学创造人格培养的核心，也是个体创造性人格培养和才能发挥的基础。

那么，如何培养幼儿科学创新能力和科学创新人格呢？

近年来，在国外发展心理学研究中，人们较多地采用了微观发生法（Microgenetic Method）。微观发生法是研究儿童认知发展的一种新的方法，它能够通过分析与儿童认知发展有关的详细资料（数据），有效探讨儿童认知变化的具体过程。目前，微观发生法已经比较广泛地应用于有关儿童认知发展的心理学研究当中，但是，能否使用微观发生法对儿童进行训练，促进其认知发展和人格培养，这样的研究才刚刚起步。我们认为，微观发生法可以用来训练儿童以促进其认知方面的发展，也可以用于幼儿科学创造人格的培养。本研究就是在借鉴前人对这一问题的研究的基础上，进一步以微观发生法为实施原则，理论联系实际，探索幼儿科学创造人格培养的有效方法。通过本研究，力求在现有的幼儿科学领域教学的基础上，借助各种有效的方法来提高幼儿创造性人格的发展；更好地增强幼儿创新意识，提高幼儿创新能力，促进幼儿创新人格的发展。同时，进一步提高幼儿教育教学质量，培养幼儿具有好奇心、敢为性、自信心、独立性、坚持性、乐观性等科学创造性人格；提高教师教育的业务素养和专业水平，促进幼儿园创造性地实施素质教育，并与幼教同行共同分享一些科学合理的教学经验。

二、研究方法

（一）被试

2005 年选取了两个小班的幼儿作为被试，进行了 3 年的对照与追踪实验。其中一个班作为实验班，共24人，男13人、女11人，接受连续3年的科学创新人格的培养与训练。同时选取了另一个年龄相对应的班作为对照班，共33人，男19人、女14人，与实验班不同的是未接受科学创新人格的培养与训练。

（二）材料

根据科学创造人格的构成和微观发生法的具体要求，以及幼儿心理发展的特点，我园实验者设计了培养幼儿科学创造人格的专门课例。教学过程严格按照微观发生法的原则与要求进行。

为了评价幼儿科学创造力的培养效果，我们在实验后对所有幼儿进行创造人格特质的评定，并采用华南师范大学莫雷教授课题组编制的幼儿科学创造能力测验量表进行测验。幼儿科学创造能力测验量表涉及科学创造能力的9个方面，共34个题目，幼儿必须具备正确的科学创造思维能力、运用正确的思维策略才能做出最好的回答。其中32道题目是选择题，让幼儿根据问题选择正确的答案，每题1分；2道题目让幼儿根据问题说出答案，每题2分；测验总分为36分。

（三）程序

（1）实验前对所有实验教师进行了认真培训，实验过程中研究者定期开展听课评课活动，以保证整个实验按照微观发生法的具体要求进行。

（2）实验班在教学活动中实施了“幼儿科学创造人格培养活动方案”；对照班幼儿则接受传统的教学。同时，我园对这两个班的幼儿均采用园本课程进行施教。

（3）实验结束后由教师对所有幼儿进行创造人格特质的评价。其次，分别在实验前、实验1年后和实验2年后对实验班和对照班的幼儿进行科学创新思维能力测查。教师经过指导后进行施测，根据各个幼儿自己的回答进行记录，在相应的答题纸上写下每道题目的答案。回收测验后，按照测验统计原则筛选有效问卷进行统计，共回收有效问卷57份。然后，计算出每个幼儿的科学创新思维能力的分数。

三、研究过程与结论

（一）“幼儿科学创造人格培养活动方案”的实施

游戏是幼儿的基本活动。对于幼儿来说，游戏是组成他们生活的重要因素，也是幼儿获得最佳发展的途径。因此，在本实验中，实验班采用了“幼儿科学创造人格培养活动方案”的训练课程，该课程以游戏为主，幼儿在教师的带领下自我探索，以培养创造人格品质。

实验班实施的“幼儿科学创造人格培养活动方案”，是根据幼儿科学创造人格的结构模式和微观发生法应用于教学实践的具体要求，以及幼儿心理发展的特点设计的一系列培养幼儿科学创造人格的训练材料，具体表现为一系列教学课例。每个学年各有 60 个教学课例，涉及科学创造人格的每一个构成成分；教学过程严格按照微观发生法的原则要求进行，专门培养和训练幼儿的科学创造人格。在教育活动中，注意结合幼儿的实际情况及园本课程（科学教育和美术教育），调整并创设了相关的教学活动。如小班的科学活动“好玩的磁铁”，中班的科学活动“有趣的叶子”、“种子宝宝在哪里”、“平衡游戏”，大班科学活动“奇妙的网”等，有目的地对幼儿进行创造人格特质培养。

在实验过程中，课题组督学和研究员每学期均定期来园听课、评课、举行课题大教研活动，共同探讨如何开展培养幼儿科学创造能力的教学活动，交流科学教育的新思路、新方法。教师的教学、教研能力在实验过程中也有了明显的提高。

（二）自然观察法

自然观察法是让幼儿在自然条件下，直接用自己的眼睛、耳朵等感觉器官去感知对象的方法。自然观察法是最适合于培养幼儿创造人格的方法之一。以往幼儿的观察都是在教师的指引下一边听一边看，被动地观察事物，在本实验中，我们让幼儿在自由的、自然的状态下进行观察活动。

科学院各研究所是我园深化科学教育、科学活动得天独厚的有利资源。科学教育是我园的园本课程之一。我园每学期开展“科普教育月”活动，分别组织小朋友走进研究所，到广东省微生物研究所、广东省昆虫研究所、华南植物园、广东省南海海洋研究所等科普馆、科普教育基地参观，开展科学探索活动。如小朋友在广东省微生物研究所参观标本室，研究所吴老师向小朋友介绍了各种菇、菌的有关知识后，小朋友说：“啊！原来有这么多的菇！”“哦！现在我知道原来有的菇可以吃，有的菇不可以吃！”……小朋友还参观了“北虫草”实验室，通过听研究所邓老师的介绍，小朋友知道北虫草是吃什么长大的及其生长的条件、环境等知识后，兴奋地说：“啊！原来北虫草也和我们小朋友一样是要吃饭的！”小朋友还在研究所老师的指导、协助下，进行了测量、记录的操作活动。通过观察、参观、互动，引发了小朋友的好奇心、敢为性和乐观性，培养了小朋友的动手操作能力，给小朋友一个感性认识的过程。这些活动使小朋友感受了科学技术对生活的影响，激发和培养了其对科学的兴趣和对科学家的崇敬，也使小朋友获得了初步的科学态度。

（三）实验操作法

实验操作法是一种有目的、有计划地观察、感知事物变化，从而确定条件与现象之间因果关系的方法。杜威认为，儿童是在行动中通过解决问题来获得经验的，即“做中学”。我园邀请了微生物所的科学家家长来园指导、协助我园开展种植平菇的科学实践活动。小朋友们对平菇进行了观察、记录（在观察中，孩子们有不同的记录方式：小班小朋友说出自己的认识、感受，教师记录；大班小朋友观察并记录平菇的生长过程，如其高度、形态等，用数字、文字和绘画形式记录）。另外，小朋友还到微生物所的“北虫草”实验室做了北虫草的观察、记录工作，后期还把成熟的北虫草带回幼儿园煮汤，小朋友们一起品尝、分享，并和平菇作了比较，亲自体验了二者在味道上的异同。通过操作实验，锻炼小朋友的敢为性、自信心、独立性、坚持性。在整个实验、探索活动中，教师作为小朋友活动的引导者、参与者，致力于运用有效的方式、方法引导幼儿探索性、发现性学习，小朋友学得无意、学得随意、学得乐意。

（四）经验总结法

经验总结法是一种在实验过程中不断反思、修正从而获取知识、经验的方法。在实验研究过程中，教师们注意引导小朋友总结经验，大胆探索。同时，教师也注意总结经验，对实施的课题作了有关的专题总结，如《浅谈实际工作中对幼儿科学活动的探索》等。另外，实验班还根据小朋友的兴趣特点和科学院各研究所的有利资源，在教学中生成了一系列的教育教学活动，并制作了科学教育的主题整合本。我园制作的《幼儿园园本课程主题整合本——幼儿科学教育》包括以下活动："'菇'的认识"（利用广东省微生物研究所的资源）、"北虫草"（利用广东省微生物研究所的资源）、"昆虫世界"（利用广东省昆虫研究所的资源）、"有趣的植物"（利用华南植物园的资源）、"海洋的秘密"（利用南海海洋研究所的资源）、"土壤的小秘密"（利用广东省生态环境与土壤研究所的资源）、"小小图书室"（利用广东省科技图书馆的资源）等。此整合本是我园利用科学院各研究所的得天独厚的有利资源，结合幼儿的年龄、兴趣、教学内容开展教科研活动而制作的，它是园本课程教育的研究成果，凝聚着教师们的教学经验和心血，是教师们团结协作、共同努力的结果。此整合本的制作、出版，进一步推进了园本课程教育的发展，为促进幼儿园创造性地实施素质教育，提供了一系列科学合理的活动设计、经验。

（五）配合教育法

陈鹤琴先生说过："幼稚教育是一种很复杂的事情，不是家庭一方面可以单独胜任的，也不是幼稚园一方面能单独胜任的，必定要两方面共同合作方能得到充分的功效。"家园共同配合，能有效地促进孩子各种能力的发展。我园的家长大多数是科学院各研究所的科学家，是高素质的科技人员，这些家长与幼儿一起互动、参与科学探索、发现活动，可以引导幼儿观察，给予幼儿正确的、粗浅的科学知识、科学原理，使幼儿在潜移默化中提高自身的科学创造人格特质。为此，幼儿园组织小朋友和教师、家长一起到佛山科学馆进行春游暨亲子活动。在佛山科学馆里，小朋友到“儿童天地”、“生命科学”、“信息科学”和“智慧天地”四个主题展览区进行了参观和参与活动，还在4D立体动感影院、天体馆看了新奇、刺激的科学电影。小朋友和家长、教师一起在参观、游戏中领悟科学、体验科学，在玩乐中获得知识、获得乐趣。亲子活动既让小朋友走出校园，亲近大自然、探索大自然、发现大自然，拓宽视野，增长知识；又增进了孩子、教师和家长三者之间的彼此了解、沟通和情感。同时，也促进了幼儿的好奇心、敢为性、自信心、独立性、坚持性和乐观性等科学创造人格特质的形成。

（六）环境教育法

培养幼儿的科学创造人格，需要营造良好的学习环境。良好的学习环境能够发挥幼儿的主动性和积极性，培养他们创造的欲望、兴趣和能力。在实验中我们发挥环境的教育作用，创设了科普教育专栏、亲子探索廊、科学活动室。在科学活动室内创设了“科普观察区”、“操作活动区”等，让家长和孩子一起参与探索、创造活动，鼓励幼儿在力所能及的范围内自己解决问题，并在适当的时候给予适当的帮助，以利于培养幼儿的创造性人格。另外，在幼儿园学习中，每个班设立了一个创造区，给幼儿一个自由发挥的空间，既可以满足幼儿活动的需要，又可以培养幼儿自主创造的能力。幼儿在这种良好的学习环境中，创造性人格逐渐得到培养。

四、研究结果与分析

经过3年的课题实验研究，教师们普遍认为，实验班幼儿的创新能力无论在课堂上还是在生活中都有所增强。在实验前幼儿除了对个别感兴趣的事物有好奇心之外，其他人格特质表现不明显；实验后，幼儿在好奇心、敢为性、自信心、独立性、坚持性和乐观性等方面有了较大的提高。

对实验前、实验1年后和实验2年后的实验班和对照班的幼儿科学创造能力测验进行统计分析，结果见表1。

表1　实验班和对照班幼儿科学创造能力的测验结果

	人数	实验前	实验1年后	实验2年后
实验班	24	10.88（3.35）	24.56（1.76）	27.35（1.28）
对照班	33	12.71（5.58）	22.41（2.91）	25.80（1.85）
t 值		−1.545	3.465***	3.735***

注：括号中是标准差，***表示 $p<0.001$

方差分析结果显示，班别（实验班和对照班）和实验时间长短（实验前、实验1年、实验2年）的交互作用显著，$F=609.923$，$p<0.01$。进一步分析得出，实验前实验班和对照班的差异不显著，$t=-1.545$，$p>0.05$；实验1年后实验班和对照班的差异显著，$t=3.465$，$p<0.001$；实验2年后实验班和对照班的差异显著，$t=3.735$，$p<0.001$。这表明，随着实验时间的增加，实验班幼儿的创新能力测验成绩明显好于采用传统教育的对照班。这说明我们所实施的“幼儿科学创造人格培养活动方案”和“微观发生法”的实验模式及其派生的教学方法和创新思维操作材料的教学干预有明显的效果。经过2年的科学创造人格的训练和培养，幼儿的科学创新思维能力有了显著的提高。

五、讨论与建议

科学创造人格是创造性人格在科学创新活动中的具体体现，反映了创造性人格的主要内容。幼儿时期是科学创造人格发展的关键期，科学创造人格的培养必须将幼儿教育作为起点。幼儿科学创造人格的培养目标，是帮助幼儿形成良好的科学创造力的人格特征，具有从事科学创新的基本人格品质，为以后从事创造性科技活动奠定基础。要达到这一目标，就应培养幼儿的好奇心、敢为性、自信心、独立性、坚持性、乐观性六方面的人格特质。幼儿科学创造人格的培养既是在幼儿的游戏活动中完成的，也是在游戏活动中体现的。通过在活动中感官对外部世界的感知，潜移默化地对幼儿的认知产生影响，使幼儿形成认知外界的习惯，将陶冶人格的体验逐渐内化到个体的心理活动中来，成为稳定的人格品质。因此，在培养幼儿科学创造人格的过程中，要了解幼儿各个阶段科学探索活动的心理发展情况，以便采取更有效的方式、方法促进幼儿的科学创造人格的形成。

为了培养幼儿的科学创造力，根据婴幼儿机能形成理论，还必须找到合适的机能载体和相互作用方式。本研究以微观发生法为实验原则，根据幼儿的认知发展水平与学习特点，设计了以游戏形式为主的、包含科学创造能力与人格各方面具体内容的“幼儿科学创造人格培养活动方案”，在实验过程中广泛采用游戏法、自然观察法、经验总结法、配合教育法和环境教育法等来探讨幼儿科学创造人格的培养。结果表明：①这些方法的应用使幼儿的科学创造人格有显著的提高，体现了在幼儿园科学活动中有目的、有计划、有针对性的教学方法更能提高幼儿参与的积极性和促进幼儿的好奇心、敢为性、自信心、独立性、坚持性、乐观性等科学创造性人格的发展，能有效地培养幼儿的科学创造人格。②善用幼儿园的优势资源发展特色、品牌教育，体现在利用社区、家长等有利资源，根据幼儿的年龄特点、发展水平，以幼儿的兴趣为切入点，结合幼儿的实际情况，开展有创造性的活动。在活动的过程中，对幼儿的创造活动进行体验、认知、评价、监督、调节、控制，有利于创造活动有序、有效地进行，在潜移默化中幼儿的好奇心、敢为性、自信心、独立性、坚持性和乐观性等科学创造人格特质逐渐形成。③注重教育教学环境的熏陶和园本课程教育、各科教学活动的渗透，体现在利用现有的幼儿园大环境、科学活动室、科学院各个研究所的科普基地，合理开展综合科学活动，促进幼儿创造人格的发展。

参考文献

[1] 莫雷，陈哲等. 幼儿科学创造力的微观发生法培养研究. 暨南大学出版社，2006

[2] 桑标. 当代儿童发展心理学. 上海教育出版社，2003

[3] 刘占兰. 幼儿科学教育. 北京师范大学出版社，2005

[4] 张博. 现代幼儿教育观念研究. 东北师范大学出版社，2003

[5] 陈红敏，莫雷. 幼儿科学创新人格的架构及其培养. 当代教育论坛，2005（2）：83～85

[6] 王瑞明，莫雷等. 用微观发生法培养幼儿科学创造力的实验研究. 学前教育研究，2007（7－8）：41～45

[7] 王瑞明，莫雷，Zhe Chen. 使用微观发生法促进儿童的认知发展. 心理发展与教育，2005（1）：124～128

幼儿科学创造力培养与幼儿园、家庭、社区互动机制研究

韶关市机关第一幼儿园课题组

【摘　要】幼儿时期是培养创新能力的关键期，而幼儿园教育、家庭教育、社区教育三方面的互动联系，是培养幼儿创新能力的重要因素。本研究坚持以“微观发生法”为实施原则，以先进的教育科学理论为指导，旨在通过构建幼儿园、家庭、社区互动教育机制和模式，探索幼儿园教育、家庭教育、社区教育三者的有机联系和综合功能发挥的互动机制，形成教育的正向合力，发展幼儿的创造力。

【关键词】微观发生法　幼儿创新思维能力　创新思维培养的互动机制

一、问题的提出

现代儿童心理学研究结果表明，0～6 岁是培养孩子科学创造力的最佳时机。我国最早从事儿童心理研究的陈鹤琴先生说：“从出生到7岁，是人生最重要的一个时期，什么习惯、言语、技能、思想、态度、情绪都要在此时期打一个基础，若基础打得不稳固，那健全的人格就不容易建造了。”0～6 岁是个性倾向开始萌芽的时期，神经可塑性大，婴幼儿容易接受影响和教育，并将留下深刻的痕迹，这时辅以良好的教育将使孩子终身受益。

环境和教育是两个不可分割的共同体，物质环境为教育提供保证，精神环境则影响教育的程度。教育不是去改变孩子自我发展的自然程序，而是要从孩子出生之日起，为他们不断地创造适应每个

阶段生存和发展需要的环境刺激，与孩子的生理、心理和行为产生相互作用，促进孩子的发展。孩子生活在社会大环境里，光靠托幼机构是完成不了教育目标的。因此，只有发挥社区、家庭、幼儿园的合力作用，形成良好的教育环境，才能让幼儿聪明、健康地成长。

幼儿科学创造力的发展与培养，是当今世界各国研究者高度重视、广泛研究的一个重要课题。随着我国幼儿教育改革的不断深入，我们发现目前还存在一些不利于幼儿科学创造力开发和发展的因素，例如，观念上偏重知识传授，忽视幼儿的创造力培养；教学上以教师为中心，阻碍学生创新性学习；教学内容上赋予创造力的内涵往往过于狭窄，仅局限于科学发现、发明和艺术创造活动等；在幼儿园环境创设上，固定、死板、统一的布置多，重物质环境而忽略心理环境，不利于激发幼儿想象创造。更为重要的是，幼儿园教育、家庭教育、社区教育三方面缺乏有机的联系，缺乏一致性，没有形成合力。封闭、模式化的教育体系与动态、开放的社会不相适应，这使得社会的变化不能及时地反映到幼儿园的教育中来。由于家长的价值取向不同和家教观念各异，家教行为大相径庭。家庭和幼儿园缺乏双向交流和沟通，使家庭教育和幼儿园教育不能达成一致。社区教育事业的发展相对滞后，真正涉及社会文化与教育方面的社区服务与社区管理甚少。因此，寻求一种能扩展教育时空，充分利用幼儿园、家庭、社区的各种教育资源的合作教育模式已迫在眉睫。幼儿教育作为基础教育的组成部分，必须在开放中求发展，在与家庭教育、社区教育的结合中求质量。

二、研究的方法与过程

（一）研究的对象与方法

研究对象：韶关市城区幼儿园及其所涉的社区、家长。

研究方法：以微观发生法、行动研究法为主，辅之以调查法、观察法、个案法以及经验总结法等。

（二）研究的步骤

1. 准备阶段（2005 年 5 月—2005 年 8 月）

（1）成立课题组，收集资料，进行理论学习。园领导十分重视该课题，成立了由园长张伟云、业务园长黄德红、副园长何志红、教研组长张春霞、大中小班各两个班的教师组成的园课题组。

（2）制订研究计划，确定工作策略。

（3）进行社会调查，与社区建立沟通渠道，开辟活动场地，做好人力、物力准备。

（4）教师研究方法培训及工作任务落实。

（5）做好实施前的其他准备工作。

2. 实施阶段（2005 年 9 月—2008 年 6 月）

（1）确立科研指导思想：求真务实、科学严谨、反思积累、科研兴园。

（2）确定研究对象，策划、组织、实施各项活动。

（3）建立科研工作常规工作制度。首先，课题组成员积极参加总课题组组织的学习培训，自觉主动通过观摩、上网收集、阅读书籍等途径不断提高创新教育理论水平。其次，做好资料、教案等的收集工作。再次，每个学期定期在期初和期末分别召开课题工作布置会，期中开展课题组成员的交流活动。第四，实验班的班主任每学期制作课题研究的电子画册。第五，每学期期末对家长进行课题研究的教学活动汇报。

（4）收集各种研究资料，及时反馈、调整和总结。

3. 总结阶段（2008 年 7 月—2008 年 10 月）

（1）做好资料分析、整理工作。

（2）撰写研究报告。

三、课题研究结论

（一）课题研究的目标

（1）通过本课题的研究，构建幼儿园、家庭、社区三结合的互动机制，扩大幼儿园的办园功能，强化幼儿园为家长和社区服务的功能，促进幼儿科学创造力培养；重组幼儿园教育资源，并充分利用各种社会资源，达到资源共享的目的。

(2) 通过开展幼儿园、家庭、社区互动活动，促进全社会对幼儿教育的关心和重视；逐渐完善托幼行政管理、社区教育管理体制，使托儿所、幼儿园教育一体化；建立适应社会主义市场经济的管理体制，从而逐步形成政府重视、教育部门主管、各有关部门积极参与、社会各方关心支持幼儿教育的良好的社会环境。

(3) 本课题的研究，旨在使教育者尽快将幼儿科学创造力培养的教育理念转化为操作行为，并产生对该领域的探索和研究的内动力；运用各种途径对幼儿园人员进行专业培训与研讨，确保幼儿园教师队伍的稳定和壮大；提高家庭对幼儿科学创造力培养的教育技巧，教会年轻家长科学育儿的方法；提高家长和其他社区成员的整体素质。

(二) 课题研究的原则

促进幼儿科学创造力培养的幼儿园、家庭、社区互动机制具有两个特点：一是以服务社区为基本宗旨，二是以开展活动为基本载体。为此，我们在研究中贯彻以下基本原则。

(1) 服务性原则。服务性是促进幼儿科学创造人格培养的幼儿园、家庭、社区互动机制的一个基本特点。立足于幼儿园，建立为家庭和社区服务的宗旨及工作策略，积极开发与优化外部环境，使之更好地为促进幼儿科学创造力培养服务。具体强化两方面的工作：一方面，幼儿园作为社区幼儿教育的辐射中心，为家长的多方面需要提供多种途径、多种活动的信息与资源服务；另一方面，充分开发家庭及社区的教育资源，利用社区优势，密切合作，使各方的教育资源得到合理配置、充分利用，从而较好地构建促进幼儿科学创造力培养的幼儿园与家庭、社区互动机制。

(2) 开放性原则。促进幼儿科学创造人格培养的幼儿园、家庭、社区互动机制还体现了开放性的特点。首先，作为社区幼教机构中心之一的幼儿园，在时空上向家长、社区开放，使相对浪费的时间和相对闲置的教育资源得到充分、有效的利用。其次，促进幼儿科学创造力培养的各类活动的组织是开放的，满足家长了解教育、参与教育的需要。再次，合作性、交流性的活动，使人力资源得以充分地开发和运用。最后，开放性还体现在广泛动员并组织协调各方面的力量，使幼儿园促进幼儿科学创造力培养的教育从封闭走向开放。

（3）整体性原则。父母学习与儿童教育两手一齐抓。把整个社区的家庭作为儿童早期发展教育和干预的对象，改变托幼园所的服务对象，发挥幼儿园的教育功能，使其成为一个全方位开放的教育系统，促进教育的多样化与社会化。树立儿童整体发展的大概念，把儿童的全面发展视为全社会的事业，建立从生理到心理、从治疗到预防、从预防到全面发展的积极的全方位的儿童发展社区服务事业。

（4）实用性原则。向家长和儿童提供具有时间针对性、实用操作性、科学创造性、艺术趣味性的促进幼儿科学创造力培养的方法和技能，使那些与幼儿科学创造力发展有关的学科从书斋与实验里走出来，将最新科研成果直接迅速传递给社会，进入千家万户。

四、研究结果与分析

（一）构建了促进幼儿科学创造力培养的幼儿园、家庭、社区互动机制

让家庭、社区参与到幼儿园教育过程中来，显然是大势所趋。我们开展了以幼儿园为中心、社区为依托、家庭积极参与的多形式联动活动，构建了促进幼儿科学创造力培养的幼儿园、家庭、社区互动机制。通过研究，我们认为“促进幼儿科学创造力培养的幼儿园、家庭、社区互动机制”的实践是可行的，它积极为婴幼儿营造了一个科学创造力培养的环境，充分挖掘了家庭、社区的教育资源，使幼儿园扩大了办园功能；促使幼儿园与家庭、社区共同承

担起幼儿科学创造力培养重任，为幼儿园与家庭、社区教育形成正向合力提供了一条切实可行的途径，取得了较为明显的效果。

通过开展实验园内部、实验园与园之间的研讨活动和实验园与社区之间的各类联动活动，并运用以服务性活动、开放性活动、参与性活动、教育性活动为主线的工作策略，探索出了幼儿园教育、家庭教育、社区教育三者的有机联系和综合功能发挥的运作机制，使幼儿园与家庭、社区之间建立起一座沟通的桥梁，共同推进幼儿科学创造力培养。

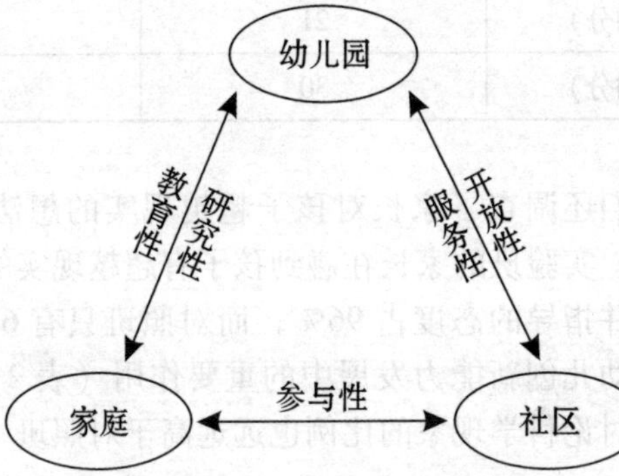

幼儿园、家庭、社区互动机制示意图

从图中可以看出，在促进幼儿科学创造力培养的幼儿园、家庭、社区互动机制中，幼儿园承担着主要的组织指导与研究的任务，家庭和社区的积极参与构成互动的关系，三者合为一体以形成正向合力。

（二）促进了幼儿科学创造力培养

0 ~6 岁是人的一生中大脑发育最快的时期，可以为人的一生的多方面的能力打下基础。我们尝试通过本课题的研究来促进幼儿科学创造力培养。我们在教学活动的具体环节中采用了微观发生法，按照总课题“幼儿创新思维培养”活动方案来设计活动，并且每周向家长提供根据幼儿思维发展特点制订的活动计划。这一做法深受家长们的喜爱，满足了家长希望对孩子进行智力开发的积极愿望，促进了幼儿科学创造力的培养。

为了进一步验证实验效果，我们对实验班和对照班幼儿的创新思维能力测试成绩进行了比较（表1），结果表明实验班比对照班有明显的成绩优势。

表1　幼儿科学创新思维能力测量结果分析表

	实验班	对照班
前测（平均分）	21	20
后测（平均分）	30	22

此外，我们还调查了家长对孩子超越现实的想法和提问的态度。结果发现，实验班的家长在碰到孩子有超越现实的想法和提问的时候，赞扬并指导的态度占96%，而对照班只有61%，这说明家长的态度在幼儿创新能力发展中的重要作用（表2）。实验班孩子和家长一同讨论科学现象的比例也远远高于对照班（表3）。

表2　家长对孩子超越现实想法和提问的态度调查表

	赞扬并指导	不屑一顾	严厉训斥
实验班（%）	96	3	1
对照班（%）	61	31	8

表3　孩子在家是否与家长一同讨论科学现象调查表

	会	有时会	不会
实验班（%）	90	8	2
对照班（%）	58	31	11

（三）提高了家长和婴幼儿保教队伍的整体素质

课题研究中通过家园互动，更多家长提高了自己的育儿水平，改善了教育的环境，家长的总体素质也得到了提高。幼儿园也更加重视自身教育资源的开发，在构建促进幼儿科学创造力培养的幼儿园、家庭、社区互动机制的过程中，增强了全园的科研意识、提高了科研整体水平，初步建立起一支敢于创新、注重教研的教师队伍，提高了教师组织科学活动的能力。教师在与家长及其他社区成员的交互中，从家长的不同职业、不同文化背景中拓宽了知识视野，为婴幼儿提供了丰富的教育内容。

五、讨论与建议

（一）上级领导部门应高度重视和密切关注幼儿教育改革的进程

幼儿园与家庭、社区互动机制的建立是幼儿教育改革与发展的必然趋势。我市幼儿园教育工作已积累的宝贵经验和已有的积极因素为幼儿园与家庭、社区互动机制的形成和发展奠定了基础，创造了条件。但这离不开政府有关部门的关注和重视，幼儿教育工作者不能停留在靠、等、希望领导的重视上，也不能停留在盲目、空洞或者就具体事务呼吁领导的关注与重视上。应将社区学前教育纳入经济建设和发展规划之中，克服和消除各部门特别是企事业单位和居民的经济短视行为，本着“有钱出钱，有力出力”、“人人奉献，人人分享”的原则，调动社区中一切可以利用的资源，建立和完善社区学前教育。

我们要充分利用已有的基础和条件，推进和促成探索幼儿科学创造力培养的幼儿园与家庭、社区的互动机制，引导园长和教师加深对社区学前教育、对家园联系的目的等问题的认识，消除消极因素，采取有效措施，实施幼儿园与家庭、社区的互动机制。

（二）幼儿园园长和教师要高度重视家园联系

首先，要加深对家园联系的目的和意义的认识。在园孩子的家长同时也是社区文化生活成员的组成部分，幼儿园通过家园联系，对家庭教育进行帮助和指导，丰富家长的幼儿教育知识，改变他们的教育观念和态度，提高他们的教育质量和水平，这不仅有助于家庭教育资源的有效开发和利用，同时，通过在园孩子家长的辐射影响整个社区的文化教育氛围，将使更多的孩子在入园前就能受到良好的家庭教育和社区文化熏陶，为进入幼儿园接受教师的帮助、指导打下良好的基础，从而有利于提高幼儿园教育的效率和质量。幼儿园、家庭与社区是影响幼儿科学创造力培养的三大环境，在这三大环境中，家长、幼儿园教育群体是主要的施教者，从这个角度讲，家长和幼儿园的教育群体是一种平等互助的合作伙伴关系，因此，在促进孩子幼儿科学创造力培养的过程中应该相互学习，共同提高。

其次，要积极开拓家园联系的领域。家园联系的领域和内容十分广阔，就幼儿园对家庭、社区教育的辐射和指导来讲，可以通过家园联系，对家长的教育观念、教育方式等进行指导，引导他们了解幼儿园在干什么，为什么要这么做；使他们正确认识并重视孩子的玩和游戏。这是孩子积累丰富感性知识经验的必要手段和途径，是孩子进入学校学习、创造的基础和前提。总之，通过家园联系，家庭、社区的教育观念，家长在时间、精力等方面的教育投资，以及家庭、社区的休闲、娱乐活动的组织与建设等都朝着科学化、教育一体化方向转变。

再次，要完善家园联系的途径与方式。在家园联系途径与方式的开发和利用方面，主要引导幼儿园向多样化和均衡化发展，现有的联系途径与方式如家访、打电话、写便条、建立家园联系手册、问卷调查、开家长会、办家长学校等都可以继续开发利用，关键是要有目的、有计划、有组织地分步进行。在家园联系中应该有付出、有回报，不能只埋头苦干，不问收获几许，当然这收获主要是指观念的转变和家庭、幼儿园、社区教育互动机制的形成。正因为如此，我们建议幼儿园尤其要重视“家访”在家园联系中的地位和作用。尽管我们的研究、讨论距离时代的要求，距离实际教育条件等都有一些距离，但仍希望通过我们的共同努力、深入研究和探索，实现幼儿园、家庭与社区教育互动机制的形成。

创新是永恒的话题，创新教育更是永无止境，我们将沿着“开启幼儿科学创造力、培养幼儿创新精神、塑造幼儿科学创造人格”之路，继续以科学、严谨的作风不断探索创新教育，使婴幼儿发展的研究能沿着正确、有效和高水平、高层次的方向行进。为此，力求将理论研究与创新结合起来，在早期教育研究上，走人文关怀和科学精神融合之路，探索婴幼儿早期发展的规律，形成具有时代特征、能体现婴幼儿发展特点的早期教育新体系，应该作为我们研究者努力的终极目标。

参考文献

[1] 刘金花．儿童发展心理学．华东师范大学出版社，2001

[2] 莫雷，陈哲等．幼儿科学创造力的微观发生法培养研究．暨南大学出版社，2006

[3] 王瑞明，莫雷等．用微观发生法培养幼儿科学创造力的实验研究．学前教育研究，2007（7－8）：41～45

幼儿科学创新思维培养的方法与效果研究

韶关市机关第二幼儿园课题组　郝玲辉

【摘　要】 本研究旨在探讨幼儿科学创新思维培养的方法及效果，研究培养幼儿科学创新思维的有效方法，并在探索实践的过程中有意识地增强幼儿的创新意识和能力，同时使之得以持续和发展。通过3年的研究，实验班孩子的创新能力得到了一定的发展。因此，在幼儿园开展科学创新思维培养活动很有必要。

【关键词】 幼儿科学创新思维　创新能力

一、问题的提出

21世纪是信息社会和知识经济时代，知识经济的本质是创新，创新的基础是人才，人才培养靠教育。随着科学技术的突飞猛进，科学教育作为提高全民科学素养的手段，日益为人们所重视。江泽民、李岚清等国家领导人先后对创新思维的重要性作出指示，培养幼儿科学创新思维是时代发展的要求，培养创造性人才和创新精神是当前我国社会主义教育事业改革与发展所面临的主要任务。

创新思维是创新活动中特有的思维过程，是多种思维的综合，具有创造性。幼儿期正是好奇心强、没有过多思想束缚、敢想敢做的时期，是创造性思维发展的关键期。保护并培养幼儿的创新思维，对人一生的发展有着重要作用。早期教育是基础教育的基础，《幼儿园教育指导纲要（试行）》中也指出要引导幼儿对周围的事物、现象感兴趣，有好奇心和求知欲。幼儿科学创新思维的培养，对于培养幼儿的科学兴趣、发掘他们的科学潜能，以及对将来学习科学、掌握科学技术具有重要的意义。

目前，幼儿教师们普遍认识到，幼儿教学不仅要教给幼儿科学知识，更重要的是让幼儿掌握学科学的方法，培养幼儿的探索精神和创新意识。但是，在具体的教学实践中仍存在一些偏差。如把科学知识传授作为重要的目标，忽视学习方法和兴趣、技能的培养；强调教师的主导地位，忽视孩子的需要；重视正规性科学创新思维教育活动，忽视非正规性和偶发性科学创新思维教育活动。这些偏差，影响了幼儿科学创新思维培养的效果。因此，开展幼儿科学创新思维的方法与效果研究很有必要。

二、研究方法

（一）被试

随机抽取小、中、大班各一个班作为实验班，共200人。

（二）研究方法

本研究主要采用的是微观发生法，辅之以观察法、调查法、讨论法、实验法等。

（三）研究安排

本课题2005年6月开题，整个研究历时3年，实验分三个阶段进行。

第一阶段，准备阶段（2005年5月—2005年8月）。主要是收集资料；论证、分析资料；制订研究计划，执行计划。组织学习幼儿科学创新思维培养的理论，总结以往的教学经验，撰写课题研究方案。

第二阶段，实践、实验阶段（2005年9月—2008年7月）。执行计划，记录、收集实验资料。根据方案实施课题研究，并在实践中注重资料、经验、成果的积累。在实验中，听取总课题组的意见，钻研总课题组教学方案，以取得预期效果。在这一阶段，综合运用微观发生法、观察法、调查法、讨论法以及实验法等。

第三阶段，总结思考阶段（2008年7月—2008年10月）。整理课题研究资料，进行数据处理、结果分析和撰写研究报告。汇总整理各阶段成果资料，深入分析和归纳，进行科研成果的总结性汇报活动。

三、研究过程

（一）重视组织落实，分工明确，职责到位

为了使课题研究扎实有效地开展，我园成立了课题小组，由园长任课题第一负责人，教研组由副园长、教学骨干及三个实验班的老师组成，分工明确，并有专人负责教学活动的材料准备。研究小组着力构建“培养幼儿科学创新思维”的方法，做好课题计划、活动设计、资料收集等工作，保证了课题研究的科学性、规范性及其有效实施。

（二）加强教师理论学习，推进课题研究深度

理论是课题研究的先导，我们经常为课题组成员提供多种理论信息，以集体学习、小组学习、自学等多种形式组织课题组及实验班教师学习科学活动教育理论，要求教师做好理论笔记。要求教师利用休息时间去书店、上网查阅相关资料，明确有关概念和知识点，做到心中有数。为确保课题研究有序进行，使教师和幼儿通过课题研究共同成长，我们每学期都派教师参加总课题组的学习培训活动，并参加总课题组在韶关开展的学习、交流活动，及时解决在研究中出现的困惑，使课题方案更趋完善、更具有操作性，从而提高了课题研究的实效性。

（三）定期开展研讨活动，以课题促进教研活动的开展

为促进教研活动的开展，我们以课例为载体带动教师发展，从而带动教研活动的开展。课题实施几年来，课题组每星期开展教学观摩、研讨活动，每个实验班每星期上一节教研课。这个过程中，我们强调执教前的专业学习、执教后的深入反思，做到课后评、评后做，按“教学—研讨—反思—再教学”的程序对课题操作进行指导。所以，对总课题组提供的活动方案，我们在教学中不是照本宣科，而是根据自己的实际情况作进一步的完善。如大班“三色

水”活动，原方案活动过程主要是教师提问、幼儿操作，第一次活动时按这一形式没有调动起幼儿参与的积极性，于是，教师对活动方案进行调整，以一个可爱的卡通小动物引入话题，贯穿整个教学活动，并增加了记录环节，让幼儿学着将操作结果记录在纸上。修改后的教学活动效果较明显，幼儿兴趣较浓，大部分幼儿掌握了三色水形成的过程，能专心、细致地操作。

在教研活动中，教师还从幼儿的兴趣和需要出发，不断提高自己的教学技能。如教学活动“有趣的图形”，主要运用图形对幼儿进行类比联想训练。图形对幼儿来说显得相对抽象和复杂，因此老师制作了课件，利用多媒体，通过美丽的画面、可爱的卡通图形等幼儿感兴趣的形象引导活动，使抽象的图形变得直观、生动，取得了良好的效果。

（四）创设良好环境，营造和谐的探究氛围

为营造和谐的探究氛围，我们通过对幼儿园班级环境的设置、调整，激发幼儿的好奇心、探究欲。同时，围绕科学创新思维培养这一主题，投放并不断丰富班级活动区材料。利用生活中的现实材料，如瓶瓶罐罐、塑料管等丰富活动区材料，引发幼儿的观察、研究，引导幼儿自由地探索、操作。我们在阳台墙壁设置了以科学知识为主题的环境布置，包括“小问号”、“科学小知识”、“亲子小实验”等栏目，让幼儿接触一些粗浅的科学知识；还设立了科学区，投放了一些专供幼儿做小实验的材料和工具，如纸、水、电池、磁铁等；在活动中，让孩子用自己的小手去做简单的、自己感兴趣的小实验，如“纸桥”、“好玩的磁铁”、“三色水”、“弯管真好玩”等。孩子们动手动脑，通过一遍又一遍的尝试，一次又一次的探索，不但获取了科学知识、经验，更重要的是，在这种氛围中，孩子们对科学的探究欲望和兴趣也得到了较好的激发。

为了给课题研究提供充足的物质材料，我们购置了一批量杯、试管、酒精灯等器材，不断收集有关科学教育的书籍，提供一个更加开放、更加丰富的科学发现室，在制订计划时给实验班的老师足够的空间。

（五）正式和非正式性科学活动相融合的研究模式

我们的科学教育活动以集体教育为主，并渗入日常生活各环节，用正式和非正式性科学活动相结合的形式，给幼儿提供学习的条件和表达交流的机会。采取灵活多样的教学方法，利用生活中的情境引发冲突，吸引幼儿主动参与。日常生活中引导幼儿多观察、多提问，引导幼儿大胆地思考假设，接纳幼儿不同的见解、探究方式和发现途径，给予激励性的评价。引导幼儿用不同的方法记录他们探究的过程和结果，鼓励幼儿间的交流和分享，引导同伴间的合作学习，让幼儿感受探索、发现的乐趣，将教师调整为支持者、合作者、引导者的角色。这些在中班“弯管真好玩”、小班“大变小”活动中有较好的体现。

同时，我们还利用社会热点、周围事物引导幼儿关注科学，激发幼儿的探究欲望。如神舟六号发射期间，我们让孩子和家长一起收集材料，班级开展一系列有关宇宙、航天的教育活动，并通过环境布置引起幼儿对宇宙探究的兴趣。这些活动的开展，较好地激发了幼儿对科学的兴趣。

（六）密切家园联系，争取家长的主动支持

为帮助家长了解科研课题，转变教育观念，改变封闭、单向、被动受教的家教倾向和干预、过多保护与限制的教养方式，我们通过调查、测试、开家长会、开辟家园联系栏等形式，自觉为孩子提供更广阔的教育空间，使家长理解、支持孩子的探究行为，创造条件不断满足孩子的需要，积极配合孩子的探究行为。很多家长积极向我们反馈孩子的探究表现，为我们的活动收集材料。家长的支持，给我们的研究工作带来了极大的动力。

四、研究结果与分析

经过 3 年的实验探索，课题研究取得了一定的成果。一方面，教师的教育观、教学观转变了，开始懂得思考幼儿的兴趣和需要，

教学水平有了显著的提高；另一方面，教学观念和方式的转变极大地提高了幼儿的学习、探索兴趣，增强了他们的自主、合作、探究意识，促进了素质的全面提高。主要收获有：

（一）确立了培养探索兴趣和科学精神比得到知识更重要的理念

通过课题研究，教师们懂得了幼儿科学教育的核心思想是培养幼儿对科学现象的兴趣，使幼儿掌握学习的方法。在这种理念的指导下，教师在教学活动中，重视并给予幼儿探索、发现的机会；留给学生操作、交流、表达的时间；教师不仅是知识的传授者，而且是幼儿学习的引导者。在教学活动中，打破了幼儿被动地听、讲、说的传统方式，幼儿可自主地操作、提问、讨论、交流，增加了教学活动的开放性、生动性。

（二）促进了教师的专业成长

通过课题研究，我们对教师提出了更高的要求，研究过程中的培训、研讨、交流、激励、评比等措施，促使教师边教边研，互相启迪，取得了明显效果。3 年来，我们收到较高质量的论文 8 篇，个案分析 5 篇，教学课件 5 个，生成教学活动多个。其中，罗燕玲老师的论文《浅谈幼儿科学探究活动中教师的引导策略》获 2007 年韶关市幼教研究会论文评比二等奖。教师的成长促进了我园整体教学水平的提高。

（三）全面提高了幼儿的探究能力和科学素质

通过课题研究，极大地调动了幼儿学习科学的兴趣。我们发现，实验班的孩子都喜欢科学活动，活动中能够全身心地投入，求知欲大大增强。孩子们在活动中增长了知识，扩大了视野，培养了动手、观察、理解、发现等能力。在操作、实验活动中，培养了幼儿的竞争意识和敢于面对失败、勇于进取的良好心态。实验中克服困难的过程，培养了幼儿坚忍不拔的意志品质，诚实、求真的科学品德。总之，课题研究较好地培养了幼儿的科学素质和良好的心理品质。

五、讨论与建议

经过3年的研究，实验班孩子的创新意识明显增强，创新能力得到一定的提高和发展，并且这种创新能力得到了持续和发展。在研究过程中，我们也更加深刻地认识到，培养幼儿创新思维是当今现代化教育极为重要的一部分，也是进行素质教育极为重要的一环。要关注孩子的兴趣和需要，重视学习方法和兴趣、技能的培养，采用幼儿感兴趣的多种方式，进行各种尝试，激发他们的创造力。引导幼儿关注周围的事物和现象，能促进幼儿对科学的兴趣，激发幼儿的探究欲望。只有在民主和谐的氛围中，才能更好地培养幼儿的创新精神和能力。

参考文献

［1］莫雷，陈哲等．幼儿科学创造力的微观发生法培养研究．暨南大学出版社，2006

［2］桑标．当代儿童发展心理学．上海教育出版社，2003

［3］刘占兰．幼儿科学教育．北京师范大学出版社，2005

［4］张博．现代幼儿教育观念研究．东北师范大学出版社，2003

［5］陈红敏，莫雷．幼儿科学创新人格的架构及其培养．当代教育论坛，2005（2）：83～85

［6］王瑞明，莫雷等．用微观发生法培养幼儿科学创造力的实验研究．学前教育研究，2007（7－8）：41～45

［7］王瑞明，莫雷，Zhe Chen．使用微观发生法促进儿童的认知发展．心理发展与教育，2005（1）：124～128

幼儿科学创新思维培养的课程探索研究

江门市蓬江幼儿园课题组　林少君

【摘　要】以微观发生法为指导，在现有的幼儿科学教育的基础上，借助教学手段的相互渗透，生成、预设及整合教材，优化课程内容，让幼儿积极参与到创造性的思维活动之中，以提高幼儿的科学创新思维能力。结果表明，实验班幼儿的创新思维能力得到了很大的发展。

【关键词】微观发生法　幼儿科学创新思维　课程开发

一、问题的提出

21世纪，人类迈入知识化、信息化高度发展的时期。落实科教兴国战略，全面实施素质教育，提高儿童和全体公民的科学素养水平是增强国家综合国力和促进社会发展极为重要的战略举措。幼儿园是培养具有创新精神和实践能力的新型人才的重要场所。幼儿的身心处于发展阶段，以具体形象思维为主，抽象思维水平较低，因而思维的可塑性很强，对不同认知发展阶段的儿童进行有效的创新思维培养至关重要。在这种背景下，我园于2005年6月参与了全国教育科学“十五”规划国家级课题“幼儿科学创造力培养”，力求为幼儿创新思维培养贡献自己的微薄之力。

幼儿科学创新思维培养需要科学合理的方法。目前，国际上开始有人将微观发生法用于教学实践以培养儿童的科学思维。它能够通过分析与儿童认知发展有关的详细资料（数据），有效地探讨儿童认知变化的具体过程。近年来，莫雷教授根据科学创造力的结构模型和微观发生法的特点设计了幼儿科学创造力培养的具体方案，在广州市第一幼儿园进行了实验研究，通过课程的实施，实验班的幼儿在科学创造力方面得到了良好的发展，并取得了显著的效果。由此看来，微观发生法在培养幼儿科学创新思维能力中有非常重要的作用。

幼儿科学创新思维培养不仅需要科学合理的方法，合适的教学材料和合理的课程设置也是非常重要的。因此，我们承担了子课题“幼儿科学创造新思维培养的课程探索”，以期实现在幼儿创新思维课程上的新突破。

二、研究的目的及意义

（一）课题研究的目的

在总课题的理论指导下，坚持以“微观发生法”为实施原则，理论联系实际，在现有的幼儿科学教学的基础上，借助教学手段的相互渗透，生成、预设及整合教材，优化课程内容，让幼儿积极参与到创造性的思维活动之中，以提高幼儿科学创新思维能力。并将创造性思维培养推广到其他教学领域中，如音乐、美术、体育等学科教学，提高幼儿对美的观察力（动态观察、操作观察）、对美的发现能力。

（二）课题研究的意义

幼儿的神经发育具有可塑性，具有巨大的创造潜能，我园通过3年的科学实践和探索，着力在科学教育领域探索课程改革方案，通过多种教学手段和方法，以更好地增强幼儿创新意识，提高幼儿创新能力，促进幼儿创新思维的发展。

同时，通过该研究转变教师观念，并将教育观念转化为行动，促进教师专业化的成长；开拓教师的创造性思维，拓展课程内容，提高科研能力。

三、研究方法

（一）对象

实验班和对照班分别是我园两个中班，各 25 人。

（二）材料

根据科学创造力的培养要求和微观发生法的具体原则，以及幼儿心理发展的特点，我园实验者进行了园本课程开发，设计了培养幼儿科学创新思维能力的专门课例。实验班采用这些新课程，对照班则采用传统课程。

为评价幼儿科学创新思维的培养效果，在实验前和实验一年半后由老师对两个班所有幼儿进行幼儿科学创造能力的测验。幼儿科学创造能力测验量表涉及科学创造能力的 9 个方面，共 34 个题目，幼儿必须具备正确的科学创造思维能力、运用正确的思维策略才能做出最好的回答。

（三）安排

2005 年 5 月正式开题，整个研究，历时近 3 年，包括了课题研究的准备、实施和总结阶段。

第一阶段，准备阶段（2005 年 6 月—2005 年 9 月）。也就是课题研究的初期实验阶段，主要任务是确定研究的子课题，拟订课题研究方案，确定实验对象，并搜集课题研究的相关资料，配置课题研究需要的硬件设施，注重研究者自身知识的积累与提高，目的是为后继课题研究的顺利开展创造必要的条件。

在这一阶段，转变教师观念是非常重要的一步。课题刚开始，我园便组织课题组教师参加总课题组的培训，并定期组织课题组成员进行学习；通过网络共享教育资源。注意教师自身的学习，进一步强化对《幼儿园教育指导纲要（试行）》的学习，研究了谈亦文的《创造力培养从幼儿开始》、刘占兰的《幼儿科学教育》等文献资料。为了确保实验能顺利进行，课题组还讨论了详细的研究步骤，健全了例会制度，如每月一次实验班教学观摩，学习最新的教育动态，交流实验的进展情况，使幼儿科学教育培养的实验研究具备了良好的思想基础。

第二阶段，实施阶段（2005 年 9 月—2008 年 7 月）。课题组成员严格按照实验计划、步骤，遵循实验研究的具体要求实施操作，以保证实验研究过程的科学性和严密性。课题组的成员在调查、收集、积累和分析有关材料与实验数据的基础上，进行课题研究的阶段性总结和评估。撰写了课题实验研究报告、论文并充实了科学实验室的材料等。这些方面的研究为课题最终成果的取得奠定了基础。

第三阶段，总结阶段（2008 年 7 月—2008 年 10 月）。在专家学者的帮助和指导下，课题组广大成员对前期工作进行了认真的分析，整理实验资料，分析研究结果，总结幼儿科学教育的基本规律，撰写课题实验报告。

四、研究过程

（一）创设环境、提供材料是激发幼儿进行科学创造的前提

为了创造良好的科学环境，我园设置了科学室。这是专门供幼儿操作、探索的环境，里面有玩具、自制玩具、半成品玩具、各种用具和模型，大到电视机、电脑，小到一针一线。同时还利用班级内的各个活动角，如自然角、语言角、计算角、表演角、音乐角及创造性游戏的场景（娃娃家、医院、综合商场、发廊等），为幼儿提供了大量的探索环境和操作活动的机会。环境的创设，激发了幼儿的极大兴趣，幼儿每天的餐后活动，都可以按自己的意愿自由选择各个角进行活动。

其次，给幼儿提供多变的操作材料。创造学告诉我们：创造力通过教育和训练是可以提高的。微观发生法指出，课堂教学要以“多次尝试操作”为主线，把操作分成若干个层次，循序渐进地引导幼儿进行操作，使幼儿在操作中进行多变的探索。如“图形分类”活动，操作前，让幼儿看一看、比一比这些图形有什么不一

样，意识到材料的多种特征后，再让他们尝试对多种特征的材料进行多角度的分类，鼓励幼儿依据不同的特征变换分类的方法。如按大小不同分类，按颜色不同分类，按薄厚不同分类等。又如我园开展的“蛋宝宝站立起来了”这一活动。小班的孩子虽然年龄小、知识经验也少，但都有着积极探索与操作的愿望。教师准备了许多碎海绵、沙子、碎布、瓶子、油泥、珠子等，让幼儿通过操作，探索使鸡蛋立起来的方法。幼儿把鸡蛋立在沙子里、油泥里、瓶口上……成功后，孩子们情不自禁地拍手大笑。

（二）以游戏作为教育的媒介，注重教与学的双边活动

我们把科学教育贯穿于游戏之中，在活动室设置“科学实验角”，里面设有供幼儿操作的有趣的实验材料，让孩子们做游戏。如“磁铁钓鱼”（在纸做的鱼背上别一根回形针，用一块小磁铁代替钓钩，让孩子进行钓鱼竞赛，熟悉磁铁的特征），还有“会变的颜色”、“什么东西容易倒”、“什么东西不见了”等。幼儿通过在活动区的活动，了解了一些简单的科学道理，了解了一些物体的属性。同时，教师也注意随机教育，在幼儿遇到困难时，不急于去帮助，而是让他们自己去解决，解决不了的，教师才给予帮助。通过活动区的练习，幼儿开动了脑筋，树立了战胜困难的自信。

（三）经常组织幼儿到大自然中学科学

大自然是丰富多彩、千姿百态的，它的形、声、色等都会引起幼儿的好奇心和兴趣。到大自然中去能扩大幼儿视野，丰富幼儿的知识。例如在认识各种各样的树叶时，我们带领幼儿到小树林中去看千姿百态的树叶——有圆形、桃形、椭圆形、手掌形、针形，有的叶子大、有的叶子小，有的是深绿色、有的是嫩绿色、还有红色的和黄色的，等等。幼儿的兴趣十分浓厚，纷纷为自己的发现而欢呼。这些都是常见的东西，但平时并不为幼儿所注意，因而这种学习效果是室内活动所达不到的。

（四）开展各种大型活动，加强幼儿对科学创造的意识

比如我园开展的科技节活动、艺术节活动、体育节活动等，这些活动要求全体幼儿参加。科技节活动的作品、艺术节活动的表演动作、体育节活动的游戏等让幼儿参与其中，乐此不疲，甚至有些孩子还自己创造了一些活动，玩得不亦乐乎。

（五）将科学创造活动渗透到平时的教育教学工作中

幼儿园的教育教学内容有计、体、美、语、常、音、各类游戏及思想品德教育等。我们充分运用课题中提出的“微观发生法”，在本课题方案的实施过程中，没有局限在科学教育这一学科或单方面的调整、补充上，而是把幼儿科学创造力的培养渗透到各科教学之中，培养幼儿探索科学奥秘的兴趣和求知欲望。如“教幼儿认识长短”的活动中，我们发给幼儿毛线、彩色纸条等材料，让他们自己去丈量、去比较、去理解物体的长短；在体育活动中，通过滚球、玩滑梯、荡秋千等活动去学习快和慢的概念；在音乐活动中，让幼儿拨动或轻扣几种乐器的声弦，使之产生振动，然后让他们去触摸琴弦，体验琴弦的振动，倾听琴的声音，从而懂得声音是由振动产生的。

五、研究结果与分析

（一）实验班幼儿的创新思维能力的发展

经过3年的科学创造力教育实验，实验班的孩子在动手操作能力、解决困难能力、认知能力、思维能力、对科学的兴趣和求知欲等方面都有了一定的发展，经常表现出“我来试试”、“我自己来”的自信心。同时，许多幼儿比以前大胆、勇敢、独立了，学习能力也提高了。操作技能提高了，探索的欲望增强了，同时也提高了生活自理能力，许多幼儿在家在园都能做些力所能及的事情。

为了进一步量化实验班幼儿在创新思维能力方面的发展状况，我们在实验进行前（2006年12月）和实验一年半后（2008年6月），对实验班和对照班的幼儿进行了幼儿科学创造能力测验。计算出每个幼儿的分数，在SPSS 11.5中对所有数据进行统计处理。结果见表1。

表1　实验班和对照班幼儿科学创造能力的测验结果

	人数	前测	后测	前后测 t 值
实验班	25	20.87（3.54）	25.26（3.13）	-5.429^{***}
对照班	25	17.35（3.56）	19.48（4.14）	-1.694

注：括号中是标准差，＊＊＊表示 $p<0.001$。

测验结果表明，实验班幼儿的科学创造能力得分显著高于对照班幼儿。而且实验班前后测之间差异非常显著，而对照班前后测差异不显著，这说明幼儿的科学创造力可以采用微观发生法进行培养，而且培养效果非常明显；同时也说明，我们在实验中的课例是非常成功的。

（二）教师的变化与提高

本园教师更新了教育教学观念，教学水平普遍得到了提高。我们生成的课程“不起泡的肥皂水”、“蛋宝宝站起来了”、“省力的轮子”、“会游泳的鸡蛋”被评为2006年度课题“幼儿科学创造力培养”实验的优质课。同时，在实验中汇编了《孩子是天，我是云》的“幼儿科学创造力培养”课题教案集，并向课题组上交了教师的论文和优秀教案。

参考文献

[1] Toth, E. E., Klahr, D., Chen, Z. Bridging Research and Practice: A Cognitively Based Classroom Intervention for Teaching Experimentation Skills to Elementary School Children. *Cognition and Instruction*, 2000, 18: 423－459

[2] 王瑞明，莫雷等．用微观发生法培养幼儿科学创造力的实验研究．学前教育研究，2007（7－8）：41～45

[3] 王瑞明，莫雷，Zhe Chen．使用微观发生法促进儿童的认知发展．心理发展与教育，2005（1）：124～128

[4] 谈亦文．创造力培养从幼儿开始．家庭教育，2000（3）

[5] 刘占兰．幼儿科学教育　北京师范大学出版社，2000

幼儿科学创新思维培养的
幼儿园与家庭、社区互动机制研究

佛山市南海师范学校附属幼儿园课题组

【摘　要】本研究坚持以“微观发生法”为实施原则，以先进的教育科学理论为指导，借鉴国内外幼儿园与家庭、社区互动教育对幼儿科学创新思维培养的丰富经验，理论联系实践，探索研究关于幼儿科学创新思维培养的最佳途径，并努力总结应用成果。通过3年的教育研究，大大地推进了幼儿园的教育教学整体改革，逐步形成了幼儿园的办园特色，提高了幼儿园的竞争能力。

【关键词】微观发生法　创新思维培养　幼儿园与家庭、社区的互动机制

一、问题的提出

面对21世纪国际科学技术发展和知识经济的挑战，面对国内改革开放的新形势，培养具有创造性的高素质人才是历史发展的必然要求。而创造力飞速发展的时期是幼儿期，因此，幼儿教育担负着培养时代需要的具有创新意识和创新能力人才的重任。

《幼儿园教育指导纲要》指出：“幼儿园应与家庭、社区密切合作，综合利用各种资源，共同为幼儿的发展创造良好的条件。”利用社区资源是幼儿教育资源整合中的一个重要环节。充分利用社区资源，让幼儿走进社会，体验社会生活，关注周围环境，是幼儿园教育教学的重要方式。我们认为，有目的地选择幼儿感兴趣的活动素材，适时地将幼儿从“园所小环境”带到“社会大环境”中来，会拓展幼儿的活动空间，对幼儿创造力的发展大有裨益。在这

一认识的基础上，我园参加了全国教育科学“十一五”规划国家级课题“幼儿科学创造力培养”，承担了“促进幼儿科学创新思维培养的幼儿园与家庭、社区互动机制研究”的子课题，将家庭和社区与幼儿园教育有机结合，探索幼儿创新能力培养的新思路。

二、研究目标

在总课题的理论指导下，子课题坚持以“微观发生法”为实施原则，以先进的教育科学理论为指导，借鉴国内外幼儿园与家庭、社区互动教育对幼儿科学创新思维培养的丰富经验，理论联系实践，探索研究关于幼儿科学创新思维培养的最佳途径，力争实现以下三个目标：

（1）通过本课题的研究，希望能在专家指导下有序、有效地探索幼儿创新思维训练的方法，开发创新潜质的教学内容、途径和方式。

（2）结合幼儿期思维发展的特点，进行家园、社区合作共育的尝试与探索，培养幼儿科学创新思维能力，深化幼儿园教育改革。

（3）通过实验，增强管理者、施教者的创新教育意识，培养造就一批具有创新精神和创新能力的教师，以此来带动整个教师队伍素质的全面提高，进而提高教育教学质量。

三、研究方法

（一）方法

根据本研究的性质，在研究方法的选择上，主要以行为研究为主线，综合运用观察法、调查法、经验总结法等，如“家庭教育氛围对幼儿创新思维的影响”运用调查法，而“教师对幼儿创造力的影响”则运用经验总结法、实证法等。

（二）实验对象及实验安排

实验对象：中、小班各两个实验班。

实验安排：

（1）实验前期准备工作阶段：2005年5月—2005年9月。课题筹备阶段，拟方案，成立课题组，培训实验人员，准备实验活动的所有设备，请专家来园指导实践工作。

（2）实验阶段：2005年9月—2008年6月，按照实验方案实施。

（3）结题整理阶段：2008年7月—2008年10月，收集、归类、分析、总结阶段，整理形成一系列的活动方案、专题总结等。

四、课题研究内容

在本课题正式研究的过程中，一方面我们注重幼儿在幼儿园、课堂上的科学创造力培养，通过科学、系统的思维训练促进幼儿思维的发展；另一方面，我们通过与家长的沟通、合作，使幼儿园课程在时间、空间上向家庭延伸，使幼儿在幼儿园学习的内容能够在家庭日常生活中得到巩固，实现幼儿科学创造力培养的科学性、系统性和延续性。

（一）建立幼儿园、家庭与社区互动机制要突出幼儿园的主导地位

幼儿在幼儿园中受到的教育是幼儿第一次接受有目的性、系统性的教育，对幼儿以后的发展有着重大意义，而幼儿园是幼儿教育的主要机构，有专业的幼儿教师和幼儿教育理论的指导，在加强幼儿园、家庭、社区互动机制建设，促进幼儿科学创造力培养的过程中，幼儿园要做好引导工作，让家庭、社区为培养幼儿的科学创造能力和创造人格服务。

我们围绕课题研究目标，充分发挥集体教学活动这一途径的作用。科学地使用课题组提供的思维训练方案，并结合本园实际，定期和随机投放教学思维训练材料，对幼儿进行专门、有效的思维训练。并特别注意加强动手操作类训练，让其运用已获取的知识，在原有物体上拼一拼、剪一剪、变一变、粘一粘、加一加等，培养幼

儿组合再造力。为了锻炼幼儿的动手能力，我园在操场边角开辟了一个蔬菜种植区，让幼儿能观察生活中常见的蔬菜的生长过程，如生菜、菜心、豆角、西红柿等，了解植物生长过程中的一些简单知识。同时，在各个活动室设立了“自然角”，种植一些有独特生长特征的植物，饲养小动物等，教幼儿做标签，让他们天天观察、记录、交流，并打破教室界限，鼓励幼儿每周一次去平行班寻找新发现，互相交流各班的特色品种，使他们在日常的关心、养护中学到科学种植、饲养的知识和经验。

另外，各班教师按幼儿年龄特点设计科技小实验，让幼儿学习在实验过程中大胆地提出疑问，通过操作实验解决疑问。在幼儿质疑时，不论问题大小、价值如何，教师都给予鼓励，以培养幼儿的创造品质，训练其创新思维。

我们进行幼儿教育活动的根本目的是为了培养幼儿的创造性品质，开发其创造潜能。但仅靠一些创新系列活动还远远不够，必须让创新思维培养进入幼儿园一日活动的各个领域、各门学科。因此，我园教师注意在语言、艺术、数学、健康等学科中有机渗透，在游戏、社会活动中也体现，使幼儿在正规性和非正规性创新思维培养中，大胆发挥想象力、创造力。另外，加强创新人格培养，注重对其进行健康、勇敢、积极向上、自信、乐观的心理素质的培养，促进非智力因素如 EQ（情商）的提高，以塑造幼儿良好的创新人格。

（二）创新课程在时间、空间上向家庭延伸

课题计划的落实，需要依靠教师和家长的共同努力。3 年来，我园的教师紧紧把握住了这一点，建立了多种方式的家园联系，主要有：①“征求意见”。我园经常用各种方式征求家长的参与意向和对教师的意见，并帮助家长提高创新教育意识，进入教育角色，成为教育资源，为投身家园共育做好思想上、心理上和具体内容上的准备。②“家长开放日”。让家长了解和参与创新教育，从而熟悉教育、理解教育、热爱教育、支持教育、配合教育。我园的开放是全方位的，老师、家长、幼儿都是活动的主体，或称之互为主体，共学共乐。在无拘无束的氛围中教育和受教育，这就是我园“开放日”的一个特征。③以“网站”为平台，畅通与家长互动的渠道。3 年来，我园以信息技术应用为突破口，整合课题教育理念，整合各类资源，努力探索课题联动的方式方法。利用网站，创造性地开展各类课题实验工作，成功地构建了具有自己特色的教育信息化体系，有力地促进了幼儿园保教工作的整体发展。网站作为我园传播教养信息的平台，主要发布幼儿一周的活动内容。网站除了向家长及时传达幼儿各方面的信息外，更关注家长的所思所想。因此特辟了“家长论坛”单元，为家长与家长、家长与教师搭建交流平台；还开辟了“无记名评选活动”，鼓励家长参与网站的监督与评价。家园互动为幼儿园提供了多元的教育资源与经验，久而久之为家长和教师建立了最快捷、最实用的教育知识库。我园将信息技术引入园内，加强了对家长的服务，“家园共育共学”收到了事半功倍的成效，家长满意率达 98% 以上。④“针对性指导”。面对特殊幼儿、突发事件，及时处理，尽快解决问题。⑤“家园共学”。我们针对情况积极向家长宣传促进儿童思维发展的教育，帮助家长梳理思想、转变观念，采用集体和个别相结合的方法，指导家庭教育。⑥定期评选“先进家长”，表彰优秀家庭；以讲座、座谈会等形式，为家长提供育儿经验交流平台。

家园联系制度已成为我园的常规工作。通过家长园地、家长会、家园联系册、家长访谈等形式，向家长介绍成功的教育案例，及时互通幼儿的思维发展状况。我们还在进一步追踪个案的过程中，有针对性地定期进行家访，专门建立了相关的跟踪档案，为家长提供一些科学育儿和幼儿心理方面的书籍或资料，同心协力促进幼儿科学思维和良好品质的形成。

通过几年的实践，我园和家庭、社会、同行的交流，是多层次、多角度的，取得的成果是突出的、喜人的；家长的教育态度得到了端正，教育方法和内容得到了改进，家长工作日趋最优化。同时我园也体会到，家长工作的最优化促进了幼儿园各项工作的正常化、合理化、有序化、高效化，从而提高了办园水平。

（三）教育资源转化为与社区有效的互动

社区、家庭、幼儿园的融合，共同的关注，形成合力，是研究幼儿创新思维培养途径与对策的保证。我园打破了幼儿园与社区隔绝的封闭体制，树立大教育观，让科技教育走向社区，并挖掘社区资源，丰富了教育内容。

在社区范围内请幼儿为大家表演小实验操作；让幼儿定期观察周围地区的发展、变化；组织幼儿、家长参观科技馆，让幼儿看到科技发展的神奇力量；到消防队、购物商场、气象局等地参观；每学期组织的小发明活动，邀请家长一起参加，鼓励其与幼儿园携手开展科技教育，共同撑起幼儿创造的一片天地。

在各个传统节日，如劳动节、重阳节，利用环境布置渲染节日气氛，营造关爱他人的情感氛围，让幼儿了解劳动人民的生活与工作，尊重他人的劳动成果。

创设社会实践活动——把幼儿带出幼儿园。如在雷岗公园组织“家庭合作植树”活动，帮助孩子树立环保意识；在家长陪伴下参观了南海区消防中队，孩子们看到了威风的消防车，也领略了消防队员的过硬本领；在农庄里，孩子们知晓了花、木、兽、禽以及各种农作物的生长周期和规律，领悟到“谁知盘中餐，粒粒皆辛苦”的道理；在佛山科技馆，孩子们探索了各类游戏的玩法，明白了许多科学知识；观看教育电影和木偶戏等。“走出去”活动开阔了幼儿的眼界，丰富了幼儿的经验，满足了幼儿的需求，促进了幼儿的发展。同时弥补了幼儿园教育资源的不足，赋予了幼儿园创新教育新内容。

实现时空开放，积极利用社区教育资源，开设家长讲座或幼儿教育咨询，努力形成一体化的教育网络，提高幼儿园创新教育工作的综合能力。

五、研究结果

3 年的教育研究大大地推进了幼儿园教育教学整体改革，逐步形成了我园的办园特色，日渐凝聚出“团结、勤奋、开拓、创新”的精神，提高了幼儿园的竞争能力。

通过实践与研究，我们不断转变教师的教育观念，拓宽教育内容，围绕幼儿创新思维的培养展开活动，使学习活动成为幼儿的内在需求。在实践中，教师的工作效益和教育质量得到提高，形成了一个和谐、向上、团结、奋斗的集体。这些成绩的取得源自研究的不断深入，办园水平的不断提高，它使我园的教育改革向深层次推进。主要成果包括幼儿方面、教师方面、教育运行机制方面。

（1）互动学习，促进了幼儿多元智能的发展。创新思维班幼儿前后测表明，实验班幼儿通过有序的创新思维训练，其创新思维潜能得到有效开发，其思维流畅性、独创性、深刻性发展水平明显高于对照班幼儿；进入小学后，小学教师普遍反映该班幼儿思维活跃、多思多问、思考问题角度独特、动手力强、学习习惯好。

（2）内外交流，促进了教师科学素质与科技教育能力的提高。经过几年的实践研究，幼儿教师的教育观念发生了变化，进一步理解了创新教育内涵，教师创新教育素质与教育能力有了明显的提高，在教育途径、教育方法上有了新的突破，我们的课例、家园共育活动多次得到同行、专家的高度评价。

（3）家园合作，实现了三位一体的学前素质教育大目标。在 3 年的研究中，我们注重发挥家长资源对幼儿发展影响的作用。通过全园性、各班的家长会、家庭教育讲座，让家长了解幼儿科学创新思维培养的目标、内容、方法，从而使家长能关注幼儿的发展，通过与孩子一起参与活动、在网上讨论以及面对面地与教师、其他家长交流、分享经验，家长的教育观念发生了转变，教育理念得到了提升，教育经验获得了丰富，直接的效果是家长的教养方式得到了优化，亲子关系更加融洽，形成了良好的家庭教养氛围。

(4) 管理创新，形成了新的优质教育资源格局。成果推广所产生的效果是，营建起敢于创新、善于创新、注重提供民主的宽松、和谐氛围，不断完善激励机制，鼓励教师在教育教学上不断创新。目前，全园教师都牢固树立创新教育理念，重视创新思维的随机训练，创新教育已开始自然融入日常教学活动和生活活动之中。

六、讨论与建议

通过本课题的研究，我们认识到：要培养幼儿的创新能力，施教者、管理者首先要解放思想，进一步牢固树立创新教育整体观，不断加强创新教育理论的学习，及时把握创新教育新信息，不断提高自身创新教育的素质及实施能力。家庭是幼儿教育的第一课堂，家庭生活、家长行为都对幼儿的发展有着较大的影响。我们将不断积累创新教育经验，不断反思、完善创新教育，在总结实践经验的基础上，充分发挥家庭、社区的教育功能，优化教育教学过程，希望在实践中探索出一条适合幼儿的创新教育的新路子，真正实现社会、家庭参与幼儿园的素质教育。

参考文献

[1] 莫雷，陈哲等．幼儿科学创造力的微观发生法培养研究．暨南大学出版社，2006

[2] 王瑞明，莫雷等．用微观发生法培养幼儿科学创造力的实验研究．学前教育研究，2007 (7-8)：41~45

[3] 刘占兰．幼儿科学教育．北京师范大学出版社，2005

[4] 王瑞明，莫雷，Zhe Chen．使用微观发生法促进儿童的认知发展．心理发展与教育，2005 (1)：124~128

[5] 陈红敏，莫雷．幼儿科学创新人格的架构及其培养．当代教育论坛，2005 (2)：83~85

[6] 范丽娜．挖掘社区教育资源　拓展幼儿活动空间．山东教育，2008 (Z6)

幼儿科学创新思维培养之语言表达能力的课程探索研究

佛山市南海区机关幼儿园课题组　陈建华

【摘　要】在微观发生法的指导下，本课题进行了为期3年的幼儿语言表达能力的培养研究。以各种活动为载体，通过多种方法的运用，创造性地整合了多种提高幼儿语言表达能力的活动课程，让幼儿在活动中能够把自己的所感、所想用语言完整表达出来，提升语言表达与交往的能力，增强自信心，从而创造力得到发展。

【关键词】微观发生法　幼儿科学创新思维　幼儿语言表达能力的培养

一、问题的提出

21世纪，人类社会已进入知识经济时代，知识经济以创新为特征，因此培养创新型人才成为我们每一位教育工作者的紧迫任务。已有的研究表明，幼儿时期是科学创造力和科学创造人格发展的关键期，这一时期的科学创造力培养对幼儿后天的创造和成功起着关键的作用。因此，科学创造力的培养必须将幼儿教育作为起点。但幼儿时期个体的心理发展还不够成熟，知识相对贫乏，日常活动以游戏活动为主。所以，如何针对幼儿时期的这一特点培养幼儿的科学创造力是目前备受关注的问题。

幼儿语言的发展为个体创造力的产生、形成和表现提供了条件，对个体创造力的发展具有重要意义。一方面，幼儿语言的发展促使儿童的心理过程发生巨大变化。在语言发展的基础上，幼儿才得以听懂话、讲述故事和看图说话，而这些活动已经被证明对儿童创造力的培养有着十分重要的作用。另一方面，在幼儿语言的发展过程中直接表现出一些创造性。在3~5岁学前儿童的词汇发展过程中可以看到自造新词的现象，如将“蜗牛”说成是“山螺蛳”，幼儿的这种造词现象就是儿童早期创造才能的表现。而且幼儿在使用语言的过程中也表现出创造性。我们不可能将实际生活中所使用的每一句话都教给儿童，然而儿童却能无师自通地说出许多无人教给他们的句子，原因就在于语言的使用具有创造性。所以说，我们在幼儿创造力培养的过程中要充分重视幼儿语言表达能力的培养。

为了培养幼儿良好的语言表达能力，合适的园本课程是必不可少的。随着幼儿园课程“园本化”发展趋势的日益明显，很多幼儿园已经自觉地投身于园本课程的开发实践。幼儿教师已成为其中最主要的参与者，有些甚至担负起开发活动的领导责任。从某种意义上说，园本课程既是幼儿园的课程，也是教师的课程。在园本课程开发过程中，教师的作用不言而喻：唯有教师的共同参与，才可能出现真正的多样化探求，使园本课程真正契合孩子的特点和需要；唯有教师之间的合作以及师幼之间的互动，才能使园本课程不断发展完善、不断创新。

用什么样的方法来培养幼儿的科学创造力，探索培养幼儿良好语言表达能力的园本课程，是我们关注的问题。近几年来，国际发展心理学家普遍采用微观发生法（Microgenetic Method）来研究儿童的认知发展，取得了丰富的研究成果。这种方法对儿童认知策略和技能变化的整个动态过程进行记录、观察和分析，而非只记录策略变化的最终结果。目前，微观发生法已经比较广泛地应用于有关儿童认知发展的心理学研究当中，并且国际上开始有人将这种方法用于教学实践以培养儿童的科学思维。最近，国内也有学者撰文详细探讨了微观发生法在教学实践上的具体运用。有些实验研究也得出了微观发生法的确能促进幼儿科学创造力的发展的结论。

在这一背景下，我们参与了“幼儿创新思维培养之语言表达能力的课程探索”这一课题。其主要目的是，在总课题组的理论指导下，坚持以“微观发生法”为实施原则，理论联系实际，探索幼儿科学创新思维培养之语言表达能力的最佳教学方式、最佳课程，从而增强幼儿的口头表达能力和自信心，并伴随语言的发展促进其创新能力的提高。

二、研究实施过程

本课题于2005年9月正式实施，历时3年，经历了课题研究的准备、实施和总结三个阶段。

（一）准备阶段，即课题研究的初期实验

准备阶段的主要任务是：①确定子课题研究方向，拟订课题方案。②培训学习，更新教师观念，提高每一位参与实验的教师的素质。③选定研究对象，搜集相关资料，为课题后继研究提供基础。

在更新教师观念方面，我们组织有关教师到广州等地学习了有关新《幼儿园教育指导纲要》的精神和有关科学教育课程改革的信息，使大家认识到：科学是获得知识、探索自然奥秘的活动，教师要树立全面、整体的教育观，注意发掘幼儿身边丰富的教育资源，把科学活动结果与科学活动的过程与语言教育有机地统一起来，让幼儿通过主动探索、操作而获得认知。通过学习，教师们提高了自身的科学实验能力和理论水平，并对本研究课题达成了共识：课题的研究在于深入探讨提高幼儿语言表达能力的最佳课程和最佳手段，从而增强幼儿的口头表达能力和自信心，并伴随语言的发展促进其创新能力的提高。

（二）课题实施阶段

课题实施阶段的主要内容是：①在总课题组的指导下，课题组成员严格按实验计划、步骤，遵循实验研究的具体要求，定期进行课例交流，收集典型课例，进行课例创新，在实验中形成较系统的教育评价体系。②撰写课题实验研究报告、论文、个案分析，充实实验内容，进行阶段性总结。

（三）课题总结阶段

课题总结阶段的主要内容是：课题组成员认真分析、总结前期工作，整理实验资料，撰写课题报告，总结幼儿语言表达与科学创新能力培养的基本规律，扎实做好后期各项工作。

三、研究结果

幼儿时期个体的心理发展还不够成熟，其主要的日常活动是游戏，因而培养幼儿的语言表达能力与学龄儿童有很大的不同，特别表现在课程上。我们在实验过程中进行了大量的课程探索，力争探寻适合培养幼儿语言表达能力的活动课程。

（1）科学探究活动能培养幼儿的发现能力，激发幼儿的语言学习兴趣。

幼儿的科学教育是科学启蒙教育，重在激发幼儿的认识兴趣。“兴趣”是最好的老师，可以激发幼儿进行语言表达的欲望，调动其学习语言的积极性。而科学探索和观察活动对幼儿的要求是，在动手动脑活动中通过对材料的操作并用形象的语言表达隐含的科学原理。用形象的语言表达隐含的科学原理，对幼儿来说既是挑战，又是发展语言能力的重要过程。在我们的科学活动中，创设适当的问题情境，营造民主和谐的学习气氛，使幼儿在科学探索活动中大胆发现、独立思考、提出问题、尝试解决，并用语言充分表达出来。例如，在科学观察“土里有什么?”活动中，幼儿提出猜测：假如蚯蚓断成三节、四节，或者更多节，还可以再生吗？教师紧紧抓住幼儿的兴趣点，激励幼儿提问、猜想、讨论，并给以鼓励和赞赏，帮助他们理清思路、组织问题、清楚表达，使孩子们在“观察—推测—讨论”中体验语言交流的快乐。同时，科学知识也在孩子们的实验操作、观察和讨论中形成了。

科学探究活动能使幼儿学习表达自我和倾听别人的话，使他们学会组织自己的想法，并设法向别人说明或设法说服别人，这是一个重要的思维过程。要给每一个幼儿表达自己观点的机会，无论对与错，让幼儿掌握科学的语言，描绘他们亲自经历的、丰富而复杂的实践科学探究过程，从而有效地培养幼儿的口头表达能力。

（2）科学活动与日常生活有机结合，多渠道培养幼儿的口头表达能力。

情感是幼儿稳定的心理品质，对语言表达的良好情感是培养口头语言表达能力的重要前提。例如，我们利用电教手段，让幼儿感受和了解日常生活与科学知识的密切关系。如我们一年四季能吃到的蔬菜水果不但能反季节种植，还能无土种植；经航天员带到太空旅游后再培植的植物还能结出硕大的果实，这些知识使他们感叹科学带来的巨大效应。这种潜移默化的情感会被幼儿带到日常的生活中，他们在见到类似情境时会有表达和提问的欲望。我们非常注重教学过程与日常生活的紧密结合，激发幼儿的好奇心和探索欲望。如让幼儿带上三棱镜、工具等，到室外观察太阳光线、影子、泥土，设下疑问，组织讨论。幼儿讨论热烈，争先恐后。在小班“听一听、猜一猜”的科学活动中，调动孩子们的各种感官，根据日常生活中听到的声音来激发幼儿对声音现象的兴趣，启发幼儿回忆、讲述并模拟自己日常生活中听到的自然界的各种声音，来丰富幼儿对声音的认知。活动的开展使幼儿感受到科学活动无处不在，从而使他们热爱科学，勤于动脑思考，喜欢探索，并在潜移默化中增进了幼儿的口头表达情感，提高了他们的口头表达能力。

（3）创设区角探索环境，提高幼儿口头语言表达能力。

区角活动是广州东方红幼儿园在20世纪90年代初率先提出来的，它是基于当时幼教实践中幼儿个体自发学习、自主活动比较少，特别是以操作相关材料来满足幼儿个体兴趣需要的活动更少这一事实而提出来的。在区角活动中幼儿可自选材料、伙伴、空间进行自主活动，幼儿有自主活动的时间，活动中有自己做主的权利，教师在自选活动中自觉地关注幼儿的操作，并予以适当的指导。

区角探索活动更能体现自主学习，满足幼儿求知的需求。幼儿在宽松的探索环境和充足的时间及配套物质条件支持下，自由进入，独立或合作地进行观察、操作、尝试、实验和探究。幼儿通过摆弄磁铁、电池、陀螺、三棱镜等，创设各种问题情境，产生许多遐想。这些问题吸引着他们，使幼儿在心理上造成一种悬而未决但又很想解决的求知状态，并促使他们通过语言交流来寻求答案。教师在活动中尊重、关注幼儿的个性活动，指导不同层次的幼儿，发现、肯定幼儿的创新性思索，在孩子求助时适时适宜给予启发，让幼儿在操作中通过倾听、交流，提高语言表达的完整性。在愉快的听、说操作学习中培养了创新思维习惯和良好的语言表达能力，也扩展了语言学习的时空，同时培养了他们合作交流等社会适应能力。

例如，在中班“神奇的光线”科学活动中，教师带幼儿到草坪、走廊、操场等地寻找光线、观察太阳，他们发现太阳能穿过玻璃，太阳照在草地上小草会发亮，太阳被墙挡住等大量有趣的现象。教师在活动中适当地指导，并结合电教资源，做到视听结合，突破时间、地点的限制，丰富了幼儿的视听范围，也在活动中激发了幼儿的讨论欲望，锻炼了他们的口头语言表达能力。在中班科学活动“鸡蛋会游泳”探索活动中，幼儿在欣赏的同时，感觉既神奇又惊讶，师生一起收集许多资料，讨论交流，共同分享，积极热烈。

(4) 家园密切配合，让幼儿学习语言的氛围无所不在。

在实施科学教育过程中，注意与家长配合。首先，邀请实验班家长进行座谈，向家长介绍实验的目标、内容、要求及家庭配合的方法，建议家长每学期都为孩子建立一个科学实验本，回家后和孩子一起探索、沟通，以游戏形式参与到实验中，并记录下他们的惊奇发现和奇思妙想，带回来大家共同分享，教师及时给予评价鼓励。其次，注重有关科学教育的介绍和常识普及，定期更换家园联系栏，使家长受到很大的启发，开展公开日活动，让家长了解幼儿在园的科学活动情况。启发家长回家后让幼儿在感兴趣的科学问题上继续讨论，了解更多知识，并做简单记录。有了家长的参与，幼儿对科学的经验得以丰富。兴趣、好奇心在正确的指导下得到保持，促进了幼儿动手、动脑和语言交往等能力的提高。如将小班科学实验“哪个溶得快”带到家中。幼儿开始只会简单地说“糖是糖味，盐是盐味”，经过品尝和交流，他们能说出糖像巧克力、雪糕、糖水等味，孩子们在语言交往的同时享受了愉快的科学活动过程。再次，及时把幼儿的精彩话语记录下来，设立家园互动本，并把活动剪影向家长展示。这些工作的开展得到了家长们的积极配合和高度的肯定，幼儿也在老师的各种有意无意活动中激发了兴趣，调动了语言学习的积极性，极大地丰富了语言。

四、体会与反思

从本课题2005年9月到2008年6月近3年的研究中，我们发现：幼儿对周围的事物、现象更感兴趣了，好奇心、求知欲更强了，他们主动在日常生活中利用各种感官动手动脑去探索、去发现，思维、认识和创造力得到发展；愿意和同伴分享交流探索的过程和结果，学习的合作意识和能力提高了，愿意在同伴面前大胆提问，发表不同意见，语言表达能力明显提高，同时也学会了尊重别人的观点和经验。

游戏是幼儿最重要也是最主要的活动，它贯穿于幼儿的整个成长与发展过程中。本园在这一课题中，狠挖活动课程的内容，丰富幼儿活动的范围，更重要的是，儿童在活动中踊跃发言，合作交流，提高了他们的语言表达能力，让很多原来不善于发言或者不愿意说话的幼儿极大地提高了口头表达的欲望，丰富了他们的语言。同时，我们还在活动中发现了很多能提高幼儿语言表达能力的活动类型，创新了很多活动课程，为幼儿园教学积累了大量素材。

3年的实验研究，我们对幼儿科学创新思维及语言能力培养进行了初步探索，也取得了一些成绩。教师的思维观念发生变化，更加关注幼儿，激发幼儿去探索、讲述。但也存在一些问题和困惑：

（1）实验班幼儿在语言发展过程中缺乏横向指标对比，缺乏相关的实验工具和教育评价体系，使教师难以更深入研究。

（2）虽然注重资料的积累，但对数据的统计分析问题尚有待解决。

参考文献

［1］王瑞明，莫雷．幼儿科学创造力的结构与培养．教育导刊，2007（6）下半月：8～11

［2］张文新，谷传华．创造力发展心理学．安徽教育出版社，2004

［3］朱家雄．幼儿园课程．华东师范大学出版社，2003

［4］中国教育学会主编．新世纪教师专业化的理论与实践．东北师范大学出版社，2003

［5］Siegler，R. S.，Chen，Z. Developmental Differences in Rule Learning：A Microgenetic Analysis. *Cognitive Psychology*，1998，36：273－310

［6］Toth，E. E.，Klahr，D.，Chen，Z. Bridging Research and Practice：A Cognitively Based Classroom Intervention for Teaching Experimentation Skills to Elementary School Children. *Cognition and Instruction*，2000，18：423－459

［7］王瑞明，莫雷，Zhe Chen．使用微观发生法促进儿童的认知发展．心理发展与教育，2005（1）：124～128

［8］王瑞明，莫雷等．用微观发生法培养幼儿科学创造力的实验研究．学前教育研究，2007（7－8）：41～45

［9］朱静怡．区域活动之我见．早期教育，2008（1）：54～55

幼儿科学创新思维培养的课程探索研究

佛山市桂城中心幼儿园课题组

【摘　要】本课题运用微观发生法，进行为期3年的幼儿科学创新思维培养的课程探索。主要得出以下结论：课程内容要能激发幼儿的兴趣；课程实施过程应该注重幼儿的主体地位；教师在培养幼儿创新思维过程中起着主导作用。

【关键词】幼儿科学创新思维　园本课程　微观发生法

一、问题的提出

时代在进步，科技在发展，未来需要更多的人才去创造。现在的幼儿就是未来的主人，培养这些幼儿成为未来的创造者是每一个幼儿教育工作者义不容辞的责任。

在研究当今幼儿教育的现状时，我们发现传统的幼儿科技教育存在四个方面的不足：一是较多地重视科学知识的传授，而对幼儿发现问题、解决问题的能力和科学兴趣、探索创新精神的培养等基本科学启蒙教育较为忽视；二是较多地注重传统教学内容，对现代科技发展与人类社会文明、进步的教学内容开展、开发不够；三是教学途径比较单一，教学方法比较陈旧机械，幼儿只能被动接受，活动中忽视幼儿主动性、创造性的探索；四是观念落后，只注重科学设施的建设，不注重发挥其教育作用，进行针对性教育。

我园抓住自身优势，将“幼儿科学创新思维培养的课程探索”确立为课题，重点是探讨如何利用现有的幼儿园大环境合理开展综合科学活动，促进幼儿的创新思维能力和创新人格的培养，初步发展幼儿细致的观察力、丰富的想象力、求异的思维力、多维的创新力，使幼儿敢于创造，乐于创造；同时通过课题研究，让教师构建和运用更科学的教学课程，采用更丰富的教学材料，探索更优质的培养幼儿创新思维的活动，培养教师具有超前的教育理念和大胆的创新精神，提高师资队伍的整体素质。

二、研究方法

在总课题的理论指导下，坚持以“微观发生法”为实施原则，坚持理论联系实际，探索关于幼儿科学创新思维培养的最佳课程。

近几年来，国际发展心理学家普遍采用的研究儿童认知发展的方法是微观发生法（Microgenetic Method），并取得了比较丰富的研究成果。微观发生法的研究特点是要对儿童认知策略和技能变化的整个动态过程进行记录、观察和分析，而非只记录策略变化的最终结果，因而它有助于详细分析儿童如何根据经验和指导改变、提高他们的认知策略和认知技能。最近，国内也有学者撰文详细探讨了微观发生法在教学实践上的具体运用。莫雷等人也已经探讨微观发生法是否同样适用于幼儿科学创造力的培养，结果发现：正确实施以研究者设计的课例为教学内容的微观发生法的确能够促进幼儿科学创造力的发展。本研究在上述研究的基础上，继续探索微观发生法在幼儿科学创新思维培养中的作用，并进一步探索培养幼儿科学创新思维的最优课程。

三、研究结果

围绕“幼儿科学创新思维培养的课程探索”这一课题的主要目的，我们进行了3年的实验探索，总结如下：

（一）激发幼儿的兴趣是培养幼儿科学创新思维的重要因素

幼儿只有充满对科学的欲望，才会主动去探索、去求知、去发现。孩子天生好奇，对感兴趣的东西往往学得更加积极主动，能长时间地维持注意，并能主动进行探索。

（1）提供合理的操作材料，激发幼儿探索科学的兴趣。

操作材料不仅是幼儿的玩具，同时也是使幼儿积极主动、长时间维持兴趣、主动探索的重要保障。如我们在大班的“取皮球”活动中生成了“沉浮的鸡蛋”科技操作活动。在活动过程中，孩子们发现鸡蛋在清水中不能浮起来，当加入少量盐时，鸡蛋也不能浮起来，但当盐越加越多后，鸡蛋会慢慢地浮起来。实验中我们为幼儿提供盐、白糖、面粉、食用碱等操作材料，幼儿通过尝试、变换材料，在操作、比较、研究、探索中不仅了解了鸡蛋在盐水中的有趣现象，而且也主动探索了解鸡蛋在其他不同东西里的反应，得出了比较辩证、带有条件性的答案。这些材料都是日常常见的东西，但是经过我们巧妙地组合到一起，成为了幼儿积极探索世界的重要工具，更激发了幼儿不断探索创新的兴趣。

（2）选择幼儿感兴趣的教育内容。

孩子总是对身边的各种事物充满好奇和探索的欲望，他们渴望发现新的东西，经历新的事物，渴望去探索，去弄个明白，而教师应善于观察、了解幼儿的兴趣，针对幼儿关注的热点话题展开教育活动。

在内容选择上，要从幼儿的身心发展特点和认知水平出发，选择具有时代性、科学性、趣味性、易于理解和幼儿熟悉的内容。例如，在春天，孩子们总喜欢在户外寻找各种物品或小昆虫，于是，老师提供了小铲子，让幼儿探索泥土里究竟有什么，并引发幼儿积极思考。在探究中，孩子发现了蚯蚓，引发了全体幼儿探究蚯蚓的兴趣，“蚯蚓在泥土里干什么?”“蚯蚓是益虫还是害虫?”“蚯蚓被切成两截，会死吗?”……于是我们进行了实验，把孩子分成三组，一组孩子观察蚯蚓，一组孩子查阅书本，另一组孩子则兴趣盎然地做了蚯蚓复活的实验。结果证实：蚯蚓在泥土里钻来钻去，是为泥土松土；蚯蚓是益虫；将蚯蚓切成两截，会变成两条蚯蚓；切成三截，中间的一截就不能存活了。在和孩子们共同找寻答案的过程中，我们明白了，在活动中应尊重幼儿的好奇心，支持幼儿通过多种渠道寻求答案，鼓励幼儿对问题展开讨论，引导幼儿尊重科学，尊重客观事实。这样就满足了幼儿的求知欲，同时也进一步激发了幼儿探索自然科学的兴趣。

（二）以幼儿为主体，在科学探索活动中教师要发挥主导作用

幼儿是教育的主体，那么我们应该怎样坚持幼儿的主体地位，又该怎样发挥教师的主导作用呢？

(1) 不过多干预，引导幼儿充分探索。

为了给予幼儿充分探索的自由和主动感知、发现的机会，让幼儿由静态汲取变为动态探求，我们在为幼儿提供丰富的操作材料，并采用多种方式让幼儿明确操作目的、材料的使用方法及操作规则后，大胆放手让幼儿充分操作，反复感知，让幼儿在独立自主的操作过程中，经历科学探求和发现的过程，体会科学与创造的乐趣。

如在科技活动“乌鸦喝水”的操作活动中，老师先向幼儿提出问题：“谁能想办法让乌鸦喝到瓶子里的水？”幼儿想出了很多办法，但老师并没有肯定或否定幼儿的答案，而是为幼儿准备了实物灌水的长颈瓶和一些小石子、尖嘴乌鸦，让幼儿在实践中得到答案。幼儿对这个由亲身实践得到的发现，不仅印象深刻，而且确信不疑，这又促使他们在活动中更加投入、更加专注。

在幼儿操作过程中，我们感到一些幼儿与众不同的操作行为往往蕴藏着更为强烈的探索欲望。为此我们关注、肯定幼儿的别出心裁和新奇操作，引导他们大胆用自己的方式进行操作和发现。有一次，我们进行“哪个融化得快？”这一活动，在观察了冰在酒精灯加热下逐渐融化为水的过程后，一位幼儿并没有因此而满足，而是将一块冰握在手心里，随着冰化为水渐渐顺着他的指缝往下流，幼儿走出了认为只有酒精灯才能让冰融化的误区，其他幼儿在他的启发下，纷纷想出了将冰放到太阳下、微波炉里、开水里等促使冰融化的方法，从而赋予了操作活动以新的内涵，激发出幼儿创新的萌芽。

对于幼儿操作中的失败，我们不仅允许，而且相信他们有认识和纠正失败的能力，鼓励他们锲而不舍，在失败中学习自我修正，寻找成功的途径。我们认为，成功的喜悦将激发幼儿产生更为强烈的探索热情，我们以积极的等待，代替简单地帮助他们纠正错误的办法，这给幼儿带来了更多的快乐和自信。如在“斜坡”活动中，我们让幼儿想办法，令走得快的汽车变慢，走得慢的汽车变快。许多幼儿使用了各种物品，有成功的、有失败的，失败的幼儿在操作中逐渐找到了成功的方法。在整个活动中，教师给予的只是技术上的支持和精神上的鼓励，而从失败中通过不断尝试而成功的孩子显得尤为激动和自信，这将有助于激发幼儿产生更为强烈的探索热情。

我们还发现有些幼儿具有强烈的探索欲望，往往活动结束了，仍意犹未尽，而有些幼儿则在一次活动中迟迟不能完成操作任务。面对这一情况，我们非常注重延伸活动的开展。在每次操作活动结束时，并不将其当成是活动的尾声，而是作为继续探索的开始，仍保留一些有代表性的材料在科学角，让新旧材料之间保持一定的比例，供幼儿再次选择操作。在延伸活动中，我们除了帮助能力弱的幼儿达到操作目的，获得成功的体验，使他们保持对操作活动的兴趣和愿望外，还引导能力强的幼儿进行再操作、再尝试，并在引导中尽可能避免相同操作方法的简单再现，而是向他们提出更高的操作目标，帮助他们获得新的操作方法和经验，促进幼儿操作水平的不断提高。

(2) 不急于下结论，激励幼儿多角度去发现。

在幼儿进行操作活动时，我们要以足够的耐心等待他们描述操作中发现的现象及提出的困惑和需求，以多种方式鼓励幼儿从多个角度思考问题，不断发现和提出新问题。对幼儿提出的问题，不要急于解答，而应让他们感受到老师的一份期待，鼓励和引导他们把好奇心转化为进一步探索的动力，通过自己的操作去寻找答案。

如在“浮起来的蛋”的操作活动中，当幼儿提出“用什么办法可以使蛋浮起来？”的问题时，我们鼓励他自己去尝试。当他发现用石头垫起蛋、水中加盐蛋会浮起等方法时，他会欣喜地告诉老师和同伴，大家会围拢来观赏他的表演。此时没有一位幼儿是旁观者，他们展示的也不仅仅是操作结果，更主要的是他们思考和探索的过程。在幼儿充分感知操作经验之后，我们再和幼儿共同验证操作过程和思维结果是否正确，这样不仅能给幼儿带来成功的快乐，增强他们进一步主动探索的自信心，而且能使幼儿的感性认识得到升华。

幼儿在好奇心的驱使下，对他们不明白却又急于想知道答案的事情常常会问成人，体现在科学活动中就更为明显。幼儿接触的科学知识有很多都来源于日常生活，对这些发生在自己身边却常常被忽视的科学知识，他们产生的好奇心往往比其他情况下的更为强烈，也就更想知道其中的秘密。而在有些时候，幼儿所忽视的也正是成人所不注意的。因此，他们提出的"为什么?""做什么用的?"很多是我们不明白的大问号。相信大家都会有这样的体验：幼儿提出一个你根本没有想过的问题会让你觉得很奇怪，同时又会觉得很有建设性。如果不回答，的确不是什么好的回避方式；但总是说诸如"你长大了就会明白了"之类的话，又难以解开幼儿心中的疙瘩。这时候，利用科学实验的方式去"回答"他们，应该是最可行的办法了。例如在"神奇的根"的活动中，孩子们提出："根是如何吸水的?"对于这一问题，我们也不是很清楚，于是我们和孩子们一起做了"会吸水的根"的实验。实验很好地回答了孩子的问题，也解除了我们的疑问，更重要的是让孩子的探索兴趣有增无减。所以，当孩子们对你提出一些不好解答的问题，或者是和教学要求没多大关系的问题时，千万不可用"烦死了"等消极的回答去堵住他们的嘴；当然也不可能让自己时刻"抱"着一本《十万个为什么》来应付他们。只要利用适当的科学观察实验就能让他们在动手中动脑，在动脑中满足自我的求知欲，这样所掌握的知识，相信他们永远也不会忘记。

(3) 不强调知识概念，诱导幼儿积累经验。

在活动中有些教师往往比较注重向幼儿传授科学知识，而忽视培养幼儿掌握科学方法，缺乏给予幼儿一把打开科学知识宝库金钥匙的意识。他们不懂得幼儿通过自身的操作探索，不仅可以获得多出教师传授的知识，而且还能领悟到应该怎样获取知识。针对以上存在的问题，我们为幼儿创设各种讨论和辩论的情境，让他们分享各自的经验和体会，将自己感知到的事物、现象、特征以及发现的方法进行交流。通过同伴间的相互启发，取长补短，将零散的感性操作经验进行梳理，从而使幼儿逐步获得较全面、科学、粗浅的知识经验，发展他们的思考、表达、交换信息的能力。

总之，在引导幼儿通过操作活动主动探索科学奥秘的过程中，我们必须根据幼儿主要是以自己动手而非倾听现成的概念来学科学的特点，一方面为他们创设充满科学气息的环境和提供符合目标的操作材料，另一方面应努力激励幼儿去感知周围环境，动手操作材料，描述探索过程。引导幼儿对感性经验进行整理和概括，逐步建构最初级的科学概念，从而真正做到不断增强幼儿主动探索的参与意识、操作意识、交往意识、表现意识，给幼儿留下一个期待继续探索的愿望、一份期盼揭开奥秘的向往。

四、研究成效

（一）幼儿的发展

幼儿兴趣变得多样，求知欲变强，知识面变广，思维活跃也变得敏捷，观察力和动手操作能力大大加强，并能主动观察周围事物、自然物的生长变化，积极探索、提问。

（二）教师的转型

通过实验研究，促进了教师教育教学思想的转变。一是通过外出学习和培训，提升了教师的教学水平和科研能力；二是强化幼儿的主体意识，坚持在活动过程中体现“幼儿为主体，教师为主导，能力为目的”的教学思想，尊重幼儿，引导幼儿主动参与活动；三是强化了反馈意识，灵活采用多种手段，获取幼儿的反馈信息，及时分析，准确判断，并采取有针对性的矫正措施，最大限度地提高教学质量；四是通过实验研究，实验教师由开始的被动研究转为主动研究，从单纯授课型教师转变为创意研究型教师，写出了多篇研究文章并获奖。

（三）家长的变化

通过实验研究，家长发现了科学探索活动的好处，并认识到自己也是教育事业的合伙人和责任分担者，更是重要的教育资源。家长认识到应该和幼儿园一起努力，共同探索教育过程，共同分享教育成果。对实验班的调查结果显示：家长对班级教研工作满意率为95%，认为孩子各种能力得到了培养的，大班为95%，中班为96%，小班为90%。

我园的“幼儿科学创新思维培养的课程探索”这一课题研究创出了自己的路子，形成了自己的特色。现在，我们的教师对“幼儿科学创新思维培养的课程探索”的认识提高较快，而如何切实有效地组织和指导幼儿园教育活动，使其落实到促进幼儿发展上，需要更大的努力。我们要进一步研究和总结幼儿科学创造力培养的最佳途径和方法，促进幼儿创造思维能力和创造人格的有机发展，并逐步把探究式的教学模式在各科教学中贯彻实施。

我国的创造教育家陶行知先生曾指出：处处是创造之地，天天是创造之时，人人是创造之人。幼儿的科学创造力不是一朝一夕就能培养的，我们要成为幼儿创造的支持者、合作者、引导者，随时为幼儿打开创造之门。

参考文献

[1] Siegler，R. S.，Chen，Z. Developmental Differences in Rule Learning：A Microgenetic Analysis. *Cognitive Psychology*，1998，36：273 – 310

[2] Toth，E. E.，Klahr，D.，Chen Z. Bridging Research and Practice：A Cognitively Based Classroom Intervention for Teaching Experimentation Skills to Elementary School Children. *Cognition and Instruction*，2000，18：423 – 459

[3] 王瑞明，莫雷，Zhe Chen. 使用微观发生法促进儿童的认知发展．心理发展与教育，2005（1）：124 ~ 128

[4] 王瑞明，莫雷等．用微观发生法培养幼儿科学创造力的实验研究．学前教育研究，2007（7 – 8）：41 ~ 45

幼儿科学创新思维培养的引导策略研究

惠州市机关第一幼儿园课题组

【摘　要】幼儿时期是创新能力发展的关键期。教师是培养幼儿创新思维的关键，应该有合理且有效的引导策略。在总课题组的指导下，本课题组积极探索培养幼儿科学创新思维的引导策略，并得出以下结论：教师要更新观念，做幼儿的引导者、合作者和倾听者，并要以间接引导为主，直接引导为辅，恰到好处地给予引导。

【关键词】幼儿科学创新思维　创新思维培养　引导策略

一、问题的提出

人类已跨入21世纪，随着高科技的迅猛发展，知识经济蓬勃兴起，而创新是知识经济的核心，为此我国提出了“科教兴国”、“自主创新”的战略目标。今天的幼儿是祖国的未来，他们能否适应未来的社会，能否推动时代的前进，便是当今教育面临的首要问题。为创造而教育就成为了教育的目标，也成为了世界教育的趋势。

研究表明，幼儿一出生便具有巨大的创造潜能，只要得到适时而科学的开发，都可以成为高创造性的人。创造力发展的关键期是在2~6岁，如果错过这个阶段，以后再去点燃创新的火花就相当困难。因此，培养幼儿科学创造力是个体发展的需要。

“教师在教育教学活动中应发挥主导作用”，“在教育活动中，教师是主导，幼儿是主体”，这样的说法对我们来说再熟悉不过了。联合国教科文组织在《关于教师作用的变化及其对教师职业准备教育、在职教育的影响的建议》（1975年）中表达了教师新的形象：教师不仅是信息的提供者与知识、价值观的传递者，也是发展学生的能力、兴趣的指导者和顾问，教师对学生的科学世界观的形成起着重要的作用。同样，《学会生存》一书也指出："教师的职责现在越来越少地传递知识，而越来越多地激励思考；除他的正式职能外，他将越来越成为一个顾问，一位交换意见的参加者，一位帮助发现矛盾论点，而不是拿出现成真理的人。他必须集中更多的时间和精力去从事那些有效果的和有创造性的活动：互相影响、讨论、激励、了解、鼓舞。"可见，教师提高和发展自己对幼儿成长的指导、引导能力是十分重要的。

然而教师如何进行引导，这一点却需要关注儿童在教育教学活动中的主体作用。幼儿有自己的主体性或自己的精神世界，他们的精神世界的丰富性并不亚于成人。每个孩子都是一本书，需要成人用心、智慧地去理解。只有深入他们独特的精神世界中去探索，才可能找到指导、引导他们的适宜的方法。幼儿的头脑不是一个需要被填满的容器，而是一把需要被点燃的火把。如何点燃这个火把？这是对教师"导"的能力的考验。毫无疑问，在教师的指导、引导、疏导、启发、诱导、劝导下，营造一个使幼儿敢于提问、勇于探索、善于争论与相互讨论、相互学习、相互鼓励的学习、生活的环境是一个优秀的幼儿教师所面临的选择和挑战。

本课题组抓住幼儿科学创造力发展的关键期，探索幼儿科学创新思维培养的引导策略，以期唤醒幼儿的潜能，促进幼儿创新思维能力的提高，从而使幼儿健康、和谐地全面发展。

二、研究的实施

（一）完善课题研究网络系统

完善的课题研究网络是教科研工作顺利开展的保证，也是教科研工作落到实处的必要条件。为了"促进幼儿科学创新思维培养的引导策略"这一课题的顺利开展，我们合理建构了课题研究网络系统，机构设置、人员分工明确。机构设置如下：①成立"促进幼儿科学创新思维培养的引导策略”课题组，由副园长、各年级级长等有关人员组成。②确立课题信息系统，课题组成员确定资料员，收集课题理论资料和实验情况资料。

（二）更新教师理念，提高教师素质

教师是参与课题研究的主力军，教师的素质将直接影响到课题研究的深度和广度，直接影响到课题研究的内涵质量。课题组要求全园教师对课题研究的目的、意义及方法首先有总体的把握，在实践中进行恰当的操作、评价。每学期制订符合实际的课题研究计划，积极开展各项课题研究活动，实践课题实验。为了提高教师的技能，课题组注意加强教师的理论学习，每月组织一次课题理论学习或课题研讨活动，还组织教师外出参观学习、进行业务交流，这样不仅拓宽了教师的视野，还让每位教师有了新的教学理念。随着课题研究的推进，现在课题研究网络向全园教师覆盖，让全园教师都参与到课题研究中来，形成了浓厚的课题研究氛围。

三、研究原则

科学教育活动是教师的基本任务之一，也是科学教育最终落实到儿童发展上的关键的一环。我园在进行科学创新能力培养的活动中，主要遵循以下几个原则：

（一）科学性原则

科学性原则，即确保教育内容与过程的科学性。科学教育的基本目的之一是培养孩子形成正确的科学态度、掌握正确的科学方法，使之正确感知客观事物和现象，形成正确的概念。科学思维的基本特征是思维意识的严谨与客观，这也是我们在设计教育活动时需要遵循的首要原则。

（二）生活性原则

生活性原则，即科学活动内容的选取应贴近幼儿的实际生活，应尽可能来自幼儿的生活经验，要选择那些儿童经验之中的内容，活动的设计也要充分考虑和照顾到儿童已有的经验。这是针对幼儿

的年龄特征与学习特点提出的原则。

（三）兴趣性原则

幼儿本身就具有对周围环境的浓厚的好奇心与求知欲，这些好奇心与求知欲来自幼儿对科学现象的浓厚兴趣。在设计科学教育活动时，教师要注意保护和培养幼儿这种天性，要通过丰富的活动引发幼儿对科学的兴趣。

（四）实践性原则

应努力改变“教师讲，幼儿听；教师做，幼儿看；教师教，幼儿记”的消极被动的学习模式，要充分利用周围环境，让幼儿动手、动口、动脑，主动积极地去活动、去探索、去发现。通过运用多种感官，进行各种尝试，获得直接的体验与感受，这是科学启蒙教育的重要原则。

（五）尊重性原则

要尊重幼儿好奇好动、爱探究的天性，让幼儿有思维、想象与发展的空间。教师要成为幼儿的伙伴和朋友，要关心、爱护他们的劳动成果，并运用激趣、激疑、激情去鼓动幼儿跃跃欲试的学习热情。

四、研究过程

经过3年的实验研究，我们将教师引导幼儿开展科学活动的组织策略总结为以下几个方面。

（一）更新观念，是教师合理引导的前提

（1）关注并重视幼儿的主体性，教师做引导者。

在探索活动中，教师往往习惯居于主动地位，而幼儿则相对被动。幼儿在探索过程中名义上的主体地位及其在实际中的被动地位反映了不平等的师幼关系。如果教师以活动者的身份介入，以自己的行为引导幼儿，即虽在一边活动，但并不把自己的玩法强加给幼儿，只是用自身活动给幼儿提供参考，这样，教师就能较好地组织一次探索活动。如探索活动“摩擦起电”中，幼儿用塑料棒摩擦头发，教师在一旁也饶有兴趣地用塑料棒摩擦其他部位。幼儿可以模仿教师，也可以自己尝试，并不担心活动成败与否，教师对活动的兴趣给了幼儿安心探索的暗示。

(2) 尊重和支持幼儿的经验，教师做合作者。

幼儿探索活动的程序设计是师幼合作探索的指南针。以“最近发展区”为依据，教师如能在幼儿探索活动的关键时刻作出及时有效的回应，就能够引发认知冲突，推进幼儿发展。因为幼儿年龄小，在探索活动中常常碰到困难，很容易因情绪不稳定而放弃探索。此时教师如能把握该年龄段幼儿的能力水平，用心解读幼儿的需要，打通联系幼儿经验的多向渠道，对幼儿的探索发现无疑具有推动作用。如探索活动“有趣的蜡”，幼儿在将烧熔的蜡倒入印模时会有困难或感到害怕，此时教师若能及时介入，往往能支持幼儿持续探索。这样，幼儿不仅能获得安全感，更能获得成功的体验和自信。

(3) 判断并回应幼儿的挑战，教师做倾听者。

探索活动是幼儿主动经历世界、从自己的生活环境和教师提供的环境中主动观察、尝试探索、发现问题和解决问题的过程。教师如能有张有弛地在问题点上与幼儿展开一系列的互动，判断并回应幼儿的挑战，便能以更隐性的手段在幼儿的兴趣点上实现教育价值。当幼儿通过自己的努力获得成功时，常常想向人讲述自己成功的过程，教师不妨做一名倾听者，这样，不仅能分享幼儿成功的快乐，了解幼儿活动的过程，增进师生感情，更能使孩子坚定自己科学探索的信念。

(二) 创设宽松、安全的活动环境，间接引导幼儿的探索过程

幼儿的探索活动通常是一种群体活动和文化分享。在探索活动中，教师应努力为幼儿创设一个宽松、安全的活动环境，让幼儿体验到探索的乐趣。美国心理学家、教育家罗杰斯曾说：“我知道我不能将所有东西都教给学生，我只能为学生提供一个促使他学习的环境。”这里所说的环境指的就是心理自由和心理安全的环境。

（1）从儿童实际出发，选择贴近幼儿生活的活动内容。

活动内容要选择儿童生活中常见的内容、现象。因为如果远离幼儿的生活，他们会感到陌生。没有生活体验的活动是引不起他们的兴趣的，只有让孩子从探究生活中常见的事物、现象开始，探究的内容贴近幼儿的生活，才能使幼儿体验和感受到学习内容对自己和同伴的意义，发现和感受周围的神奇，体验和领悟到科学就在身边。小班活动“有趣的衣架”就是从一次户外活动中引发的，当时两个小朋友正高兴地玩跷跷板，这时又来了一位孩子坐上去，可是跷跷板不动了，于是一位孩子问老师：“跷跷板怎么不动了呢？”于是我们引导孩子探究平衡与什么有关，设计了一系列活动“有趣的衣架”。

（2）提供丰富的材料，以利于幼儿探索。

要让每个孩子都参加操作活动，首先老师要为幼儿提供丰富、实用、有效的操作材料。在大班“融化了”活动中，教师准备了热水袋、冷水、热水、电吹风、微波炉、酒精灯、盐、吸管、电扇、锤子等材料，把孩子能够想到利用的材料都准备好，让孩子有机会验证自己的猜想。

（3）创设目标单一的问题情境，便于幼儿质疑。

教师在幼儿探索中的一个重要作用就是“把研究引向一个明确的方向”，引领幼儿探索方向的关键在于提出有意义的问题，这个问题最好是让孩子自己发现。教师应根据孩子的年龄特征设置问题情境。在设置情境时，还要注意问题目标不要有多个指向，最好是单一的，便于幼儿质疑。

（4）创设观察环境，提高幼儿观察、记录的能力。

在科学活动中，幼儿观察问题、发现问题的能力十分重要，老师要创设环境，让幼儿乐于观察、记录。在中班的种植区，老师剪下了许多不同种类的花草放在透明的瓶中用水养殖，有小朋友问：“它们在水里能活下去吗？”于是老师开辟了一块自然墙，写上“没有土、没有根，它们能成活吗？”的标题，让孩子观察、记录，发现植物的变化：“今天绿萝长出了根”、“桃树枝的叶子全掉了”……老师请他们把自己观察到的内容用绘画的形式记录下来，写上日期贴在墙上对比。结果发现：有些植物没有土、没有根不能成活；有些植物则可以成活，但成活的时间长短不一；有些植物长出了根……

(5) 规范指导语言，引领幼儿进一步思考探索。

在科学活动中，老师不再是直接的讲述者，而主要是以幼儿探索发现为主，因此老师的语言指导十分重要。首先，要用有意义的问题，引导儿童的探索方向。老师要善于在幼儿关注的基础上，精心选择和设置幼儿感兴趣、并有益于发现某种关系的问题，引导幼儿不断地把探究走向深入；用鼓励的评价语言，促进幼儿继续探究的愿望。伴随幼儿的探究过程，幼儿会有不同的操作方法和发现，老师要与其他孩子一起倾听孩子的讲述，并给予鼓励，不要过分注重活动的预期效果，非要孩子得出一个正确的答案。即使在活动中发现一些实际操作情况、兴趣转移暂时偏离了预期目标，老师也要给予适当的指导，用鼓励的语言让孩子按自己的猜想做下去，不能用简单的判断性语言评价孩子：“你这样做不对”、“这是错的”，而是用“你可以再试一次吗?”这样的语言，让孩子自己去验证、了解事实的真相。

(6) 引导幼儿表达自己得出的结论。

当幼儿针对某一问题进行探索，得出了自己的结论后，教师要引导幼儿对活动中获得的新经验进行处理。教师可以分两个阶段来进行，即安排团体讨论和开展各种展示活动。

①安排团体讨论。探究结束阶段的团体讨论可以使幼儿对自己的想法和做法进行一次梳理，以此强化新获得的经验。而当幼儿能够用语言表达自己的行为和想法时，说明幼儿的行为在逐步内化。例如在“可爱的小白兔”活动中，幼儿进行了“小兔搬家”的角色游戏后，教师问幼儿：“你们搬的是什么？是怎么搬的?”并让幼儿用完整的语言表达出来。幼儿争先恐后地说“我捧着球”、“我

把水果装到袋子里，拎过去的”、“我扛着饮料瓶”、“我和××一起把箱子抬过去的”……接着，教师又让幼儿讨论用哪些方法更省力。

②开展各种展示活动。教师开展各种展示活动的真正意义在于让活动中的幼儿运用多种表达方式。幼儿的思维具有表面性和片面性，而当他们运用不同方式去表现同一种现象时，就会发现新使用的方式注意到了前一种方式没有注意到的问题。这样，在连续运用不同方式的过程中，幼儿对同一事物的理解就会更加全面和深刻。瑞吉欧教育模式创始人马拉古齐等人提出的“孩子的一百种语言”，就是对幼儿多种表达方式的形象描述。教师一般可以组织开放参观、成果发布会和演出三种方式，鼓励幼儿运用语言、身体动作、绘画、拼砌、泥工、剪贴、角色扮演等表达方式，进行探究成果的表达和交流。

（三）直接指导，用示范的方法提供思路和语言范例

在各种活动中，坚持间接引导策略对幼儿科学创新思维能力的培养是很有意义的，但是直接指导的方式在有些时候能收到立竿见影的效果。

在“讲述我的家用电器”活动中，刚开始幼儿都不知道怎么说，因此，教师采用了以直接指导为主的方式，向幼儿讲述了一件教师自己常用的家用电器。从讲这件家用电器的名称、形状、功能，到为什么喜欢这件家用电器。这就给幼儿提供了讲述的思路和语言表述的范例，起到了直接的示范引导作用，之后幼儿的讲解便不由自主地按照一定思路去讲述了。另外我们还鼓励他们用其他的方式进行讲述，也收到了很好的效果。

在幼儿科学教育的活动中，老师应注意自己的指导策略，“要多一些倾听，少一些告知；多一些体验，少一些概念；多一些欣赏，少一些责备；多一些等待，少一些催促”。同时，教师要不断提高自身的科学素养，与孩子在科学活动中共同成长。教学实践还使我们认识到，教师要掌握间接指导和直接指导的方式，以间接指

导为主，直接指导为辅，把握适当的时机，恰到好处地给幼儿以指导，这将极大地促进幼儿创新思维能力的提高。

五、问题与建议

（1）课题各园之间还需加强横向的交流，以使本园的课题研究更加充满活力。

（2）教师制作教学课件的能力需加强。

总之，科学创造力培养在21世纪的人才培养中最具有竞争力、持续发展潜力。我园课题组在总结本阶段实验课题的同时，更明确地提出在今后将把创造力培养作为园本文化进行全方位的挖掘发展，继续探索和推广“幼儿科学创造力培养”的实践模式和策略，促进幼儿园创造性地实施素质教育，全面推动幼儿园教育改革实践的深入，增强办学竞争力。

参考文献

[1] 陈红敏，莫雷．幼儿科学创新人格的架构及其培养．当代教育论坛，2005（2）

[2] 张博．“教师主导”辨析．学前教育研究，2002（2）：30～32

[3] 张宪冰．科学活动中教师引导幼儿探究的策略思考．早期教育，2003（3）：14～15

[4] 龚定红．幼儿探索活动中教师的指导策略．安徽教育．2007（10）：42～43

幼儿科学创造人格培养的教学手段与教学材料探索研究

惠州市机关第三幼儿园课题组　刘艳

【摘　要】 科学创新能力是创造力的核心，而相应的科学创新人格也是创造性人格中的关键和核心内容，因此应该重点培养。我园通过为期3年的实验探索，逐渐摸索出了许多培养幼儿创造人格的教学手段和教学材料，对培养幼儿的创新人格和创新能力有很大作用，实验结果也验证了这一点。同时，教师在实验过程中也得到了快速的成长，科研能力显著提高，走出了一条科研兴园的新路。

【关键词】 幼儿科学创造人格　微观发生法　教学手段　教学材料

一、问题的提出

培养大批科学创新型人才是21世纪各级各类教育共同肩负的使命，而学前教育阶段是培育科学创新型人才的奠基阶段。心理学研究表明，创新能力发展的关键期是2～6岁，此时的幼儿已具有思维能力，有自己的主见和追求，好奇、有创造的需要，这是幼儿人格发展的需求。无视幼儿这种发展需求，则很容易使幼儿的想象和创造被抑制或弱化，形成人格障碍和人格缺失。因而在学前教育教学中，培养幼儿的科学创新人格已被越来越多的人所重视。

幼儿的科学创新人格包含三个系统：动力系统、保障系统和调控系统。动力系统是创造性活动开始的基础，表现在幼儿身上主要是好奇心和敢为性；保障系统是其完成创造活动的有力保障，具体可以表现为独立性和自信心；调控系统表现在幼儿身上，主要是坚持性和乐观性的培养。以上6个科学创新人格特征是个体创造性人格培养的核心，也是个体以后创造性人格培养和才能发挥的基础。那么培养幼儿的科学创新人格的方法是什么呢？

微观发生法（Microgenetic Method）是近几年来国际发展心理学家普遍采用的研究儿童的认知发展的方法，取得了丰富的研究成果。目前在国际上，微观发生法已经比较广泛地应用于有关儿童认知发展的心理学研究当中。最近，国内也有学者撰文详细探讨了微观发生法在教学实践上的具体运用。王瑞明、莫雷等人已经探讨微观发生法是否同样适用于幼儿科学创造力的培养，结果得出：正确实施以研究者设计的课例为教学内容的微观发生法的确能够促进幼儿科学创造力的发展。但是，能否使用微观发生法对儿童进行训练，促进其人格培养，这样的研究在国内几乎没有。我们认为，微观发生法可以用来训练儿童以促进其认知方面的发展，也可以用于幼儿科学创造人格的培养。

培养方法固然重要，合适的教学手段和教学材料也同样必不可少。教学材料是支撑教学活动的基础，而合适的教学手段才能吸引幼儿，才能更好地让幼儿在不知不觉中发展自己各方面的能力。我园于2005年5月参与了教育部人文社会科学重点研究基地重大研究项目“儿童科学思维过程与科学创造力培养”的子课题“幼儿科学创造人格培养的教学手段与教学材料”。

二、研究目标

在总课题组的理论指导下，坚持以“微观发生法”为实施原则，理论联系实际，探索关于幼儿科学创造人格培养的教学手段与教学材料，以更好地培养幼儿的健全人格，特别是创造性人格，提高幼儿的创造力。具体来讲有以下两个方面：

（1）在现有的幼儿教学手段和教学材料的基础上，通过生成、改进、合理运用材料，借助教学手段的相互渗透和整合，探索新的培养幼儿创造人格的教学手段和教学材料，促进幼儿多元智能发展与健全人格的培养，从而使幼儿形成好奇心、敢为性、自信心、独立性、坚持性、乐观性的创造人格特质。

(2) 通过实验增强管理者、施教者的创新教育意识，丰富创新教育理论，提高创新教育能力。建立适宜于创新教育的，勇于创新、乐于创新、善于创新的师资队伍，全面营建创新教育氛围。提高园长、教师的科研能力，走科研兴园之路。

三、研究方法

（一）研究对象

实验班：惠州市机关第三幼儿园小、中、大班全体幼儿，共132人。

对照班：惠州市机关第二幼儿园小、中、大三个班，共90人，起始条件与惠州市机关第三幼儿园相同。

（二）材料

根据科学创造力的构成和微观发生法应用于教学实践的具体要求，以及幼儿心理发展的特点，我园实验者设计了培养幼儿科学创造力和创造人格的专门课例。教学过程严格按照微观发生法的原则与要求进行。

为了评价幼儿科学创造力的培养效果，我们采用了华南师范大学莫雷教授课题组编制的幼儿科学创造能力测验量表。测验量表涉及科学创造能力的9个方面，共34个题目，幼儿必须具备正确的科学创造思维能力、运用正确的思维策略才能做出最好的回答。

（三）程序

整个研究历时近3年，包括了课题研究的准备阶段、实施阶段和总结阶段。

(1) 准备阶段（2005年6月—2005年9月），主要任务是拟订课题研究方案，确定实验对象，并搜集相关资料，对所有实验老师进行了认真培训，规定实验过程中研究者定期开展听课评课活动，以保证整个实验按照微观发生法的具体要求进行。

（2）实施阶段（2005 年 9 月—2008 年 6 月），对实验对象严格按照实验计划、步骤，遵循实验研究的具体要求实施操作。而对照班则按原先的教学计划进行，不额外进行任何实验性干预。一年的实验结束后，我们对实验班和对照班的儿童进行了幼儿科学创造能力测验，对每个幼儿单独施测。

（3）总结阶段（2008 年 7 月—2008 年 11 月），课题组广大成员认真总结前期工作，整理实验资料，分析研究结果，撰写课题论文等。

四、研究过程

在教学中，教师根据教学目的、要求的需要，正确、恰当地使用教学材料，不仅可以把抽象的知识具体化、形象化，易为幼儿所感知、理解和记忆，而且可以培养幼儿的观察能力、理解能力和抽象思维能力，同时还能促进幼儿创新人格的发展。那么，在科学活动中，如何制作教学材料、如何发挥教学材料的作用呢？在几年的课题教学实践中，我们不断地学习、不断地总结，在教学手段的应用与教学材料的制作上积累了一些经验：

（1）寻找幼儿熟悉的教具，在教学中能发挥更大的作用。

幼儿生活经验相对不足，对一些概念比较模糊，因此在教学中应该找一些幼儿熟悉的教学材料，这有利于幼儿更好地发展自己。例如在小班“融化”科学活动中，小班幼儿对“融化”这词根本就不理解。为此，我们在原来的基础上增加了教学材料“冰块”，因为冰块是幼儿现实生活中常接触到的，它的融化过程既直观又形象，便于幼儿理解“融化”的含义。操作时我们将冰块的融化过程放在活动的最前面，在理解融化含义的情况下再进行其他的实验。在观察冰块逐步融化于水的全过程时可以互相交流，说出自己发现的问题。通过观察冰块融化于水的过程，幼儿不但能更容易地理解“融化”的含义，而且从中培养了幼儿的耐心、细心和发现问题的能力。这样不仅达到了预期的教学效果，又提高了幼儿的学习兴趣。

(2) 对现有教具的改良有利于更好地培养幼儿的创造人格。

在实践操作“落球盒”活动中，起初我们采用的是有声音的乒乓球。通过实践发现，幼儿会根据球的声音来判断球落下的位置，达不到逻辑推理的能力。后来我们将乒乓球改成了毛线球。它们的使用方法和原教案中的方法是相同的，但改良后的毛线球，落地时没有声音，这样孩子就能够根据逻辑推理准确地判断球落下的位置，这样的改良更好地培养了幼儿的因果推理能力、物理推理能力和发现规则的能力。

在课题实践活动“斜坡”中，我们改良了原来的斜坡教具，因为原来的斜坡教具对于中班的幼儿来说操作起来有难度，并且达不到分组练习的效果。因此我们将原来的木制斜坡改成用KT板制作的斜坡，将小球改为孩子喜欢的玩具小车，使用的方法和原来的木制斜坡相同，只是改良后的教具更容易操作，滚动物（玩具小车）从不同坡面上滚下来的距离更明显一些，还可以达到人人操作或分组操作的效果。这更好地培养了幼儿的自信心、好奇心和敢为性以及发现问题的能力。

(3) 自制教具，特别是让幼儿参与其中，是培养幼儿创新能力及创新人格的重要一步。

在实践活动“老鼠和盒子”中，我们根据教案的内容，自制了大、中、小不同规格的盒子两套，大小玩具老鼠各一只，因为原活动方案没有配教具，我们就根据活动的内容制作了相应的教具。这套教具是孩子根据教师的口语指导进行操作的，通过教师的指导，幼儿的理解能力和判断能力都大大地提高了，同时更好地培养了他们的假设检验能力。

对于某些教具，我们在幼儿操作教具时并不直接展示其工作原理，而是让幼儿在操作中感知、观察、体验并探索，这样能增加活动的趣味性。这些教具适合在各种游戏活动和科学教育活动中使用。如活动“纸桥”，我们为孩子们提供了大量的报纸作为教具，让孩子们了解纸的性能，使孩子知道一张薄薄的纸可以通过加厚或扭曲来承重。孩子们通过动手操作，找出了多种方法使纸桥承重，培养了幼儿的发散思维能力。这种措施更利于幼儿实际操作和大胆探索，在操作过程中幼儿的兴趣浓厚，并能够积极参与、大胆地进行推理，效果良好。

（4）遵循教学材料制作和使用的内在教育顺序，在发现探索中发展幼儿的创新能力。

除了一些自制教具，还可以通过设计时的内在教育线索，帮助幼儿按照一定的学习顺序、学习内容、学习方式，自己提出学习任务，自我学习，发现学习方法，纠正错误。如活动“怎样使它站得稳”，我们准备了铅笔、毛巾、筷子、瓶子、玩具、纸筒、卡纸、旗子等，还利用了辅助材料水、沙子、绳子、橡皮泥、双面胶、纸盒、积木等，首先让孩子发现一些物体为什么“站不稳”，让孩子利用老师准备的材料操作，找出让物体“站得稳”的方法，提高孩子分析问题和解决问题的能力，培养孩子的探索精神。

（5）突出教学手段和教学材料的趣味性，让幼儿在快乐中发展自己。

如活动“好玩的沙子”，我们为每桌准备了一盘沙子、五个沙箱，每个幼儿一杯沙子、一罐土、冰糕棍、抹布、盛清水的杯子(每组必备)、废旧物品制作的漏斗、铲子、小水桶、印模、吸铁石、网眼大小不同的筛子、废旧纸杯、玩沙工具、各色颜料、水泥少许。让幼儿在玩沙的过程中通过观察、感知、比较、交流获取对沙子基本特征的了解，培养幼儿初步的环保意识，体验玩沙的乐趣。在“做游戏，学分类”活动中，原活动的操作材料是自己制作的卡片，幼儿对自制的卡片不感兴趣，因为卡片的吸引力不够。这样会影响幼儿对上课的兴趣，让教师很难引导。为此，我们把操作材料“自制卡片”改为幼儿在园常接触的各类玩具。现在幼儿园给幼儿操作的桌面玩具形状、花纹多样，五颜六色，而且颜色特别鲜艳。每一种玩具都有小洞，操作时可以直接串在分类架上，操作简便，幼儿又感兴趣。操作时我们同样可让幼儿将玩具按颜色、形状、花纹进行分类。这样幼儿都非常有兴趣参与，都能按教师的要求积极操作，从而达到教学目的。

在实践活动的整个过程中，我们通过亲自制作、改良教具，以及充分利用园内的现有资源进行了大胆的创新，努力对幼儿进行人格方面的培养。

五、研究成效

在实验一年后，参加实验的幼儿科学素养及创造力、动手能力均得到了不同程度的提高。通过实验班和对照班的对比，可以看出实验班幼儿的认知水平与创造性能力的发展有了明显变化。

（一）实验班与对照班的幼儿创新能力测查结果

对实验班的132名幼儿进行了幼儿科学创造能力测验，其中小班41名，中班45名，大班46名。对对照班的90名幼儿进行了幼儿科学创造能力测验，其中小、中、大班各30名。按照计分方法计算出每个幼儿的科学创造能力分数，在SPSS 11.5中对所有数据进行统计处理。表1列出了实验班和对照班幼儿科学创造能力的测验结果。

表1　实验班和对照班幼儿科学创造能力的测验结果

	小班	中班	大班	总
实验班人数	41	45	46	132
对照班人数	30	30	30	90
实验班得分	33.27（12.27）	41.00（13.73）	43.18（10.96）	39.36（12.97）
对照班得分	30.98（10.99）	31.80（14.71）	36.07（12.28）	32.91（12.81）
t值	0.85	2.762***	2.638***	3.655***

注：括号中是标准差，***表示$p<0.001$。

测验结果表明，实验班幼儿的科学创造能力得分显著高于对照班幼儿。具体来看，小班实验班和对照班的差异不显著，而大班和中班的实验班和对照班的差异是非常显著的，这是因为实验小班只接受了一年的微观发生法的实验，而接受这种实验的时间越长，幼儿创新能力的提高也就越明显。这就从幼儿自身的角度说明了，幼儿的科学创造力可以采用微观发生法进行培养，而且培养效果非常明显；同时我们的教学材料和教学手段的应用是合适的。

（二）教师对实验幼儿的评价

随着科学创造力培养在全园的推广，我园探索确立了一条创新办园、创新兴园的办学之路。经过三年的课题实施，幼儿变得思维活跃、多思多问，且思考问题的角度独特，学习积极主动、发言大胆，学习习惯好、动手能力强、语言表达力强。幼儿的好奇心、敢为性、自信心、独立性、坚持性、乐观性等创造性人格特质得到极大提升。幼儿的科学创造力培养得到了家长的欢迎、社会的肯定。

（三）实验方案和实验成果的突破

随着实验的深入、实验人员水平的提高，课题组对创新教育有了较全面、深刻的理解后，对原实验方案作了较大突破：①实验内容从执行原方案规定内容延伸到课题组教师自己生成课题执行方案。在课题研究阶段，我园两次接待省课题组专家，我园教师生成的课题活动“神奇的水柱”、“燃烧的蜡烛”、“好玩的沙子”均得到专家的一致好评。②实验途径由集体活动扩展到日常生活各个环节。

课题组撰写创新论文近 20 篇，其中曾晓云老师的论文获惠州市一等奖，刘艳老师的论文获惠州市城区一等奖；并向课题组上交经验论文 10 多篇，个案分析 1 篇。

（四）教师自身的提升

通过实验，增强了园长、教师的科学创新教育意识，提高了创新教育的能力。在课题实施过程中，我们不仅仅着眼于科学创造力思维的训练，更注重受教育者创新意识、创新人格、创新精神、创新能力的整体发展。建立了一支具备全新教育评价观、敢于创新、乐于创新、善于创新的师资队伍，初步营建起一种管理宽松、和谐、敢想、善想，教学紧扣创新、环境密切联系创新、家长熟悉并支持创新的创新教育氛围。

六、讨论与建议

当然，在课题研究中也遇到了一些问题，如缺乏教育评价体系，实验工具不充足，以及科研资料的积累、完善和数据的统计分析体系不完善等。这些都限制了研究的深入开展。

总之，科学创造力培养是21世纪人才培养最具有竞争力、持续发展潜力的一种教育理念。我园课题组在总结本阶段实验课题的同时，更明确地提出，在今后将把创造力培养作为园本文化进行全方位的进一步挖掘发展。今后我们将继续探索和推广“幼儿科学创造力培养”的实践模式和策略，促进幼儿园创造性地实施素质教育，全面推动幼儿园教育改革实践的深入，增强办学竞争力。

参考文献

[1] 陈红敏，莫雷. 幼儿科学创新人格的架构及其培养. 当代教育论坛，2005 (2)

[2] Siegler, R. S., Chen, Z. Developmental Differences in Rule Learning: A Microgenetic Analysis. *Cognitive Psychology*, 1998, 36: 273 - 310

[3] Toth, E. E., Klahr, D., Chen, Z. Bridging Research and Practice: A Cognitively Based Classroom Intervention for Teaching Experimentation Skills to Elementary School Children. *Cognition and Instruction*, 2000, 18: 423 - 459

[4] 王瑞明，莫雷，Zhe Chen. 使用微观发生法促进儿童的认知发展. 心理发展与教育，2005 (1): 124 ~ 128

[5] 王瑞明，莫雷等. 用微观发生法培养幼儿科学创造力的实验研究. 学前教育研究，2007 (7 - 8): 41 ~ 45

[6] 刘占兰，沈心燕. 让幼儿在主动探索中学习科学. 北京师范大学出版社，2001

幼儿科学创新思维培养的教学手段与教学材料探索研究

惠州市七五二〇〇部队幼儿园课题组

【摘　要】幼儿科学素质的提高需要创造潜能的开发，这也是我们进行幼儿科学教育的主要目的。为此我园开展了为期3年的实验研究，并根据“幼儿科学创造能力”课题组提供的活动方案，逐渐摸索出了许多培养幼儿创新能力的具体方案，对培养幼儿的创新能力有很大作用。同时，教师在实验过程中也得到了快速的成长，科研能力显著提高，走出了一条科研兴园的新路。

【关键词】幼儿科学创造力　微观发生法　教学手段　教学材料

一、问题的提出

科学创造力是人类特有的素质，人的整体素质的提高，其核心就是创造潜能的开发。幼儿时期的思维发展呈直线上升的趋势，具有很强的可塑性，这就为幼儿科学创造力的培养提供了确凿的理论依据和生理基础。幼儿园科学教育作为幼儿园全面发展教育的重要组成部分，是教师有目的、有计划地组织幼儿主动参与各种科学探索活动，以丰富幼儿的科学知识和经验，发展智力，培养幼儿对科学的兴趣和积极探索精神的教育过程。

当代研究者也在不断探寻培养幼儿能力的新方法。目前，微观发生法（Microgenetic Method）已经比较广泛地应用于有关儿童认知发展的心理学研究当中，并且国际上开始有人将这种方法用于教学实践以培养儿童的科学思维。这种方法通过分析与儿童认知发展有关的详细资料，有效探讨儿童认知变化的具体过程。已有学者根据科学创造力的结构模型和微观发生法的特点设计了幼儿科学创造力培养的具体方案，进行了实验研究，并取得了显著的效果。这表明微观发生法在培养幼儿创造力中有重要作用。因此我们的研究也采用了这种方法。

此外还应该看到，合理的教学手段和合适的教学材料对幼儿创造力的培养也至关重要。在开展科学创造力培养的活动中，教学方法的灵活多样是引起幼儿学习兴趣的一种手段，好的教学材料能激发幼儿探讨的欲望，因此，我们承担了“幼儿科学创新思维培养的教学手段和教学材料”这一课题，为幼儿提供各种观察、操作、实验的机会，引导幼儿注意身边的科学现象，支持、鼓励幼儿多观察、多发现、多质疑。在幼儿创新思维培养研究中探寻新的思路，以期有效促进幼儿各方面的发展。

二、研究方法与过程

（一）被试

本研究在惠州市七五二〇〇部队幼儿园进行实验，共 321 人，其中小班（3 岁组）89 人，中班（4 岁组）95 人，大班（5 岁组）137 人。

（二）材料

根据科学创造力的构成和微观发生法应用于教学实践的具体要求以及幼儿心理发展的特点，研究者设计了整套“幼儿科学创造力培养活动方案”。该方案共 140 项活动，其中小班 40 项，中班 40 项，大班 60 项。整套活动方案涉及科学创造力的每一个构成成分，教学过程严格按照微观发生法的原则要求进行。

（三）微观发生法的原则要求

运用微观发生法，在整体原则上，要求每次教学活动（单位时间）要有不同的、但却具有有机联系的活动任务，相似的活动任务则要在不同的单位时间内或不同的年级出现。在基本原则上，要求教学过程要设定好关键性的教学环节，要关注儿童认知方面的变化，要为每个儿童提供及时的指导和反馈，要设计迁移任务，巩固学习效果。在具体环节上，要求一次教学活动一般包含三个阶段：第一阶段设置情境，引导观察，引发策略出现；第二阶段让儿童多次尝试，并提供反馈，形成目标策略；第三阶段提供相似任务，训练巩固，促进策略迁移。

（四）研究过程

整个实验研究时间为3年，分为三个阶段：

第一阶段，师资培训（2005年4月—2005年9月）。对幼儿园教师进行培训，培训内容有三个方面：第一，让全体教师与员工对幼儿创造力培养的理论、整体思路与研究方案加深理解，形成培养幼儿科学创造力的理念；第二，指导全体教师掌握运用微观发生法引导幼儿完成科学创造力培养的专门活动的技能；第三，指导教师以培养幼儿科学创造力为中心，对幼儿各方面的教学与管理进行改革，特别是设计了整套“幼儿科学创造力培养活动方案”。

第二阶段，实施培养方案（2005年9月—2008年6月）。运用已经设计的幼儿科学创造力的培养方案，对实验班被试进行了为期1年的实验，每周实施1~2个教学课例。在实验过程中，研究者定期进行听课评课活动，保证整个实验的顺利进行，实验1年后，对实验效果进行了评价。

第三阶段，总结阶段（2008年6月—2008年11月）。在总课题组的指导下，我们对实验过程和结果进行了详细的总结。

三、研究结果

在微观发生法的科学教育活动中，我们提供各种观察、操作、实验的机会，引导幼儿注意身边的科学现象，支持、鼓励幼儿多观察、多发现、多质疑，为幼儿的独立科学探究和培养幼儿的科学创新思维打下基础。

(1) 善于深入发掘、利用现有材料的潜在价值。

一般地，教师为活动提供的材料大都经过了精心准备，希望幼儿多玩、充分地玩，以使这一材料尽可能多地被利用。正确的处置策略有两种：一是教师可以通过引导提高玩法的难度，引发新的玩法，引起幼儿的注意。二是引导幼儿由对材料特征的认识探究到利用材料的特性找出多种玩法。这样，不仅可使幼儿掌握材料的一般玩法，而且能深入认识与玩法相关的一些材料的特性，使幼儿对有关该材料的知识有更多的体验、认识，从而较充分地发掘、利用了现有材料的教育价值。

例如，在大班的“自由自在的电线”科学活动中，教师事先准备了许多废旧电线，并启发孩子们将电线在手上弯一弯、绕一绕，就可以变出许多有趣的“电线宝宝”。在这一基础上，老师又问：“刚才电线宝宝告诉老师：‘我不想躺着玩，我想站起来玩。’怎么办呢?”幼儿七嘴八舌地议论起来了，并说出自己的想法，这时老师接话了：“今天我为大家准备了米、泡沫、橡皮泥，现在我们一起想办法帮助你们的电线宝宝站起来，好吗？一起去试一试吧!”就这样，我们不仅挖掘了现有材料的价值，而且使得科学活动又进了一步。

(2) 善于发现幼儿感兴趣的事物、游戏和偶发事件中隐含的教育价值。

幼儿有着好奇好问、爱探索爱发现的特点，对身边的事物更是好奇心十足。不管是天上的飞鸟、地上的蚂蚁还是电视上出现的图像，甚至幼儿自己身上的一颗黑痣或肚脐眼，都会激起他们的好奇心。科学探究应从身边的事物开始，引导幼儿关注周围生活和环境中常见的事物，以保持幼儿的好奇心，激发他们的探究热情，使他们从小就善于观察和发现。

有一次，开展“玩具总动员”的活动，孩子们从家里带来了各自喜欢的玩具，在开心地玩着，并相互交流着，这时，教师有意把几辆玩具车的电池装反。当孩子们发现玩具不动来找老师时，老师问他们：为什么刚刚能动的玩具现在不能动了呢？是不是没电了？为什么有的装了电池也还是不能动呢？问题引发孩子去寻找电动玩具不动的原因，并想办法试着去解决。又如在“神奇的魔术杯”活动中，要求每位幼儿自带透明的杯子以及透明的容器。为了使幼儿观察底部塞有纸团的杯子倒放在水里会产生什么结果，教师通过一次又一次的实验，使幼儿清楚地看到了这一奇怪的现象：明明杯子完全放进了水里，但杯中的纸团却一点儿也没有湿，从而引发了幼儿的好奇心和求知欲望，给他们创设了一个尊重和支持的环境，幼儿乐意与操作材料相互作用，主动建构知识经验。

（3）根据年龄特点，提供蕴涵教育价值的材料。

幼儿的创新意识、探索行为受年龄和社会经验的限制，所以教师要做一个有心人，多找些材料，让幼儿直接与材料对话，让创新思维越激越活。如在“我的本领大”活动中，教师准备了两组物品，沙子、小石子、大石子为一组，花生、小豆为一组，分别用不同形状的容器装。通过动手做实验，让幼儿自己探索应该先装什么，后装什么，最后装什么，怎样才能装得又多又合理。这使幼儿的思维更加具体化，更加明朗化，更加具有针对性，同时还给幼儿的思考留有一定的空间。这样做，能始终激励幼儿去思考更深层次的问题，他们的表现也会更出色。比如“玩滚球”的游戏，展示两个一样大小的球，一样远的滚动距离，从同一个角度的斜坡上滚下来，让孩子猜猜结果会怎样。他们直观地看到了，在实验中两个球一快一慢，先后滚了下来，这激起了他们强烈的好奇心。问题也就产生：为什么两个球一样大，又从一样高的斜坡上滚下来，滚的速度却不一样？于是让他们自己动手操作。丰富、有趣的活动材料本身隐含着问题，体现有关科学概念和规律，并能激起孩子们观察、操作的兴趣，通过对各种材料的观察、操作，可以发现并提出要研究的问题。

（4）学会探索，掌握逐步解决问题的方法。

科学活动过程分为发现问题、提出假设、进行实验、得出结论四个基本环节。例如，在浮力小实验活动中，教师先要求幼儿做实验，幼儿通过操作，发现小石头、玻璃球放入水中之后，一下子就沉下去了，木块、乒乓球则漂在水面上不会沉，海绵放入水中时，先漂在水面上，过一会儿就沉下去了。幼儿首先根据自己的经验提出假设："石头和木块放在一起会不会沉下去呢?"然后用实验来验证自己的想法。结果，幼儿发现，木块还是会浮起来。分析原因后，幼儿再次提出假设："再加几块石头会怎样?"最后木块沉下去了。这种学习方式不仅可以加强幼儿做事的条理性，更重要的是可以帮助幼儿学会用科学的步骤来探究和解决问题。孩子科学探究的过程不应仅仅满足于发现问题，提出问题和初步得到结论，更应该以初步发现及提出问题为起点，经过猜想与假设、观察与实验、思考与结论、表达与交流，产生新的问题，如此周而复始，循环上升，这样才能更好地培养幼儿发现问题和提出问题的能力。

在几年的教学活动及不断反思、探讨中，幼儿在快乐中接受教育，在游戏中感受科学奥妙，产生"我要学"的愿望。只有幼儿产生了兴趣才能形成动力，有了动力才会有创新与成功。

四、典型课例分析

科学创造力的主要构成是科学创造能力，科学创造能力的发展是儿童认知发展的一个重要方面，而渗透能力又是幼儿整个科学创造能力体系中的一个重要因素。下面介绍一个运用微观发生法训练幼儿渗透能力的典型课例，同时说明如何在教学实践中使用微观发生法促进幼儿能力的发展。

（一）运用微观发生法训练幼儿渗透能力的课例

活动目标：通过教学活动训练幼儿的渗透能力。

活动对象：大班幼儿。

活动准备：用塑料杯分别装石头、沙子、水，分别在三个难度上变化：塑料杯口与大石头，大石头与小石头，石头、沙子、水。

活动过程：

（1）设置情境，引导观察，引发策略出现。

①教师拿出一个塑料杯子、沙子、大石头、小石头进行尝试。

②幼儿以个人为单位，一起尝试放置大石头、沙子，要求幼儿自己动手设计一个对比实验，判断实验中所用物品的大小、放置顺序的先后与放置数量的多少的关系。

③幼儿可能设计多次对比实验，进行记录，教师要善于启发幼儿深入理解问题，进行反复实验，寻找多种解决方法。在幼儿设计实验的过程中，教师要善于发现幼儿是否能够正确地设计出对比实验。

（2）多次尝试，提供反馈，形成目标策略。

①明确目标。让幼儿探索石头跟沙子之间的空隙，让幼儿尝试将大石头、小石头和沙子放入一个杯子内，看谁能把杯子装得最多、最满，让幼儿了解石头与沙子的关系，激发幼儿对“渗透”的好奇、兴趣，学习科学的方法，养成良好的科学态度。

②幼儿尝试。第一次试验，幼儿积极探索大石头、小石头与沙子之间的奥秘，并把操作结果记录下来。

③探索发现。第二次探索获得了“沙子流到了杯子底下，而大石头与小石头之间有空隙”的认识，重点引导幼儿再动脑筋，看看空隙可不可以放东西。

④实验证明。沙子比较细、比较软，形状容易发生变化，可以填满石头之间的缝隙，水渗透进沙子之间更小的那些缝隙，使这个杯子被填得更满。

（3）相似任务，训练巩固，促进策略迁移。

①最后要求幼儿应用已经获得的渗透变量经验进行新的实验设计，选择多种材料比较不同变量的作用。

②教师在此过程中注意观察和个别反馈与指导。

（二）典型课例的分析

在这一典型课例中，整个教学过程具体包含了三个固定的环节，即上面我们所提出的设置情境，引导观察，引发策略出现；多次尝试，提供反馈，形成目标策略；相似任务，训练巩固，促进策略迁移。实际上，任何一个使用微观发生法训练被试认知发展的教学活动都要包含这三个环节，只是根据训练目标的不同在具体的活动内容上会存在不同。

实际上，在幼儿园大大班还有其他类似任务（如牢固的纸桥任务）来训练幼儿的变量控制策略，而在小班和中班也各有类似的、与之相应的活动任务来训练幼儿的各种策略，只是在任务的难度上有所不同，从小班到大班存在着递进关系。就钻空子任务来说，在小班训练两个变量的渗透能力（石头与沙子），在中班训练三个变量的渗透能力（大石头、小石头、沙子），而在大班则训练四个变量的渗透能力（石头、沙子、水、记录）。整个幼儿园阶段活动任务的设置体现了前面指出的三个原则：每次教学活动有不同的有机联系的活动任务，相似的活动任务在不同单位时间内出现，相似的活动任务在不同年级出现。总体上看，这一典型课例体现了使用微观发生法实施教学活动的基础要求，有固定的、关键性的教学环节。在整个教学过程中，教师始终关注幼儿认知方面的变化，抓住关键时机，给予及时的指导和反馈，最后设置了迁移任务，帮助被试巩固和提高已经掌握的认知策略和技能。

五、讨论与建议

通过我们的实验研究，我园的幼儿创新思维能力有了很大发展。幼儿思维更加活跃，而且动手能力、敢为性的品质也得到极大提升，受到了家长的欢迎和社会的肯定。同时，课题对幼儿教师在科学创新思维方面提出了较高的要求，需要教师不断探索，不断提高。实验中，园长和教师的科学创新教育意识有所提高，建立起一支具备全新教育观念的学习型教师队伍，从而营造出一种创新教育的氛围。

幼儿科学创造力的培养是幼儿自身全面发展的基本条件，也是个体成功、成才的重要保证，它体现了知识经济赋予全面发展教育目标新的内涵。我们在开展科学创造力培养时，注重适应幼儿个体发展特点，满足个体发展需要。虽说幼儿是以直观形象思维为主，但他们绝不是头脑空空的芭比娃娃，如果只考虑活动形式和材料的新颖，而忽视其与关键经验的关系，纵使幼儿在活动过程中情绪高昂，也只是一种肤浅的娱乐，只有当幼儿通过自己的努力解开难题时，他们才会体会发自内心的快乐并获得成就感。因此教师对于活动的每个环节安排什么内容，应该以内容是否直接与关键经验相关联为依据，然后再考虑新颖性、趣味性等，这一思考的顺序绝不可颠倒，否则花了许多时间和精力的活动就变成了浪费时间的花架子。想到一个有趣的环节的确不易，但如果它与关键经验无关，那么老师就应该用理性的、客观的态度忍痛割爱，果断地放弃这“维纳斯的双臂”。

培养幼儿的科学创造力，开展与此相关的教育活动，使幼儿掌握初步的科学知识、科学方法，开发智力，发展个性，形成良好的创造行为习惯，作为要完成的统一任务而贯穿于教育活动的全过程，同时也可熔各科教育为一炉，集德、智、体、美诸教育为一体，综合多种教育手段和教育方法，为幼儿正确认识世界和将来能动地改造世界打下坚实的科学基础。因此，幼儿科学创造力的培养要融于整体教育之中，与幼儿语言、数学、音乐、美术、体育等教育活动紧密联系、相互渗透，它既是全面发展教育的重要内容，又是全面发展教育的重要手段，是为幼儿全面和谐发展服务的。

参考文献

［1］莫雷，陈哲等．幼儿科学创造力的微观发生法培养研究．暨南大学出版社，2006

［2］Toth，E. E.，Klahr，D.，Chen，Z. Bridging Research and Practice：A Cognitively Based Classroom Intervention for Teaching Experimentation Skills to Elementary School Children. *Cognition and Instruction*，2000，18：423－459

［3］王瑞明，莫雷，Zhe Chen. 使用微观发生法促进儿童的认知发展．心理发展与教育，2005（1）：124～128

［4］王瑞明，莫雷等．用微观发生法培养幼儿科学创造力的实验研究．学前教育研究，2007（7－8）：41～45

幼儿科学创新思维培养的课程探索研究

惠东县实验幼儿园课题组

【摘　要】以莫雷教授的课题组设计的幼儿科学创造力培养的具体方案为课程开发的依据，理论联系实践，充分挖掘幼儿生活周围的教育资源，探索和建构适合各年龄段幼儿科学创新思维培养的园本课程，以更好地促进幼儿创新思维的发展。结果发现，实验班幼儿在新课程教学的影响下，创新思维能力得到了很大的发展。

【关键词】幼儿科学创新思维　幼儿课程开发

一、问题的提出

我国著名教育家陶行知先生指出："处处是创造之地，时时是创造之时，人人是创造之人。"在科技飞速发展的今天，需要大量具有科学创新能力的建设者。幼儿时期是科学创造能力和科学创造人格发展的关键期，这一时期的科学创新思维能力的培养对幼儿后天的创造和成功起着关键的作用。但幼儿时期个体的心理发展还不够成熟，知识相对贫乏，日常活动以游戏活动为主，因此，如何针对幼儿时期的这一特点培养幼儿的科学创造力是目前备受关注的问题。

培养幼儿科学创造力需要合适的幼儿园课程。近年来，莫雷教授根据科学创造力的结构模型和微观发生法的特点设计了幼儿科学创造力培养的具体方案，在广州市第一幼儿园进行了实验研究，通过课程的实施，实验班的幼儿在科学创造力方面得到了良好的发展，并取得了显著的效果。然而幼儿园课程的产生受到儿童兴趣、儿童经验、教师倾向和家长资源等因素的影响，因此，充分挖掘幼儿生活周围的教育资源，探索最适合幼儿创新思维发展的园本课程，才能更好地促进幼儿创新思维的发展。在这一目标的指引下，我园选择了“幼儿科学创新思维课程”这一课题进行探讨和研究，以探索适合幼儿创新思维培养的园本课程。具体目标是从幼儿感兴趣的事物出发，在幼儿的日常生活中挖掘科学课程，提供更多的探索、实验的机会，有效地促进幼儿的科学发现能力、科学构思能力和科学验证能力的提高，培养幼儿的科学创新思维。同时，通过课题的实施，改变教师的观念和教育行为，提高教师收集、积累、组织、反思、提炼、撰写的能力。

二、研究方法与过程

（一）对象

实验班选取我园大、中、小班共 84 人，其中小班幼儿 27 名，中班幼儿 28 名，大班幼儿 29 名。对照班选取我园大、中、小班共 85 人，其中小班幼儿 27 名，中班幼儿 29 名，大班幼儿 29 名。

（二）材料

根据科学创造力的培养要求和微观发生法的具体原则，从幼儿感兴趣的事物出发，在幼儿的日常生活中挖掘科学课程，设计了一系列专门课例。

为了评价我们设计的新园本课程的有效性，我们在实验一年后由老师对所有幼儿进行幼儿科学创造能力的测验。幼儿科学创造能力测验量表涉及科学创造能力的 9 个方面，共 34 个题目，幼儿必须具备正确的科学创造思维能力、运用正确的思维策略才能做出最好的回答。

（三）程序

2005 年 9 月正式开题，整个研究阶段历时近 3 年，包括课题研究的准备阶段、实验实施阶段和总结阶段。

（1）准备阶段（2005 年 5 月—2005 年 9 月），主要任务是拟订课题研究方案，确定实验对象，并对实验对象进行幼儿科学创新思维能力的测试作为实验前测。

（2）实施阶段（2005 年 9 月—2008 年 7 月），是在确定实验对象之后，课题组成员严格按照实验计划、步骤，遵循实验研究的具体要求实施操作。课题组成员充分挖掘幼儿日常生活和惠东本土的科学教育资源，收集和整理适合各年龄段幼儿的科学教育内容，并有目的地对实验对象的科学发现、科学构思和科学验证等方面进行培养，对实验对象的学习兴趣、学习能力、学习态度和学习方法等进行跟踪调查和记录，比较实验班幼儿与对照班幼儿的差异，课题组广大成员调查、收集、积累有关材料和实验数据等。

实验实施又分为两个阶段。2006 年 9 月到 2007 年 6 月是第一阶段，对三个实验班和三个对照班的幼儿进行了幼儿科学创造能力测验，比较实验班和对照班的差异，以探讨实验的作用。第二阶段是 2007 年 9 月到 2008 年 6 月，我们对其中的实验班小班和中班进行了为期一年的追踪研究，并于 2008 年 6 月再次进行幼儿科学创造能力测验。

（3）总结阶段（2008 年 7 月—2008 年 10 月），课题组广大成员认真总结前期工作，整理实验资料，分析研究结果，进行课题研究的阶段性总结和评估，撰写了课题论文、个案分析，完善活动课程集、教学实况 VCD 等，建构了一套以科学创造力为核心的园本课程。

三、研究过程

（1）从幼儿的身边生成科学活动。

我们认为，幼儿的科学教育应该紧紧围绕幼儿身边的相关内容来开展。幼儿对身边的人和事有一定的生活经验，才会有欲望去真正地与之接触、交流，才能有助于幼儿获得有意义的感性经验。在“我们的身体”主题活动中，孩子们正认真地进行着“手指印画”，毛毛得意地向旁边的伙伴说他印的手指印有一圈一圈的花纹，旁边的小伙伴好奇地凑过去问：“哪里呀？哪里呀？”小朋友们听了毛毛的解释后，也纷纷说：“我也有，我也有。”一时间，孩子们忘了作画，都歪着脑袋研究起手指来了。任课教师抓住这一契机进行提问：“你们知道手指上一圈一圈的花纹叫什么吗？”有幼儿回答说："叫指纹。"教师在积极肯定他的回答的同时，接着又问："那你们想不想知道指纹有什么秘密呢?"孩子们可高兴了，于是，科学活动"有趣的指纹"就生成了，通过这个活动，不仅满足了幼儿的求知欲望，也让幼儿对指纹有了初步的了解，而且在活动中，幼儿的观察能力、分析能力都有了一定的发展。

(2) 从幼儿的日常生活中生成科学活动。

着眼于幼儿的日常生活，从孩子的日常生活引导孩子解决一些生活中的实际问题，在自己的动脑动手中发现问题，寻求解决问题的方法，通过小朋友有意的尝试，发展幼儿的动手能力、思维能力、创造能力和解决问题的能力。如大班的活动"有用的绳子"中，我们组织幼儿观察生活中用到绳子的物品，通过观察并结合原有的生活经验讨论各种绳子的特点，了解什么物品配什么绳子，学习自己来给物品装上适合的绳子。通过讨论和寻找活动，幼儿还理解了不同的物品要配不同的绳子才更加实用和美观。接着，请幼儿自己学着编绳子。小朋友都非常认真、仔细，当大家看到自己与同伴合作编成的绳子时，那种高兴使每一个人都兴奋不已。

此外，我们还注重让孩子通过自己的尝试和与同伴的交流寻找解决问题的方法。例如，幼儿身上穿的新颖面料的衣服、鞋袜，幼儿天天玩的电动的、遥控的、声控的、机械的各种各样的玩具，不沾水的纸制餐具、茶具，新颖、多功能的家用小电器等都可成为我们的科学教育内容。

(3) 善于分析幼儿的问题和判断问题的价值，随机生成科学活动。

随机生成的科学活动也称为偶发性科学活动。幼儿的学习具有情绪性，当他们情绪高涨的时候，不管什么时间、什么地点，总会问一些这样的问题：这是什么？那是什么？为什么会这样？如果教师能敏锐地抓住科学教育的契机，并适时地给予解答，教育效果将事半功倍。但是，幼儿的思维以形象思维为主，一些抽象的科学道理就算讲解百遍，也不如让他们亲眼目睹和亲手操作。

但是，偶发性的科学活动涉及的内容非常广泛，如早晨的露珠、旋转的陀螺等，并不是教师的每一次现场讲解幼儿都能理解，因此需要正规的科学活动，需要幼儿通过自己亲眼目睹和亲手操作来探索其中的奥妙。我们在开展“我们在春天里”的主题活动时，在种植园里观察刚长出来的菜苗。突然，孩子们像发现了新大陆似的大喊：“老师，我发现了一条蚯蚓！”其他幼儿马上围了过去，七嘴八舌地说起来了，一个说哪里是蚯蚓的头呀？一个说蚯蚓像一条长长的虫子……我想，这是让幼儿探索蚯蚓的好机会，在活动结束时，我让幼儿回家和爸爸妈妈一起搜集有关蚯蚓的资料。第二天，我们开展了观察蚯蚓的科学活动。活动时，我先让幼儿谈谈对蚯蚓的认识，幼儿情绪高涨，因为有了前一天的搜集资料，幼儿讲得非常热烈，然后再让他们进行观察，他们观察起来很认真。通过这次活动，幼儿认识了蚯蚓的外形特征，知道了蚯蚓的生活习性以及对土壤和植物的好处，不但丰富了知识，也培养了观察能力。随机捕捉幼儿偶发的科学活动信息，是促使我们生成科学活动的有效方法。

（4）结合本地特色资源生成科学活动。

惠东地处沿海，海水资源丰富，孩子们经常到海边玩耍，回来后孩子们都会就他们的所见所闻与老师和伙伴交流。在我们进行的主题活动“美丽的海龟湾”中，滢滢小朋友说：“星期天，我和爸妈去海边看到了会种出盐的田呢。我爸爸说那是盐田。”另一个小朋友说：“你骗人，田哪能种盐呢？种菜还差不多。”小朋友在激烈争论着，老师说：“那你们知道盐是从哪里来的吗？”孩子们都说不知道。于是，我们的科学活动“盐是从哪里来的？”就生成了，孩子们通过自己亲身实验，真的做出了白色的盐，脸上都露出了惊喜的神色，他们还把自己做的盐送到厨房，让全园的小朋友分享他们的实验成果。又如在 2006 年我县的鞋文化节期间，我园结合我县鞋文化的特色资源，开展了“鞋”的主题活动。孩子们每天都像开新闻发布会一样发表自己的新发现、新感受：“我在鞋城看到一只很大很大的鞋”，“鞋城有很多很多高跟鞋，好漂亮”，

"鞋底的花纹好漂亮"……教师抓住这一契机，生成"鞋底的奥秘"科学活动，通过组织孩子讨论，参观鞋材市场，尝试穿不同鞋底的鞋等，使幼儿知道了鞋底的奥秘。

开展具有本土文化的科学活动，不仅仅是让孩子们参与制作、探索、学习的过程，也让幼儿真切地感受到家乡浓厚的工业和沿海文化内涵，感受到家乡的热闹、繁荣并产生对本土文化的认同，使得幼儿初步萌发热爱家乡的情感。

四、研究效果分析

经过2年多的实验，参加实验的幼儿科学素养及创造力、动手能力等均得到了不同程度的提高与完善，学习技能有了相当的提高。为了进一步验证我们的园本课程对培养幼儿创造力的效果，我们对实验班和对照班的幼儿进行了创新能力测查。

（一）实验班与对照班幼儿创新能力的测查结果

在实验进行到一年的时候，我们对实验班和对照班的幼儿进行了幼儿科学创造能力测验。计算出每个幼儿的分数，在SPSS 11.5中对所有数据进行统计处理。结果见表1。

表1　实验班和对照班幼儿科学创造能力的测验结果

	小班	中班	大班	总
实验班人数	27	28	29	84
对照班人数	27	29	29	85
实验班得分	15.59（3.75）	27.95（4.46）	23.67（3.37）	22.48（6.38）
对照班得分	9.67（3.82）	16.91（4.53）	18.92（4.68）	15.29（5.85）
t 值	5.756***	9.260***	4.393***	7.634***

注：括号中是标准差，＊＊＊表示 $p<0.001$（以下同）。

测验结果表明，实验班幼儿的科学创造能力得分显著高于对照班幼儿。具体来看，无论是小班、中班还是大班，经过一年的实验，实验班和对照班的差异都非常显著，这说明我们的园本课程对幼儿的科学创造力培养有非常明显的效果。

（二）对实验班的追踪研究

我们对小班和中班的实验班进行了为期一年的追踪研究，2008年6月再次对他们进行了幼儿科学创造能力的测查。结果见表2。

表2　两个实验班的前后测比较

	实验小班（27人）	实验中班（28人）	总（55人）
前测成绩	15.59（3.75）	27.94（4.46）	21.88（7.46）
一年后成绩	29.69（3.89）	33.89（1.87）	31.83（3.68）
t 值	−15.372***	−7.101***	−12.023***

由表2可以看出，无论是小班还是中班，两年的创新能力的培养明显比一年的成绩要好，这说明我们的实验有持续的效果，应该不断对幼儿进行这种创新能力的培养。

五、讨论与建议

幼儿时期是科学创造能力和科学创造人格发展的关键期，这一时期的科学创新思维能力的培养对幼儿后天的创造和成功起着关键的作用。培养幼儿科学创造力需要合适的幼儿园课程。两年多的课题实验研究，教师们充分挖掘幼儿身边和生活周围的教育资源，探索和建构适合各年龄段幼儿科学创新思维培养的课程，探索出一套适合幼儿科学创新思维培养的园本课程，有效地促进了我园园本课程的开发。

通过对园本课程的具体实施，幼儿对科学表现出极大的兴趣，在自然角、科学发现室，幼儿能主动发现问题，向同伴、老师提问，并为自己的发现感到自豪；在活动中，幼儿通过自己的主动探索、尝试，观察力、想象力、变通力、独创能力都显著提高，萌发了初步的创造意识；同时，幼儿的交流、讨论、合作和解决问题的能力等都有明显的改善，许多非智力因素，如耐心、信心、毅力、勇气、责任心等都得到了培养。由此看来，我们的课程开发是有效的。

同时，我们体会到科学研究的重要性，认识到科学的课程设计是促进幼儿科学创造能力发展的重要条件，教师在实验过程中也转变了教育理念，提高了课程设计和实验实施的能力；幼儿园的师幼关系更加融洽，形成了有利于每个幼儿发展的良好氛围。教师们对所从事的幼教事业充满着真情挚爱；教育科研基本功更加扎实，理论水平明显提高。两年来，我园有2篇论文在我县获得第一名，教师的4个教学活动在惠州市进行交流。教师们向做科研型教师又迈进了一步。

在本课题的研究实践中，我们对进行科学创新思维培养课程的选择感受最深的是活动一定要贴近幼儿的生活。从幼儿日常感兴趣的问题入手，从日常接触到的事物中去挖掘内容，但如何将富有时代意义又适合于幼儿的、与幼儿生活息息相关的内容更好地引入科学教育，对有生活经验的、和生活有关的但经验不足的内容如何设计活动等问题还有待进一步探索。同时，需要加强科研资料的积累和相关的实验工具、教育评价、数据统计分析的工作。

参考文献

[1] 王瑞明，莫雷．幼儿科学创造力的结构与培养．教育导刊，2007（6）下半月：8~11

[2] 王瑞明，莫雷等．用微观发生法培养幼儿科学创造力的实验研究．学前教育研究，2007（7-8）：41~45

[3] 王志明，孙涴敬．幼儿园科学技术与社会教育研究．新时代出版社，2003

[4] 樊琪．科学学习心理学．中国轻工业出版社，2002

[5] 刘占兰，沈心燕．让幼儿在主动探索中学习科学．北京师范大学出版社，2001

[6] 提高我国幼儿师资素质的研究课题组．让幼儿成为主动的学习者．北京师范大学出版社，2001

[7] 王志明．幼儿园科学教育．杭州大学出版社，1993

经验论文

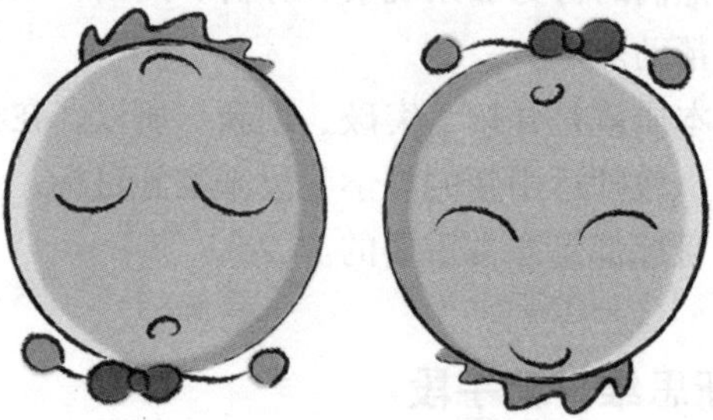

新思维 新手段 新材料

广州市黄金实验幼儿园

《幼儿园教育指导纲要（试行）》中明确指出，“幼儿的科学教育是科学的启蒙教育”，它的目的在于“激发幼儿的兴趣和探究欲望”，而幼儿的兴趣和探究欲望是一种行为心理的体现，幼儿只有在与手段、材料的相互作用下才可以不断地调整自身的行为心理，教师才能对他们的行为加以观察、分析、判断，从而给予及时的引导、启发、帮助。

创造的本质就是开拓、突破、创新。所以，在科学创新教育的教学活动中，教师运用新的教学手段来实施目标，让幼儿借助新的材料来实现目标都是非常重要的。

一、新思维，新手段

教学手段是指教师为了实现目标所采用的方法、措施，是教师有计划、有目的地引发幼儿思考问题所采用的系列教学活动。

（一）运用新异手段，引发问题出现，激发创新灵感

幼儿的注意以无意注意为主，其定向能力处于较低的层次，容易对新异的刺激产生兴奋，并作出积极反应。因而，在科学创新活动中应运用新异的手段，引发问题出现，激发幼儿的创新灵感。

（1）语言渲染法。根据教学目的、任务制造必要的活动气氛，使活动产生诱惑力，使幼儿产生兴奋感，形成一种强刺激的学习心理。如在小班的活动“颜色变变变”中，教师为了激发幼儿对颜色变化的探索热情，戴上不同颜色的眼镜边看边说：“哇，我的大树变红了，我的衣服变蓝了，我看到聪聪变绿的小手了……”教

师一连串的发现，都是以惊讶的语言传递给幼儿的，这使孩子把目光集中在教师身上，激起了孩子的好奇心。随后教师引导幼儿带着问题进行观察、发现，探讨为什么戴上不同颜色的眼镜，物体的颜色就会发生变化，用什么方法可以有更多的颜色出现，从而激发了幼儿的探索欲望和观察兴趣。

（2）情境贯穿法。根据活动方案的内容和要求，创设特定的教学情境，教师和孩子均以角色参与活动，使幼儿如临其境、如见其人、如闻其声，使情绪与情节产生互动，引起共鸣。如小班活动“猜一猜、听一听”，老师结合孩子的生活经验，把内容创编为和动物朋友做游戏的情节，让孩子通过听不同动物的叫声来辨别声音发出的方位，知道声音是用耳朵听出来的。自然地把问题引发出来，激发幼儿的好奇心，培养幼儿发现问题的能力。

（3）间接迁移法。根据幼儿接受知识的难易程度和特点，教师有意识地引导幼儿运用已有的知识经验，无意地迁移到与其有关联的活动内容之中，使幼儿借助已有的知识经验对新问题产生联想，从而轻松掌握新知识、获得新经验。如活动“降落伞”，教师设计了与降落现象有关的活动——玩纸飞机，让幼儿观察和分析不同的纸飞机在距离和高度以及落地时间上的差异，由此把这些经验迁移到“降落伞为什么会降落”的问题上，并在玩耍中发现与降落伞降落速度有关的条件，即调整高度和速度降落伞降落时就会有不同的结果出现，从而提高了幼儿发现问题的能力和推理能力。

（二）运用新异手段，搭建实践平台，推进创新能力

能力是人表现出来的解决问题可能性的个性心理特征，它要通过活动才能得到发展。而活动是幼儿参与实践、提高能力的最佳方法，因此，在科学创新活动中为幼儿搭建实践平台，能有效推进幼儿创新能力的提高。

（1）任务指向法。根据活动内容，提出明确的任务指向，引导幼儿的思维跟着活动目标的方向进行思考，这个过程是幼儿独立探索的过程。如在大班活动“让它站得稳”中，教师只是给幼儿一个明确的任务指向：让站不稳的东西站稳。幼儿的思维就锁定在这个任务上，在与教师提供的材料（鸡蛋、乒乓球、小棍、绳子等）产生互动后，积极思考，想出了很多的办法，并通过实践大胆尝试、努力探索，从而推进了其创新思维的发展。

（2）观察发现法。根据活动要求，引导幼儿有目的地观察，让幼儿在观察中发现问题，丰富感性知识，并掌握观察事物的方法，进而在观察的基础上学会思考、概括、反思，促进思维能力的发展。如在中班活动“水果与坚果”中，教师给幼儿预留了充分的观察时间，幼儿通过观察发现水果与坚果的特点，并运用比较的方法找出了水果与坚果的异同点。幼儿在实践的过程中充分体验到了求知的乐趣，同时观察、比较、概括的能力也得到了提高。

（3）层次渐进法。幼儿思维发展的特点是从具体形象思维过渡到抽象逻辑思维，因此幼儿思考问题、理解知识也有一个循序渐进的过程，而这个过程就是幼儿逐步转变思维方式、推进思维能力发展的过程。如中班活动“有趣的影子”，教师组织活动时，并不是一下子就让幼儿进入暗室，而是先把幼儿带到操场上，让幼儿尽情感受阳光下找影子的乐趣，同时引导幼儿明确影子的出现是与光有关系的。之后幼儿再到暗室，发现户外与室内影子的不同，继而通过实验知道了光源的数量和距离影响影子发生变化的原理。

二、新思维，新材料

幼儿往往需要借助教师提供的教学材料来促使其外部动作的变化，并将其逐步内化为自己的创新行为。因此教学材料是幼儿进行学习必需的物质基础，是帮助幼儿系统地建构知识及诱发其进行主动探索的工具。

（一）提供可组合性材料，保证幼儿创新空间

根据活动目标，我们给幼儿提供了可组合的材料。幼儿通过操作多种材料，可产生各种不同的操作结果，这就确保了幼儿有更多的想象空间。如小班活动“好玩的呼啦圈”，教师根据幼儿已有的

经验，把活动改为“好玩的器械”，给幼儿提供了3种以上的器械(呼啦圈、保龄球、沙包、接力棒等)，让幼儿通过自身的体验，对材料进行随意组合，创出了多种玩法。活动中不仅锻炼了幼儿的体能，同时也发展了幼儿的创新思维能力。

（二）投放多向性材料，引领幼儿创新思维发展

在活动中投放多向性材料，目的是让幼儿通过多种渠道了解更多的事物现象，满足幼儿的不同需要，衍生出更多与众不同的解决问题的方法。如大班活动“想办法”，活动中一个问题满足不了该班孩子的能力水平和兴趣的需要，于是老师根据幼儿的兴趣和经验水平，设计了3个不同内容的问题：改变物体的沉浮性质；把3种不同颜色的水分层次地放在一个杯子里；让瓶子里的水倒流。孩子们根据自己的兴趣和经验选择活动的内容，很多孩子打破常规的思维模式进行操作，得出了一些新颖的想法，这都是材料的投放所产生的效果。

（三）改变原有材料，创新活动有效开展

创新活动方案所提供的材料不一定适用于每所幼儿园或每一个班，为此我们因地制宜对原有材料进行了修改。如“大小房子”，我们把它改成“大小操场”，使原来只能在活动室组织的活动内容可以在操场上进行。又如“有趣的影子”，这个活动受条件限制比较多，我们利用会议室现有的资源，将它增设为暗室，为幼儿的活动提供了便利。还有小孔成像、日晷仪、落球盒等，在改变了材料之后并没有影响整个活动的效果，不仅扩展了幼儿的活动空间，而且幼儿的思维空间也得到了拓展。

综上所述，我们三年的实践研究表明，在活动中教师恰当运用教学手段、教学材料，对幼儿创新能力的培养起着重要的作用。

参考文献

[1] 莫雷，陈哲．幼儿科学创造力的微观发生法培养研究．暨南大学出版社，2006

在科学操作活动中培养幼儿的创新能力

广州市黄金实验幼儿园　侯雪梅

创新精神的培养，是现在素质教育的重要内容。在科学活动中，如何培养幼儿的创新能力？几年来，我们以科学操作活动为切入点，在培养幼儿的创新精神方面作了一些尝试，有以下几点体会。

一、营造无拘无束的思维空间，激发幼儿的创新意识

创新的灵感只有在自由的思维空间中才能诞生。教师在活动中必须着力营造一方无拘无束的自由天地，让幼儿的思维纵横千里，任意驰骋。

在科学操作活动中，首先要尊重幼儿的主体地位，创造民主、平等的气氛。幼儿在操作探索中，往往存在畏惧心理，而民主、和谐的活动环境可缓和幼儿的紧张心理。教师的面部表情、一言一行都会影响幼儿自我探索的情绪，因此，当幼儿进行自我探索时，教师及时给幼儿一个微笑、一个充满信任的眼神，将会激起幼儿自我探索的勇气，点燃创造性思维的火花。

其次，在师生共同面对要解决的问题时，教师要允许和鼓励幼儿做到：

（1）乐于好奇。好奇心是知识的萌芽，是求知的向导。只有当幼儿对事物产生好奇心，具有积极的探究欲望时，才能有效地激发幼儿自主探究的动机。因此，教师在提出问题时，一定要富有激励性，要把探究的问题转变为幼儿学习的愿望。如在科学活动“土里有什么”中，教师带幼儿去小菜地观察种植的各类蔬菜，然

后提问："我们的菜地里种了些什么？这些菜是从哪里长出来的？泥土里为什么能种出这么多菜呢？泥土里究竟有些什么？"引导幼儿拿小桶、小铲子、放大镜去观察泥土里面究竟有什么。幼儿的好奇心一下子被激发起来。这样，幼儿兴趣盎然，有利于创新意识的培养。

（2）敢于猜测。科学家牛顿曾说过："没有大胆的猜测，就做不出伟大的发现。"要让幼儿猜测，教师在活动中必须要为幼儿提供足够的思维空间和动手探索的时间，要让幼儿有充分发表意见的机会。教师在提出一个新课题或新问题时，可先让幼儿大胆猜测，各抒己见。如在科学活动"羽毛会防水吗？"中，教师提出"羽毛能防水吗？"这一问题，让幼儿就此问题展开热烈讨论、猜测，幼儿根据自己的生活、认知经验形成了统一的猜测：羽毛可能会防水。然后师幼共同设计实验进行验证，证实羽毛会防水。可见，大胆的猜测有利于幼儿创新意识的激发。

（3）勇于实践。给幼儿一个实践机会，他会创造出一些奇迹来。知识不是与生俱来的，是人们在长期的生产实践中逐渐发现、创造出来的。在活动中，为幼儿提供大量的实践机会，通过实践获取知识，才能切实提高幼儿的创造能力和实践操作能力。如在"取皮球"这个科学活动中，教师设置了一个仿真情境：一个长颈瓶中装入若干乒乓球和玻璃球，并提供了大量材料：小棍、玩具铁铲、小水桶、绳子等，让幼儿解决问题：谁能用这些材料取到球？幼儿通过操作实践，想出了许多令人意想不到的富有创造性的实验操作方法，促进了创新意识的发展。

二、精心设计科学操作活动，培养幼儿的创新思维能力

幼儿创新素质的核心是创新思维能力，而发展幼儿的创新思维能力，关键在于激发幼儿的发散性思维。为此，在进行科学活动时，教师应勇于摒弃旧的传统教学模式，大胆进行改革，切实培养幼儿的创新思维。

（1）多角度的操作。根据教育的开放性原则，教师应开辟宽松的民主教育环境，充分体现幼儿的主体性，努力激发幼儿的发散性思维。如在科学活动“沉与浮”中，教师让幼儿分组操作实验，将准备好的牙膏皮、橡皮泥、木块、小石子、泡沫块、小铁锁等一一放入水中，观察比较它们的浮沉现象。在理解了“沉”与“浮”的概念之后，又启发幼儿想办法：怎样让沉下去的东西浮上来，让浮上来的东西沉下去，看看谁想出的方法多。这样大大调动了幼儿的积极性，最大限度地训练了幼儿的发散性思维。

（2）大胆尝试操作。教无定法，但教可择法，也可创法。在实践中，教师要一改统一的操作模式、刻板的操作过程，使幼儿的创新思维、创新操作活动得以存在并拥有发展的空间。如在“勇敢的小动物”中，教师只是提出问题，然后把幼儿带到户外有阳光的地方，让幼儿带着问题自由活动，自己设计游戏。幼儿在相互嬉戏的过程中，自己去发现和创造解决问题的方法，这样就促使幼儿积极主动地思考，自主获取知识，并使他们经历了探索求知的整个过程。

（3）善于联系实际。幼儿在理解和解决问题时，总是会运用到所学知识和日常生活中积累的经验。如在“材料组合”活动中，教师提供了大量材料：各种质地的包装盒，各种各样的瓶子、废旧玩具和零件等。幼儿需要解决的问题是：怎样将这些材料变成各种有趣的玩具。幼儿兴趣盎然，边操作边思考，并主动交流各自玩过或见过的玩具的外形、功能等，并由此及彼发挥想象，创造出了新奇的玩具。在这个过程中，幼儿的发散性思维起了至关重要的作用，同时幼儿的创新思维也得到了发展。

三、优化非正式科学活动，培养幼儿的创新精神

非正式的科学活动，也是幼儿的创新兴趣和能力得以激发的极佳途径。积极开展和优化非正式科学活动，将科学活动延伸至日常生活中，有利于培养幼儿的创新精神。

（1）鼓励幼儿大胆创新，自制操作材料。教师根据需要启发、指导幼儿制作操作材料，充分发挥幼儿的潜在创造能力，鼓励幼儿大胆探索、实践，能培养幼儿的创新意识，更重要的是能促进幼儿创新实践能力的发展。

（2）开展实践创新竞赛活动。正规的科学活动受教材内容和活动时间限制，不可能考虑到每个幼儿的差异，所以，幼儿的主动性和创造性难免受到一定的限制。而在非正式科学活动中，幼儿较少受到限制，能充分发挥自己的特长，主动地去实践。为了进一步激励幼儿的创新意识，教师可以经常组织幼儿进行小制作、小发明比赛，既有利于调动幼儿的积极性，也能提高幼儿的创新能力。

（3）利用自然环境开展科学活动。大自然是个丰富多彩的环境，有利于开阔幼儿的创新视野，激励、培养幼儿的创新精神。如带领幼儿一起收集昆虫和植物并制作标本，然后引导幼儿积极查阅图书和电脑中有关昆虫、植物的资料，用绘画、讲解等形式向别人介绍。这一系列的活动，一方面丰富了幼儿的知识，另一方面也使他们的创新精神得到了进一步的培养。

总之，科学活动中孕育着培养幼儿创新素质的多种因素，切实抓好科学操作活动，有利于促进幼儿创新素质的全面发展。

深化科学教育 铸造园本课程

广东省科学院幼儿园 涂泽勇

科学教育在改革开放之后迎来了春天，随着科学教育观念的变化，特别是《幼儿园教育指导纲要》（以下简称《纲要》）的颁布对幼儿科学教育提出了新的要求，课程理念的变化也使课程更加趋于活动化和单性化。我们认为，《纲要》的制定是非常及时和必要的，它面向全体幼儿，提倡以其为主体开展活动，注意基础性与实践性相结合，重视创新意识和能力的培养，允许有选择性地学习，给不同地区、不同发展水平的幼儿最大限度的尊重和良好发展平台。

近年来，我园坚持以素质教育为核心，以《纲要》精神和“终身教育、以人为本、注重科学、面向世界”为指引，扎扎实实地开展教科研活动，积极承担国家级课题研究。在专家的指导下，着重转变教师的教育观念，规范教师的教育行为，提高教师的专业素养，优化幼儿生活学习经验，培养幼儿探索、创新能力及良好的思想品质，以研促教，科研兴园。我园开展了“园本课程·主题整合本”、“探索幼儿科学创造人格培养的有效方法”等课题研究，由园长、骨干和优秀教师承担课题科研，撰写课题实施方案，其余教师为课题组成员。这不但锻炼了骨干和优秀教师，使他们脱颖而出，而且带动了一批教师成长，形成一股良好的教研氛围，在深化科学教育、铸造园本课程中，我们探索出以下有效的途径：

一、认真学习理论知识，明确科学教育的目标

我园跃进了省级园的行列后，进一步明确具有超前性和时代性

的办园目标“发展科学院幼儿园品牌，树高质量高水平的形象”，努力铸造科学教育和美术特色的品牌。目标的确立、品牌的铸造，是形成具有自己特色幼儿园的标志之一。

“科学教育”是我园的教育品牌，为此，我们明确了幼儿科学教育的目标是科学启蒙教育。我们把幼儿科学教育的目标定在“启蒙”上：注重激发幼儿对周围事物、现象的兴趣，激发其好奇心和求知欲望；为幼儿的探究活动创造宽松的环境和条件，注重引导幼儿学习用多种方式表现、交流、分享探索的过程和结果，体验发现的乐趣。

二、承担国家课题研究，深化园本课程改革

2005年我园承担了国家级课题“幼儿科学创造力培养”的子课题“探索幼儿科学创造人格培养的有效方法”的研究，依据课题组的科研计划，我们在科学教育活动资源库、操作间的系统设计方案以及操作间的建设方面进行探索研究。我们把科学创造性人格的六要素“好奇心、敢为性、自信心、独立性、坚持性与乐观性”作为培养重点，让教师在进行科学教育的同时进行渗透性的教育。每学年课题组的老师都制订好课题研究的实施方案，在开展课题研究的过程中，实行专人负责、分层指导活动，加强检查督促，及时发现和解决问题，重视实践，讲求成效。每学年课题组的专家来园实地调研、指导一次，每次的调研活动，专家们都给予我园工作高度的评价和肯定。每学年，课题组的教师都做好成果、经验的整理总结工作。课题组的其中四位教师所设计的活动，获得了国家级的荣誉证书。国家级课题的研究，推进了我园园本课程改革的深化，打造了“科学教育”的品牌。

三、挖掘得天独厚资源，拓展园本课程

科学教育是我园的品牌教育，科学院研究所科普教育基地是我

园独特的教育资源。科学院现有的植物、动物、海洋资源划分为4类共11个各具特色的科普基地，我们从目的性、针对性、适合性的角度选择了8个基地：华南植物园、科技图书馆、植物标本馆、昆虫动物标本馆、海洋生物标本馆、真菌标本馆、土壤标本室、新能源与可再生能源科普基地，每学期坚持开展一次“科普月”的参观活动，为幼儿园开展科普教育提供了广阔的空间。如组织了中一班、中三班小朋友到广东省昆虫研究所标本馆，中二班、大二班小朋友到华南植物园参观活动。通过参观和听研究所老师的介绍，小朋友开阔了视野，增长了知识，激发了对昆虫、植物等的兴趣和好奇心，了解有关的知识后，他们用绘画等形式，利用各种各样的材料进行手工制作，创作出千姿百态的蝴蝶、蜜蜂等昆虫样板和五彩缤纷、形态各异的花、树等植物。走进研究所深化科学教育，促进了小朋友各种能力的发展，进一步拓展了园本课程。

四、积极发挥合力教育，充实园本课程

孩子们对周围的事物、现象感兴趣，作为教师和家长更要发挥家园的合力教育，及时引导幼儿对身边常见事物和现象的特点、变化规律产生兴趣和探究的欲望。科学教育还应密切联系幼儿的实际生活进行，利用家长资源、科学家资源和各研究所资源，深化科学教育活动。如邀请科学家、家长（微生物所的专家胡惠萍老师）来园给中一班、小二班小朋友讲课，介绍有关蘑菇的外形特征、种类等知识，她还赠送了“奇妙的蘑菇王国”电教课件给幼儿园作教学资源。还有许多研究所提供了各种科普教育的课件。合力的教育，打破了幼儿园的“围墙”，扩大了幼儿科学教育的空间，也充实了园本课程。

五、开展科学小实验，拓宽园本课程

深化科学教育，就是要为幼儿的探究活动创造宽松的环境，让

每个幼儿参与尝试，支持、鼓励他们大胆提出问题，发表不同的意见；要为幼儿提供丰富的可操作的材料，使每个幼儿都能运用多种感官、多种方式进行探索活动。我园利用广东省微生物研究所的科普基地，组织小一班、大三班小朋友到微生物研究所的北虫草实验室进行观察和记录活动，小朋友观察北虫草的生长过程，如其高度、形态以及种植所需要的温度与湿度等，然后用数字、文字和绘画等形式记录。活动打破了以往常规的教学形式，研究所的科普基地成为幼儿学习的大课堂，把幼儿的实践真正引入课堂，让幼儿成为活动的主人，充分发挥其自主性，深受孩子的喜爱。通过这样的科学观察和实践活动，孩子们在做中学、想中学、试中学、用中学，运用各种感官认知学习，学得快乐、学得自然、学得灵活。

六、开展主题整合活动，丰富园本课程

我园每学期针对中、大班小朋友开展一次参观各研究所的“科普月”活动。各班参观研究所后，根据小朋友的兴趣点，师生共同生成了有关的主题活动，一起创设教育环境，设计相应的教学活动，每个班再尝试开展各种主题整合本的专题研究。同时，我们牢记“以培养科学素养为核心，体现尝试、探索的原则，体现适合性的原则，体现综合性的原则”的要求，在实施教学活动过程中，有机地渗入科学院各研究所科普基地的科学要素，让研究所、幼儿园、家长、教师、小朋友合力参与教学活动，使小朋友从小就萌发爱科学、学科学的情感，并注重运用有效的方法引导小朋友探索科学、发现科学。如大班级开展并制作的主题整合本有《海洋的秘密》、《土壤的秘密》、《北虫草》等；中班级有《花花世界》、《昆虫世界》、《蝴蝶》等；小班级有《菇的认识》、《美丽的花》。我们还将部分老师制作的主题整合本编印成《园本课程 · 主题整合本》一书，结集多年以来的科学教育主题整合本共 12 个主题。此书展示了我园教师丰富的教育教学经验、积极反思的科学态度和辛勤劳动的成果；还充分体现了我园在科学教育实践中的新内涵与新成果，取得了良好的

教育效益和社会效益。

近年来，我园先后向越秀区教育局教研组及同行展示了教学活动“认识蘑菇”、“我的梦”、“快乐的小鱼”；向国家级教研组的领导和教师们展示了小班的综合活动“小小蘑菇店”、美术活动“五彩缤纷的蘑菇”，中班科学活动“种子宝宝在哪里”，大班科学活动“奇妙的网”等，并互相进行了交流、研讨，通过各种检查和调研活动，逐步丰富了我园的园本课程。

七、完善科学活动室，突显园本课程

科学活动室是我园深化科学教育的主要阵地，那里体现了我们的科普特色。它分为两大区域：展览区和操作区。展览区里有来自南海深水的鱼虾、贝类标本（海洋所捐赠），有熠熠生辉的防伪贴纸（电子所制造），也有来自昆仑山的坚硬矿石（地化所采集）……展览区结合科学院各研究所的研究方向分为物理体验区、微生物观察区、昆虫辨别区、化学实验区等。它是幼儿玩中学、做中学、想中学、试中学、用中学的理想天地。在操作活动区，增添了有关磁吸类、镜子类、动力类、智力类、拼砌类等操作活动材料。幼儿在科学活动室可以根据自己的意愿，也可以根据班上专题活动的需要选择区域进行活动。在不断的探索实践中，让幼儿成为活动的主人，充分发挥其自主性，在相互的思想碰撞过程中，环境的教育功能得到多维度的扩展，也满足了幼儿多方面的需求。

多年来，我们在学习和运用《纲要》的实践中，努力更新幼儿教育观念，切实提高教师素质，尊重幼儿身心发展规律，积极挖掘、利用和开发资源，大胆探索尝试，勇于开拓创新，研究科学教育园本课程的整合。显然，科学教育活动课程，给予了教师和小朋友更多自主性、探索性和实践性学习的空间。

浅析幼儿的探索发现学习

广东省科学院幼儿园　陈文希

一、幼儿探索发现学习的含义及意义

探索学习，是指在实验的基础上，通过科学的分析、综合等思维过程来获取知识，也就是指幼儿对生活中有趣的事物，通过亲身体验，主动、积极的实践活动，从观察中发现问题、提出问题并解决问题，从而获取经验和知识。发现是指通过与环境的交互（交互类型包括探索和操纵对象）全力解决问题和争议，或进行实验等。“发现学习”是指学习者通过发现而获得知识和经验。

《幼儿园教育指导纲要（试行）》中强调：“幼儿的科学教育是科学启蒙教育，重在激发幼儿的认识兴趣和探究欲望；要尽量创造条件让幼儿实际参加探究活动，使他们感受科学探究的过程和方法，体会发现的乐趣；科学教育应密切联系幼儿的实际生活进行，利用身边的事物与现象作为科学探索的对象。”

在幼儿的学习过程中，让幼儿探索发现学习具有重要的意义 。首先，它确立了幼儿在学习中的主体地位，为幼儿真正地成为学习的主人提供了必要的条件。在此过程中，幼儿学到的知识不仅巩固的程度高，理解的意义深，运用的思路广，而且他们学会了学习的方式、方法，这对他们个人的发展来说，更是终身受益。让幼儿探索发现学习更深的意义还在于能使幼儿获得依赖于教师“言传口授”的方式所不能获得的科学所特有的思想方法以及精神气质。幼儿在教师的引导下，亲身从事实际的探索、发现活动，循着科学研究的流向去思维和操作，他们所探索到的不是表层的知识，而是科学的基本方法和基本精神。“探索学习”和“发现学习”是比

“接受学习”更适合幼儿的一种学习方式，特别是在发挥幼儿的主体性，如激发幼儿的学习动机、发展其分析和解决问题的能力、培养主动参与的积极性等方面。这些对幼儿的发展和终身学习都有重要的意义。

二、当前幼儿探索发现学习中存在的主要问题

当前，在幼儿园的教育教学活动中，往往存在着这样一些现象：教师讲得多，幼儿说的机会少；教师做得多，幼儿看得多、动手的机会少；幼儿探索发现学习的动机和愿望常常得不到教师的接纳、重视、支持和鼓励。而且，有的教师在活动中给予幼儿不恰当的评价造成他们的紧张，使得幼儿没有一个心理安全的、自然探究的环境，教师经常以“判官”的身份判断幼儿探究的对错，使幼儿感到正确的答案存在于教师的头脑中，造成幼儿对教师的依赖，并设法迎合教师，而不是依据事实得到结论；有的教师总是禁不住表扬那些“做得好”（也就是符合教师心目中的理想“标准”）的幼儿，从而使绝大部分幼儿不敢表明自己的探索、发现的观点和结果。长此下去，幼儿天生的好奇心，乐于探索发现的兴趣、热情受到阻拦与埋没，就会缺乏自信心、创造力和独创性。

三、促进幼儿探索发现学习的主要策略

科学教育是我园的品牌教育，我园利用科学院各研究所的有利资源，邀请了微生物研究所的科学家、教师来我园开辟了一块“平菇小园地”，让小朋友参与种植平菇的实践活动，为小朋友提供了科学探究活动的材料和环境。在引导幼儿种植平菇的实践探索活动中，我们采取了以下的主要策略来促进幼儿在探索发现中学习。

（一）兴趣切入，引导探索

兴趣是学前儿童自觉学习和发展的动机力量。兴趣使幼儿主动

地从事某种活动，从中获得经验和乐趣。《幼儿园教育指导纲要（试行）》指出：“科学教育应密切联系幼儿的实际生活进行，利用身边的事物和现象作为科学探索的对象。”平菇是小朋友在生活中熟悉的、喜欢吃的食物。当小朋友来到“平菇小园地”的时候，他们十分兴奋。有的说：“我跟妈妈上市场买菜时见过平菇。”有的说：“我吃过平菇、喝过用平菇煮的汤，可好吃了。”还有的说：“真没想到，在幼儿园里也能种平菇。”……由于小朋友对平菇非常感兴趣，因此他们每天都主动来到“平菇小园地”，观察、关心平菇的生长情况。幼儿尝试运用不同的感官、方法去探索、发现平菇的“秘密”，并与同伴讨论、分享自己探索发现的感受。这样，幼儿运用各种感官与平菇产生了共鸣，体验到了成功的乐趣。

（二）提出问题，深入探索

“问题”就是要求回答或解释的题目、尚未解决或弄不明白的事。对于各种疑惑和问题，幼儿通过运用各种感官，积极地观察、操作和实验，对探索发现的结果进行推理，得出结论，用适当的方式表达并与同伴进行交流。这使幼儿学会如何去获得知识，也就是学会学习。在实践活动中，由于幼儿的知识、经验水平的不同，他们会提出各种的疑问和想法，这些都是幼儿思维活动的真实反映。这些想法有时也是“错误的”，在这个过程中，教师不能打击幼儿探索的积极性，因为这些疑问和想法是符合幼儿当前的发展水平的。这时，教师应给予幼儿引导，鼓励幼儿去交流、尝试、探究、发现，从而获得“正确的”知识和经验，并解决问题。在种植平菇的实践活动中，小朋友每天观察、护理平菇，给它浇水、穿上塑料外衣……有一回，小朋友讨论：老师、妈妈教我们每天多喝水，如果我们也让平菇多喝点水，它是不是长得更高、长得更快呢？教师说：“那么，我们试一试，这样做行不行？”在教师提议下，小朋友尝试给部分平菇多浇点水，并对平菇说：平菇啊平菇，我们给你喝多多的水，你就能和我们一起长得更高、更大。结果在后来的观察中，小朋友发现多“喝水”的平菇不但没长得更高、更大，反而变黑、并逐渐发霉了。而那些在塑料薄膜覆盖、保护下的平菇，没有“喝”过多的水，却能逐渐长高、长大。在实践活动中，小朋友积累了种植平菇的经验。小朋友说：“哦！原来平菇也和我们小朋友一样需要有适当的温度和湿度，需要关心、爱护，才能长高长大！”幼儿认识事物的特点是由他们思维的具体形象性所派生出来的，教师应重视幼儿主动的探究活动和同伴间的相互交流，倾听孩子提出的问题并给予支持和引导，引导他们去大胆尝试、体验；更多地了解幼儿的思维，也使幼儿获得更真实、丰富的经验。通过这些解决问题的探索发现活动，幼儿不仅能学会学习，还将发展在社会生活中所必要的能力和行为。

（三）观察活动，促进探索

通过观察，给幼儿创造交流机会，以使其获得不同的发现；通过观察，主动地建立与事物的关系，丰富认识。在观察的过程中，幼儿按照自已的思维，提出各种的疑问和想法。在实践活动中，幼儿在刚开始种植平菇时，看到装着平菇种子的塑料袋里装着黑色的、细细的东西的时候，就提出疑问：这些黑黑的东西是什么？平菇是吃什么长大的？科学家教师告诉小朋友，那些黑黑的东西是“营养土”。在实践活动中，幼儿通过观察，发现平菇在强烈的阳光下就会弯下腰、低下头，而且变得干枯。后来，小朋友通过和爸爸、妈妈一起上网查阅有关资料，互相交流、讨论，发现种植平菇的地方应该是比较阴凉、通风的，并用透明的塑料布覆盖在平菇上面，这样可以保持平菇身上的水分。通过观察、体验，小朋友认识到平菇生长需要空气、阳光，但平菇不能让太阳直接照射，还需要保持适当的温度和湿度。小朋友在参与种植、观察和护理平菇的过程中，能亲身体验平菇的种植、生长等的过程，看着平菇一天天、一点点地长大，从黑土—小点点—小白圈—小伞—扇子—花朵—云朵，到看着一朵朵、一簇簇的平菇越长越大，越长越多。幼儿通过自身的实践活动，求知欲、探索科学的兴趣越来越高。教师利用幼儿的好奇、探究的心理，引导他们主动地发现和解释问题，帮助和促进幼儿学会探索解决问题的方法。这样，幼儿在探索活动中，各种能力都获得了不同程度的提高。通过亲自探索发现的实践活动，幼儿寻到了乐趣、寻到了方法、寻到了经验，同时有机会相互交流、分享经验，培养了幼儿对植物、对生命的关爱、关注，丰富了幼儿的知识、经验，促进了幼儿的发展。

（四）记录、统计，获得发现

记录、统计指小朋友用各种方式、方法把自己看到的、感受的事物和对事物的想法表现、表达出来。在种植平菇的实践活动中，小朋友运用以下三种方法进行记录和统计：

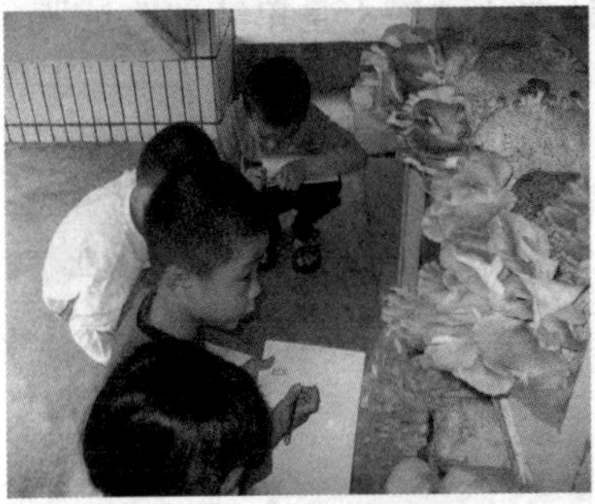

小朋友在记录平菇的生长情况

(1) 用简单的图画描绘自己观察、探究和发现的平菇的每一天、每一阶段的特征和变化过程。

(2) 用数字记录测量平菇的生长、逐渐变化的每个过程的数据（测量工具是尺子、温度测量器等）。

(3) 用简单的数据统计，获得观察、探究和发现的结果——平菇的生长需要保持一定的温度和湿度。

由于幼儿的年龄特点、知识水平和生活经验的限制，他们不可能像成人一样研究高深莫测的科学技术，他们只能通过一些简单的操作活动，如观察、测量、描绘、记录、分析，从中获得感性的认识，认知一些粗浅的、基本的科学知识、科学经验和科学原理。

（五）解决问题，取得经验

在实践活动中，幼儿通过动手操作、交流、讨论，尝试从不同的角度，运用不同的方法，学习、体验解决问题，如在平菇生长的过程中是给平菇多浇水还是不浇水等。通过实践活动，幼儿获得了一些有关平菇种植、护理的经验，从中学习、了解了一些平菇的知识。在此过程中，幼儿的求知欲得到了满足，丰富、积累了实践经验，也获取了真实的知识。

（六）品尝成果，提高发现

“品尝”这个词，单从字面上理解，就是用嘴去仔细地尝试某一食品的滋味，来辨别它的品质。品尝活动绝不是单纯的吃或喝，而是一系列科学的分析测量行为，是感觉器官真实反应的表达。品尝的内容包括：分析研究、描述、判断、综合等。通过实践活动，平菇长大了，小朋友兴高采烈地收获自己亲手培育的成果。他们亲自动手煮、吃平菇，共同分享这实验的成果，还一边吃一边说：“这平菇真好吃，又香又滑，味道鲜美。”他们还讨论平菇什么时候收获最好吃等问题。这些都为以后的种植实践活动留下探索、发现的问题和目标。

小朋友在开心地品尝平菇

幼儿科学教育的概念是：幼儿科学教育应成为引发、支持和引导幼儿主动探究、经历探究和发现的过程，获得有关周围物质世界及其关系的经验的过程，使幼儿获得乐学、会学这种有利于幼儿终身发展的长远教育价值。

当前，在幼教改革中，越来越重视幼儿科学教育。幼儿学习科学，并不是被动地接受和理解知识，而是通过自身的活动主动发现和获得知识。科学教育的职能在于引起和促进幼儿这种主动探索、发现和获得知识的学习活动。

从小朋友参与种植平菇的实践活动中我们获得了启示：在幼儿园实施科学教育，引导幼儿探索发现的学习是一种适合幼儿发展的学习方式和方法，体现了幼儿在学习中的年龄性、兴趣性和主体性，有利于激发幼儿的学习动机、发展其分析和解决问题的能力、培养其主动参与活动的积极性。小朋友探索的过程，就是他们自我成长的过程。

参考文献

[1] 教育部基础教育司.《幼儿园教育指导纲要（试行）》解读.江苏教育出版社，2002

[2] 刘占兰，沈心燕.让幼儿在主动探索中学习科学.北京师范大学出版社，2004

[3] 刘占兰.幼儿科学教育.北京师范大学出版社，2005

[4] 莫雷，陈哲.幼儿科学创造力的微观发生法培养研究.暨南大学出版社，2006

可变、善变、敢变

——教师在幼儿科学创造力培养中的角色与作用

广州市黄金新港幼儿园　潘江莲

我国著名教育家陶行知先生指出："处处是创造之地，时时是创造之时，人人是创造之人"，"教育不能创造什么，但它能启发儿童创造力，以从事于创造工作"。幼儿创造力培养是现代教育体系中新的组成部分之一，是依据创造学的原理，通过一定的教育途径，进行创造性思维训练，开发幼儿创造力的教育。

近年来的科学研究表明，每一个发育健全的人都具有不同程度的创新能力，创新能力的展示越充分，对其他各方面素质发展的促进就越有效，人的整体素质就越高，而要想有创新，必须先有创新的意识。其实每个幼儿都存在着不同程度的创新意识，关键是老师如何看待创造性课程模式，如何为幼儿提供创新的活动机会，如何鼓励幼儿大胆地进行创新。

一、教师要树立创新意识

教师要意识到科学探索的形式和过程是可变的，答案可以是多样的。

教师应该支持创新思维，应该保障幼儿在"玩科学，做科学，想科学，议科学，用科学"中的主体地位得以实现。在活动过程中，我们要敢于放手让幼儿大胆地去尝试、探索、总结、交流，与此同时我们要遵循"幼儿在前，教师在后"，"尝试在前，指导在后"，"操作在前，结论在后"的科技指导原则，将幼儿从"被动学习者"变为"主动学习者"。

（1）教师应更新教育观念，尊重、宽容幼儿，创造轻松、自由、愉快的教育环境，保护和引发幼儿稚嫩的创新意识。

首先是尊重幼儿，这种尊重建立在新型的、平等的师生关系上。心理学家罗杰斯提出：有利于创造活动的一般条件是心理的安全和心理的自由。当幼儿的想法稀奇古怪超越现实时，当他们的描述与现实情况有出入时，教师不要盲目否定，而要善于及时发现并精心培育。在现代教育活动中，教师不再是权威的代表，而是保护、激发幼儿创新的支持者，让幼儿在活动中可以充分发表自己的意见，提出不同的问题，即使说错了也没关系；给幼儿一定的自由度，使他们可以提高自己的兴趣，有选择地进行各项活动。例如，在一次“沉与浮”的活动中，教师在教室的门前准备了几盆水、各种各样不同材质的材料和记录卡，供孩子们来试验和记录实验的结果。活动快结束时，教师发现有一份记录结果特别与众不同，在“沉下去的物体”一栏记录的结果填得满满的，记录的都是一些能够浮起来的物体加上其他附属物的组合，且画面很乱。当时，教师没有作任何评价，而是请记录的小朋友给大家解释，并再次将他的实验过程展示给大家看。他高兴极了，认真地做起试验，并且一边做一边解说。当他完成试验时，孩子们不约而同地欢呼了起来，有几个孩子还说：“他真厉害啊！浮起来的物体还能够让它沉下去！”意犹未尽的孩子们提出了建议：再做一次试验。接下来的试验，孩子们更加认真，尝试的方法也更多了。由此可见，尊重幼儿的想法，抓住幼儿的兴趣点，提供自由轻松的教育环境是培养幼儿创新思维的重要前提。其次，教师要以宽容之心对待幼儿。在科学活动中我们不要急于将正确答案告诉幼儿，也不要对一些“异想天开”的想法持否定态度，而应鼓励幼儿多角度思考，让幼儿从小就意识到解决问题的方法有很多，且在许多情境中并没有“最佳”可言。在尝试过程中幼儿因好奇做错了事，或因好心办坏了事情，都可以得到宽容，这样消除了幼儿怕犯错误的恐惧心理，使幼儿的个性在轻松、自由、愉快的环境中得到健康发展，自我意愿得以实现，其创新意识也会随之萌发。

（2）引导幼儿独立思考，鼓励幼儿多提问。

幼儿求知欲强，但学习的自主性较差，没有形成自己动脑筋寻求答案的习惯。如果教师在教学过程中，一味地往幼儿脑子里"灌"知识，就会强化幼儿学习的依赖性。因此，教师在设计、组织教学时，应注重创造性的组织方法，教学内容强调启发性，边讲边提出问题，引导幼儿根据已有知识及生活经验进行思考，回答问题。如果幼儿答得不对、不全，或答不上，教师应鼓励幼儿再思考，并做必要的提示、开导。这样，幼儿就会慢慢地培养起独立思考问题的习惯。例如，在认识水的科学活动中，幼儿一开始争论不休、各抒已见，此时教师就鼓励幼儿根据自己的想法进行探索观察和记录，最后，他们通过多次的比较和记录得出结论：①在水中可以看见放进去的东西；②水是透明的、牛奶是白色的，水和牛奶的颜色不同；③水是无色的，水不甜、不咸、不苦也不酸；④水是无味的、水会到处流；⑤水是会流动的液体。

质疑是创新的起点，教师要鼓励幼儿大胆提问、质疑。对幼儿的提问要表现出鼓励的态度，这是很有效的强化，会大大增加幼儿的提问行为。由此可见，鼓励幼儿做多样性、独创性的回答，有利于让幼儿在质疑、释疑、又质疑的思维活动中逐步形成创新意识。

二、教师要善于抓住幼儿的兴趣点，善于利用生活中的教育契机，创设多种教育活动及创造性的氛围

（1）幼儿的好奇心和探索欲都非常强，他们在不停地看、听、摸、问中好奇心得到满足，产生求知的兴趣。教师要善于激发幼儿探索的愿望，让他们对有兴趣的现象、奇怪的事情和今后的发展等产生好奇心，主动进行探索试验。科学活动是极具创造性的活动，教师要抓住幼儿在科学活动中表现出来的兴趣和疑惑，以便在探索过程中加以更全面的指导；此外，教师要极力营造轻松的活动氛围，采用多种教育手段使幼儿的学习兴趣、学习能力和学习方法更

加丰富、更具个性化。如教师提问，幼儿寻找答案；幼儿提出疑问，师生共同探索；幼儿提出疑问，幼儿间相互讨论；找出活动中的共同困难点，分头查找解决问题的办法等。在我们的课堂和生活中，科学知识无处不在，教师要善于抓住幼儿的兴趣点，抓住教育契机，鼓励幼儿多观察、多提问，多组织幼儿参与讨论，培养幼儿主动收集资料的习惯，鼓励幼儿将自己的想法和收集来的资料与同伴分享。教师要善于将在日常科学活动中获得的知识作为课堂活动的补充和巩固，使幼儿的知识更加丰富，知识面更加广，为以后的探索活动奠定坚实的基础。

此外，教师要针对幼儿的突发性话题，跟踪个别对此话题尤其感兴趣的幼儿，帮助他们一起探索和收集有关的资料，使得他们的行为感染其他幼儿，并带动大家参与到活动中去，共同获得知识、开阔眼界。这样，幼儿在没有压力的轻松愉快的气氛中，发现问题，解决问题，在这一过程中创造性思维可以得到充分的发展。

（2）提供更丰富的材料，激发幼儿的探索欲。幼儿的科学教育是科学启蒙教育，重在激发幼儿的认知兴趣和探究欲望。教师应为幼儿提供开放性的场地及丰富的操作材料，以便孩子们在需要的时候可借助。如磁铁、木头、钉子、塑料瓶、海螺壳、天平、陀螺、植物的种子、昆虫标本、记录卡、图片等。其中一定要放置一些教师与幼儿共同制作或收集来的资料，这样幼儿的参与兴趣就会更加浓厚。

（3）扩大幼儿的探索空间，给予适度的指导，启发幼儿进一步探索。丰富多彩、千姿百态的生活和大自然是幼儿学习科学的最好场所。我们要记得在餐后散步时，外出旅游时，玩沙玩水时，刮风下雨时，季节变更时，有意识地让幼儿看一看、听一听、说一说、摸一摸、闻一闻、尝一尝，有意识地引导幼儿观察周围事物的变化，有意识地抛给幼儿一个接一个的疑问，有意识地激发幼儿对问题进行争议，鼓励幼儿大胆地向他人请教。在科学活动进行时，我们要尽量避免过多的限制和干预，应给幼儿自己发现问题、解决问题的机会，必要时进行适度的引导，启发幼儿进一步探索。

三、鼓励幼儿大胆探索，勇于创新

(1) 在创造性活动中教师变换角色，鼓励幼儿大胆创新。具有创造性的开放性活动强调以过程为导向，而不是以结果为导向。在活动中，教师要扮演支持者和同伴的角色。例如在我们所开展的结构游戏中，我们就是利用废旧物品经过加工和一些大积塑进行构建的游戏。在每次活动前，我们都会组织幼儿商讨我们要搭建的主题，听听幼儿的想法，最后我们确定支持率最高的建议，分工合作。教师一边充当同伴和他们一同来搭建，一边充当指导者引导他们发现哪些地方搭建得不合理，哪些地方需要改进及可以怎样改进，并在活动中帮助幼儿树立自信心，鼓励幼儿“异想天开”产生创新意识。因此我们每一次构建出来的东西都是不同的，哪怕是相同的主题、同一群孩子。有一次，户外活动结束了，可有几个小朋友蹲在操场旁就是不回教室去洗手，我走过去一看，他们正在聚精会神地看蚂蚁，于是我蹲下身子和他们一起观察。一会儿，骏豪小朋友问：“老师，蚂蚁这么小，怎么能搬动那么大的食物?”接着，他一边用土堆起一座小山，一边说：“我们做个小实验吧，看看蚂蚁能不能把食物搬过去。”我也表示赞同，实验开始了，只见一只蚂蚁搬着食物来到“山”脚下，不能往前走了，这时，蚂蚁放下食物绕到“山”坡上，将食物倒着拖过“山”去。这样做，满足了幼儿的探索愿望，支持了他们的探究行为。因此，鼓励幼儿敢于去想别人没想到的，做别人没做过的，多动动脑筋动动手，是培养幼儿创新思维的必要条件。

(2) 提高幼儿的自信心，使得幼儿勇于并乐于参与创造性活动。自信心对每个人来说都是十分重要的，创新思维更加需要有足够的自信心。然而不是每个幼儿都有足够的自信心，即使自信心很强的幼儿，在碰到困难或挫折时，自信心也会减退，甚至转为自卑，所以，教师要有意识地及时地通过各种途径帮助幼儿树立自信心。如多多鼓励、肯定幼儿的成绩；当他失败时，帮助他找出失败的原因，引导他走向成功；指导幼儿分阶段、分步骤完成有一定难度的活动，帮助幼儿解决活动中碰到的困难等。教师要多给幼儿创造一些机会，鼓励他们多尝试“无中生有”的创新，多憧憬“异想天开”的创造。教师不能泼冷水，而要多加赞扬、鼓励。这样，幼儿创新的愿望就会逐渐强烈起来。

在幼儿科学创造力培养中，教师的地位和作用不可忽视，但是前提是教师必须先有创新的意识，时时处处用心为孩子们创造可发展幼儿创新思维的机会，精心营造可发展幼儿创新思维的氛围，允许幼儿在科学探索中通过不同的手段寻找答案，允许同一个问题有多种答案。总而言之，无论在教学还是在生活中，我们都要认真观察、分析、研究、探索，才能真正开发潜能、发展创造性思维，使幼儿的整体素质随之提高。

在音乐活动中培养幼儿的联想能力

广州市黄金港湾幼儿园　王粤萍

江泽民同志曾强调：创新是民族进步的灵魂，是国家兴旺发达不竭的动力。人类的进步与发展离不开创新教育，创新教育不仅是高等教育、中小学教育，也是幼儿教育面临的问题。因此，从幼儿教育开始抓创新教育，已成为当前教育的重要内容。

做好幼儿创新教育工作，是幼儿教育工作者的神圣职责。我园经过多年的研究与探索发现，在教育幼儿的活动中，策略是关键，教育者运用策略得当与否，将直接影响教育的结果。由于联想是创新的前提，因此，提高幼儿的联想能力能促进幼儿的创造性表现力。在幼儿各领域活动中，音乐活动能很好地培养幼儿的联想能力。

音乐之所以能激发幼儿的联想，是因为它是生活中自然与某些经验的重现，它能激发幼儿运用大脑发现问题、分析和解决问题。音乐通过美的形象和令人愉悦的形式，调动幼儿的情绪，使之产生一种身临其境的感觉，引导幼儿进入丰富的联想境界。这种以音乐为手段来激发幼儿的联想，进行创造性表现的形式是其他领域所没有的。

一、通过示范仿编演唱形式培养幼儿的联想能力

教师通过示范，让幼儿明确活动中可供创造的要素和进行创造的方法，从展开联想，到联想延伸，激发幼儿的创造性表现力。幼儿的创造性表现主要以仿造为主，重点是要为幼儿提供一个参照物。如仿编歌曲《我爱我的小动物》，示范仿编时让幼儿明白歌曲

中可仿编的因素，也就是仿编的点：角色——各种不同的小动物；声音——不同动物的叫声；领唱的形式——一人、几人或小组领唱。孩子们完全根据自己的兴趣和能力选择一个或几个因素，通过联想进行各种不同兴趣的创编。不同的演唱形式也可产生不同的演唱效果，如学习《大雨和小雨》这首歌曲时，幼儿为这首歌曲创造了不同的演唱形式。为了让幼儿更好地表现大雨哗啦啦、小雨淅沥沥的情景，我们引导幼儿观察下雨实景，再通过听录音让幼儿清晰地辨别下雨时大雨和小雨声音的不同。当老师示范演唱并举起手用高低动作在象声词处增强节奏感让幼儿感觉声音的力度时，幼儿通过联想很快自创出了各种不同的演唱形式来表现歌曲。幼儿演唱时歌曲之中强弱部分有明显的对比，演唱声音的力度也控制得较好，同时还尝试了改变人数的演唱，并懂得尝试用踏脚和拍手等动作在象声词“啦啦”、“沥沥”部分为歌曲演唱伴奏。当幼儿听到自创的演唱效果时，体验到了创造的乐趣，自信心和成功感得到了增强。这样，他们参与创造性表现活动的兴趣大大提高。这种示范仿编的演唱活动，不仅促进了幼儿的发散性思维，而且丰富了幼儿的联想能力。

二、通过音乐欣赏培养幼儿的联想能力

(1) 通过引导幼儿倾听声音来表现音乐内容。在音乐欣赏活动中有意识地引导幼儿根据声音的变化，进行联想、表述和表演有趣的情境。如游戏“狮王与小动物”，在活动前，老师展示课件，再加上趣味性的正确引导，音乐一开始，幼儿很快就知道狮子来了。通过老师逐一的层层引导，幼儿逐渐能分辨出哪段音乐表现狮王的狂野，哪段音乐表现小动物的天真，从而迫不及待地用肢体动作形象地表现音乐内容。

(2) 引导幼儿根据音乐的力度、速度与音区的变化，通过联想，用表情、肢体动作和小乐器表现出来，然后用动作和语言创造性地表现不同音区的不同音乐形象。

(3) 引导幼儿倾听音乐情绪、性质的变化。通过欣赏表现音乐主题的一些特殊性音乐，如模仿性的前奏、尾声；形象的、具有描绘性的伴奏音型；雄壮有力的、柔和优美的、欢快活泼的乐曲；识别表现熊走、兔跳、鸟飞等动物活动的乐曲等，幼儿能加入许多自己想象的内容情节来加以表现，这样通过不同的音乐欣赏活动，能促进幼儿联想能力的不断提高。

三、在韵律、节奏活动中培养幼儿的联想能力

韵律、节奏活动中的联想，能使幼儿将自己看到、听到、感受到的事物，随着音乐旋律自由地、有节奏地进行动作表现。①开展韵律活动时，我们注意调动幼儿的积极性和主动性，使其能充分表现自己想象和创造的动作。②让幼儿在音乐感受中自由地动作，用肢体动作反映音乐节奏的强与弱、快与慢。③提供主题音乐。鼓励幼儿在进行自由动作创造的同时，积极与同伴进行合作。④引导幼儿感知各种乐曲的不同音色，让幼儿学习与模仿各种乐器的敲击法，创造性地选择乐器，感受对节奏、音乐等运用的乐趣。鼓励幼儿即兴伴奏，在音乐声中大胆操作、摆弄乐器，丰富他们的演奏经验。如学习打击乐《拔根芦柴花》时，启发幼儿创造性地用跺脚、拍手、拍腿、拍肩、拍头等动作把乐曲节奏表现出来。⑤引导幼儿运用指挥法，要求他们不仅学会看别人指挥，还要学会自己指挥，并能通过想象，在指挥中大胆地表现自己的合理创意。

四、在音乐活动的合作过程中培养幼儿的联想能力

许多音乐活动都需要合作才能完成，合作的好与不好直接影响着创造性表现力，完美的合作能够进一步促进创造表现能力的发挥。因此，我们把个体创造和群体合作连成一个整体，既尊重个体发展，又注重群体的交往合作。如要在合唱时获得和谐的声音，幼儿需要听着琴声和同伴的歌声不断调节自己的音高。不同的音乐作

品有着不同的内涵，需要用不同的表情和动作来表现。因此，在音乐活动中必须引导幼儿通过联想，充分运用表情和动作进行表现。例如音乐游戏“三只熊”中，要求幼儿用肢体语言去表现音乐中的缓慢、轻快活泼、快速热烈。如幼儿学大熊走路，要边走边友好地向朋友打招呼、互相点头、微笑、招手，表现出亲热交谈的样子；幼儿跟熊跳舞时，要两人一对，做出各种不同的配合方式；在跳舞的部分，幼儿要用自己的手、肩、腿、臀等部位轻轻碰伙伴几下。在无声的交流、合作过程中，幼儿体验到用表情、动作、姿态与人交流的乐趣。我们针对幼儿的不同性格采取的这种教学方法，使幼儿在活动中学会如何与人交流、与人合作、与人协调，不但使他们活动的积极性、主动性及创造性都得到提高，而且也大大促进了幼儿的联想能力。

当今的教育，以促进人的整体素质的发展为目标，重视发掘人的潜能，强调创造力、应变能力、实践能力的培养。音乐教育是发展和培养幼儿创造性的有效方法，它没有固定的模式、框框，使不同水平层次的幼儿在音乐中，身心感应和肌体运动紧密结合，不仅唤起幼儿感受美、表现美的天性本能，更重要的是激发幼儿去联想、去现象、去创造。

幼儿科学发现室的创设与利用

广州市黄金港湾幼儿园　李国婷

21世纪是一个知识、经济、科学迅猛发展的时代，今天的幼儿是21世纪的主人，怎样才能让这些新一代的主人真正成为主宰时代发展的领军者呢？加强幼儿的科学启蒙教育，培养幼儿的科学创新思维是当前早期教育的重要课题。在如何创设与利用科学发现室，对幼儿实施科学启蒙教育方面，我们进行了积极的探索。

一、科学发现室的创设必须目标明确，体现科学教育的领域范畴

幼儿园的科学教育的目标是帮助幼儿获取简单的科学知识，引导幼儿学习简单的科学探索方法和技能，初步形成科学的概念，理解科学现象的简单因果关系，促进幼儿认知能力的发展；培养幼儿对科学的兴趣，激发其求知欲，使幼儿在科学探索活动中获得丰富的情感体验，从而形成对科学、自然和人类生活的积极的情感体验，促进幼儿的情感发展；帮助幼儿理解科学、自然和人类生活的相互关系，学习用正确的态度、行为对待科学与自然，促进幼儿社会性的发展；通过创设良好的环境，使幼儿有充分的活动机会，得到充分的感官和身体刺激，促进其身体的发展。

科学教育的内容可分为人体与健康、动植物、生态环境、自然科学现象和科学技术五个方面。因此，在创设科学发现室时，我园紧紧围绕科教目标和内容，有目的地选择有关科教内容的实物和教具，为幼儿提供丰富的感知活动材料，培养幼儿的观察、思考及动手能力。如人体健康方面有人体解剖模型、人体骨骼模型、一些器

官构造图等；动植物有各种动植物标本、模型等；生态环境有森林、海洋、牧场等微缩景观和图片；自然科学现象有春、夏、秋、冬等微缩景观和图片及宇宙中银河系、部分星座显示图、三球仪等；科学技术方面有电、光、声音、磁铁、沉浮、颜色等各种材料制作的物品。

二、自制学具和操作材料，充分体现科学发现室的功能

科学发现室是幼儿实践活动的场所，强调看、听、摸、捏、嗅、尝及动手操作等。全方位开发幼儿感官，需要大量的操作材料和视觉材料，如果全部靠购买现成品，一者难度较大，二者增加了幼儿园的经济负担。为此，我园除了购买部分现成品外，大部分学具是由教师们根据科教活动的需要及幼儿的年龄特点，利用各种废旧材料自己动手精心制作的，这些学具充满了童趣，很大程度上满足了孩子们的需要。如采集各种不同形状的树叶制作树叶标本；为了让幼儿探索镜子反射的原理，教师动手制作了大量的折叠镜，以便幼儿自己去操作、探索。又如用消毒过的瓶瓶罐罐制作成大小不一、形态各异的听筒或响声筒；用幼儿日常玩具中的小房子、小树、交通灯等组合成公园、马路的立体模型，装上电线和小灯泡，供幼儿操作，用电池串联通电，这些操作都让幼儿体验到了一种成功的喜悦。

三、科学发现室内操作内容的设计要适合幼儿的年龄特点和心理发展水平

不同年龄阶段的幼儿其发展水平各不相同，因此我们在设计实验室的具体操作内容时，要注意到这些特点，既不能太易也不能太难，并以“人体与健康”、“植物和动物”、“科学小实验”这三个方面作为重点设置内容，在宽松、舒适的环境中，提供有利于幼儿观察、接触、操作的材料，让幼儿充分地操作，主动地学习。

例如在玩水区，我们设置有各种沉浮玩具、大小不同的量杯，以及通过充气或放气使之沉浮的“潜水员”等游戏材料。幼儿通过“玩中学”，就可以充分了解水的各种特征和物体沉浮的道理。在力区，我们设置有相互转动的“摇摇球”、“娃娃荡秋千”、“手摇缆车”、“旋转的小蛇”、“小鸟玩杂技”、自制小秤、“猫捉老鼠”以及表现坡度不同影响物体下滑速度的实验。同时，我们还组织了一个让幼儿自制书签的小实验活动。让幼儿到大操场和花园捡树叶，然后浸泡在二氧化锰的药水中，一段时间后，取出来，再用小刷子慢慢将叶肉刷掉，留下叶脉，就成了一张张漂亮的书签了。

在日常生活教育中，我们也充分抓住教育契机对幼儿进行科学教育。幼儿常看到许多自然现象，会提出各种各样的问题，如“为什么会下雨?”“树叶为什么会变黄掉下来呢?”“我是从哪里来的? 是怎么长大的?”等，教师要随时随地从科学角度进行解答，也要随时启发幼儿思考。而在进行一些其他的教育活动时，教师也要注意进行这方面的渗透，如绘画活动中，教师引导幼儿注意颜色的变化，鼓励幼儿创造性地使用颜色；玩沙、玩水、搭积木是他们喜爱的游戏，也能从中获得一些物理学的知识；日常生活中的洗手、进餐、起居、搬动物体等活动，也有许多让他们获得科学知识的机会。如观察芒果树时，幼儿最感兴趣的是芒果树的花和果实，因此便要先让幼儿自由观察芒果的形态，然后再引导他们从根、茎、叶、花和果实，对芒果树进行有顺序的系统的观察，在此基础上再进行同类物品的比较观察。通过这种循序渐进、由易到难的引导，再辅以集体、分组、个别的教育，有效地促进幼儿思维各方面的发展。

班上的科学发现区，小植物的发芽记录，种植区里幼儿收获自己种植的蔬菜果实，无一不在告诉幼儿一个真实的生态世界，让他们明白其中一些简单的生物生长、生态平衡、环境保护的道理，并从中体会人与生物之间的联系，学习用一种辩证的眼光去看周围的事物，在这种生存的教育中体验一种危机感，而这种意识的建立对于他们以后的发展是大有好处的。

四、引导幼儿学会记录，启迪科学教育的探索欲望

幼儿科学教育为幼儿提供了多种多样的有趣的科学活动，在好奇心的驱使下，幼儿专心致志地进行探索活动。幼儿在活动中获得成功，很想表达自己发现的感受，如果让他们一一陈述，会干扰实验室的秩序。我们尝试给每种学具设立实验结果操作卡，让孩子们自己填写实验结果，但孩子们不会写字，只能用数字和图标形式进行记录，所以设计每种操作卡都要颇费心思，记录卡要适合幼儿年龄特点，浅显易懂，又要具有耐用和实用性。如在学习“量”上，我们在每块不同大小的石头上贴上号码，在操作卡上也填上相应的号码，幼儿用弹簧秤称出石头重量后就把结果填在相应的号码下面。又如“磁铁喜欢谁”的操作卡，我们在卡上画出木头、塑料、铁钉、玻璃等物品，让幼儿在能与磁铁相吸引的物体上打上“√”，不能相吸引的打上“×”，两极相斥的画上“〈——〉”，两极相吸的画上“——> <——”。这些操作卡过塑后能反复使用，减少了浪费的现象，也提高了幼儿的环保意识，一举两得。幼儿在实验活动后都非常认真地填写答案，像一个个小科学家在写实验总结一样。使用操作卡，不仅强调了实验目的，激发了探索的积极主动性，而且大大提高了幼儿的分析、综合、比较、判断、推理和思维能力。

科学发现室是供幼儿进行非正规性科学活动的场所，其目的是让幼儿在宽松的心理环境下，主动学习，寻找答案，获取广泛的科学知识和经验。科学发现室内的教学具琳琅满目、种类繁多，通过我们合理的创设与利用，有效地刺激了幼儿学科学的积极性和求知欲。因此，今后我们还将进一步探索和研究，使科学发现室的独特功能在幼儿教育中发挥更大的作用。

如何开展幼儿科学教育活动

韶关市机关第一幼儿园　吴丽芳

幼儿的科学教育，是指幼儿通过动手操作改变变量，以发现客观事物的变化及其因果联系的方法。但是，由于幼儿尚不能在逻辑的基础上理解事物之间的因果关系，因此，幼儿的科学教育所揭示的也只是事物之间明显、可见、表面上的因果联系。笔者认为，幼儿科学教育活动是一种融操作性、思考性、变化性、创造性、趣味性为一体的活动，是幼儿园科学教育的基本活动之一。那么，作为教师的我们该如何开展幼儿科学教育活动呢？

一、科学教育活动内容的选择

幼儿生活在当今信息化、全球化、网络化的时代，各种内容充斥于生活的各个方面。因此幼儿园周围世界中充满他们可以去探索和学习的内容。而幼儿好奇、好问、好探索的特点又形成他们不断自我探索和学习的动力。那么，面对无时不有、无处不在的丰富多彩的教育内容和积极主动探索学习的幼儿，作为教师的我们应当怎样为幼儿选择科学教育活动的内容呢？

（1）从幼儿感兴趣的事物出发生成新的科学教育活动内容，捕捉教育契机。科学的教育理论告诉我们：兴趣是孩子们不断探究他们所生存的这个“未知”世界的动力源泉，是开展各项活动的前提和保障。当孩子对某种科学现象表现出浓厚兴趣时，教师要善于留住幼儿的兴趣，并随机生成科学活动。一天，孩子们正在活动室里聚精会神地上课，走廊外传来了嘈杂的声响。原来是幼儿园附近的单位正进行外墙维修，巨大的响声引起了孩子们的注意。因此，我们抓住教育契机，开展了以“有声的世界”为主题的科学活动。在活动中，结合听觉能力的培养让幼儿探索有关声音的内容。通过游戏、实验等探索声音的传播、辨别不同的物体发出的声音和了解噪音的产生及其危害。

(2) 因地制宜，发挥地方特色，充分利用本土自然环境的优势发展幼儿对科学教育活动的兴趣；引导幼儿在大自然中学习、游戏；陶冶幼儿的性情，培养幼儿的探索能力。大自然的一草一木都蕴藏着丰富的教育资源。在韶关，水、石、沙、土随处可见，触手可及。正是因为它们的平凡，所以容易被人们忽视，但在孩子们的眼里，却有着无穷的吸引力。因此，我们根据韶关“三江六岸”的地理优势开展了以“有用的水”为主题的科学教育活动。带领孩子们参观武江、浈江河和自来水厂，生成了孩子们对水的探究活动。在科学教育活动“污水变变变”中，孩子们利用细沙、活性炭和棉絮等材料自制的简易污水过滤器对从浈江河直接采集回来的水进行过滤，引发了他们对水的特性、功用等一系列问题的思考。由此可见，科学教育活动的内容不仅仅局限于教材的内容，而教师也不仅仅是教育资源的使用者、实践者，更应是开发者和研究者，要善于挖掘本土资源，努力形成具有鲜明园本特色的科学教育内容。

二、科学教育活动的材料

幼儿的发现来自他们自己的摆弄和操作，因此实验材料的提供显得尤其重要。

(1) 根据幼儿的发展水平提供层次性材料。幼儿的智力发展水平存在着很大的个体差异，有的孩子能较快地理解实验的方法，积极地投入到活动中，而有的孩子则感到困难、无从下手。针对这种情况，教师要为每个实验活动提供不同层次的操作材料。

(2) 提供充足、多样性的实验材料，以保证幼儿能反复操作、与客体相互作用，在实验过程中去探索、发现、判断，自己找出问题的答案。因此，只有多样性的材料才能使幼儿获得丰富的科学教育。

（3）根据幼儿的学习兴趣和学习特点投放相适应的实验材料。科学教育活动是幼儿最喜欢的活动之一，提倡“学中玩”、“做中学”的原则，所提供的材料就要求具备可玩性，以体现游戏、学习一体化，做到寓教于乐。因此，在材料的选择和投放上，一定要起到诱发幼儿参与活动兴趣的作用。

三、科学教育活动的组织

（1）以游戏方式切入，激发幼儿参与科学教育活动的兴趣。

游戏既是科学活动的内容，又是科学活动的实施途径。于是，我们充分利用孩子这种独特的认知方式，把科学教育活动转化成游戏，鼓励孩子通过实践操作获得多方面的经验。例如，在科学活动“滚动”中，我们设计以“黑猫警长”抓“田鼠”的游戏情节贯穿整个科学教育，鼓励孩子参加角色扮演并积极投入实验当中，通过“猜一猜——试一试——玩一玩”的方式，了解不同形状的物体有不同的滚动路线。在这样的学习过程中，孩子们也许从头至尾都是在“玩”，但也正是在“玩”的同时引发、支持并促进了他们的科学教育活动。他们在玩的过程中学习语言，展开想象的翅膀，或者用各种各样的方式来表达自己的感知……其实，只要我们做到“目标心中留”，把科学教育活动目标从有形转化为无形，渗透到游戏之中，孩子们就能在游戏中自由探索、大胆创新。

（2）营造宽松、愉悦的氛围，给予幼儿探索的空间。

探索本身就是一种精神，这种精神是学习上的最佳状态，教师要善于激发幼儿的探索精神，给予幼儿探索的空间。心理学家罗杰斯认为：心理安全和心理自由是促进幼儿探索能力发展的两个重要条件。在幼儿阶段，幼儿的自我意识很弱，教师的一个眼神、一句评价都会对其产生很大的影响。因此科学教育活动中要经常给幼儿“你试试看”、“你真棒”等鼓励语言，多表明教师肯定、鼓励、接纳、欣赏的态度，为幼儿营造宽松、愉悦的探索氛围。例如，在科学教育活动“神奇的淀粉”中，幼儿利用淀粉遇碘酒变紫的这一化学现象进行探究活动，由于每个幼儿在操作过程中加入的淀粉、水和碘酒的量不一，因此实验结果也存在一定的差异。有的孩子在实验中加入了大量的水，因此实验效果不明显；有的孩子在实验中加入了大量的碘酒，因此使烧杯中的溶液变成接近黑色的深紫蓝色。面对孩子的种种发现，老师不否定孩子们的实验结果，而是给予积极的鼓励，引导他们寻找实验结果差异的原因，使得幼儿在整个探索活动中情绪愉快、态度积极。通过动手动脑实验活动，他们还发现了土豆和莲藕等食物中含有大量的淀粉。本次活动中，幼儿充分经历了科学教育中的猜想、探索、验证与发现、交流与讨论等重要环节，这些环节都推动、促进了活动的发展，使得活动实现了应有的教育价值。实践证明，宽松、愉悦的探索氛围，不仅培养了幼儿的动手能力，还激发了幼儿不断探索的能力。

（3）鼓励幼儿的讨论和交流，培养幼儿探索的意识。

在探索过程中，语言伴随动作同步进行，同伴间的交流、争论有时是一种催化剂，教师要及时地捕捉，并以此为契机鼓励幼儿运用已有的经验，大胆地进行猜想和解释，按照自己的想法来验证，并寻找答案。例如，在科学教育活动“七色光”中，孩子们为了“光有没有颜色？”“光有什么颜色？”“什么东西能发光？”等问题争论得面红耳赤。在一次次的争论中孩子们也学会了倾听别人的探索和发现，“倾听”让幼儿获得了更多的信息，也让我们进一步了解了孩子的想法，为我们及时调整教育行为提供依据，也为更好地发展幼儿的探索能力提供了保证。

总而言之，科学教育活动是十分灵活的，内容也极为丰富。只要教师正确地组织幼儿进行科学活动，就可使幼儿获得并积累更广泛的科学知识和经验。

家园互动促进幼儿创新思维的发展

韶关市机关第一幼儿园　黄朝晖

幼儿的健康成长与家园共育是分不开的。有一句话说：“如果孩子的良好发展是100分的话，那么一方面教育的结果是50+0=0。”由此可见，任何一方面都是很重要的。《幼儿园教育指导纲要（试行）》（以下简称《纲要》）也指出：“幼儿园应与家庭社区密切合作，综合利用各种教育资源，共同为幼儿的发展创造良好的条件。”

调动家长积极参与科研活动，不仅调动了幼儿在活动中的主动性和创造性，更重要的是大大增强了教育效果。

一、充分挖掘家庭教育资源，培养幼儿的创新思维

家庭是孩子不能选择也不能回避的场所，其对幼儿创新思维的培养有着很深厚的影响和渗透作用。家园互动是课程的一部分内容，是课程实施的强有力的保证。良好教育环境的创设离不开丰富的物质资源的整合利用，离不开有效的家园互动。

(1) 通过各种家园联系，转变家长观念，建立合作、和谐的关系。

教师作为联系家庭教育和幼儿园教育的纽带，发挥了其所特有的优势，协调了两者之间的关系。为了更好地做好工作，我们的家教工作应体现多元化的特点。家园联系的方式是多种多样的，家访、面谈是家园联系常用的两种重要方式，更是情感、观念沟通不可缺少的途径。我们利用幼儿离园的时间，通过同家长进行交谈，让家长了解我们的工作，积极配合我们的工作。电话也是联系家园的一条重要的纽带。我们利用多元化的手段，转变家长观念，做到

家园共育，使其成为培养幼儿创新思维的坚实保障。现在，越来越多的家长认为家庭教育必须适应现代教育的发展，他们开始重视对幼儿各种素质的培养，同时重视幼儿创造力的培养。

（2）引导家长挖掘家庭的教育资源，发挥教育的优势。

每位幼儿的家庭资源中都隐藏着各种各样的教育资源，如何发挥家长的主动地位，发挥他们的优势，以多方位地支持幼儿的活动，奉献出自己及家庭的各种资源呢？如在一次课题活动“坚果和水果”中，为了让幼儿能够清楚地认识坚果和水果，比较它们的特点，获得一些新的知识，我们让家长为幼儿准备了各种各样的水果和坚果，通过让幼儿看看、摸摸、听听、尝尝，使孩子初步形成了坚果和水果的概念。此外，家长们还上网下载了许多有关水果和坚果的图片，给我们的活动提供更多的素材，支持我们的活动。家长通过参与活动，进一步了解了孩子的学习情况，对课题的研究也有了一个新的认识。

家庭是幼儿成长的第一大教育资源，它对幼儿良好品德行为及习惯的形成起着决定性的作用。为贯彻《纲要》关于“应通过利用各种资源，有效地促进幼儿发展”的精神，要充分发挥家长的主观能动作用，积极采纳家长的建议，促进家长参加活动的积极性，为全体幼儿的发展提供充分学习的条件。我们广泛征求家长的建议，集思广益，充分利用家庭教育中的各类资源，有效地为幼儿发展提供较充分的条件。如为班级幼儿增添各类图书、图片资料和家园活动主题等。

（3）充分利用家长资源，加强家长的参与性。

在一次“做游戏，学分类”课题活动中，由于分类架学具不够，我们就让家长利用废旧酸奶盒自制了分类盒，让家长参与到我们的课题活动中来。这既增进了老师、家长双方的沟通、交流，又促进了幼儿的成长，达到了家园共育的目的。

在一次名为“潜水艇为什么能沉浮”的活动开展之前，我们给家长发了一张调查表，目的是让家长参与我们的活动，使我们的科学活动开展得更加丰富多彩。调查表邀请家长记录幼儿对潜水艇的认识和了解，便于教师更好地掌握幼儿的知识经验水平，更准确地把握和拟订活动目标和计划。在我们的家园互动下，我们的活动开展得比较顺利，收到了事半功倍的教育效果。

在课题研究实施过程中，我们充分利用家长这块教育资源，把家长的好主意、好经验融合到我们的教育活动中。各行各业的家长给予的多元的知识和经验，开阔了教师和孩子的眼界，为课题研究补充了教育资源。

二、充分发挥幼儿园资源，培养幼儿的创新思维

（1）创设富有创意、激发幻想的活动环境。

在教室中设置一个展览角，每月更换一次，主要用来展示孩子们的自由想象、涂鸦，让他们画未来世界、画恐龙、画外星人；在校园内设置科学角，让孩子接触大自然……就这样，环境中包含了许多鼓励幼儿幻想、创造的因素，激发幼儿创造的欲望，让他们在轻松、愉快的环境中充分发挥自己的创造性。

（2）发挥教师的主导积极性，营造鼓励幼儿创造的心理氛围。

由于幼儿的创造性思维具有脆弱性、不稳定性，极易被外界所影响，所以我们提倡无论是幼儿园、家庭还是社区都要营造一种鼓励幼儿发展创造性的心理氛围。

教师是幼儿学习活动的支持者、合作者、引导者，教师应以关怀、接纳、尊重的态度与幼儿交往，耐心倾听，努力理解幼儿的想法与感受。尊重幼儿在发展水平、能力、经验、学习方式等方面的个体差异，因人施教，努力使每个幼儿都获得满足与成功。教师在开发自己的创造性的过程中，就会更加理解幼儿的创造性，更能鼓励幼儿创造，并从中找到适合培养幼儿创造性的方法。

三、家园合作开展多形式的活动，培养幼儿的创新思维

家园共育作为新时期体现教育观的一种教育理念，已经引起了

越来越多人的重视。我们以尊重、平等、合作的态度争取到家长的理解、支持，进行有效的家园互动，变幼儿园单向教育为家园双向沟通，使两者之间建立起新型的家园关系，最大限度地发挥家长工作的教育功效，共同促进课题研究活动的进行。

(1) 通过家长开放日，让家长了解课题的实施情况。

家长开放日活动是幼儿园对家长实行的开放日制度，它能使家长具体了解幼儿园的工作，观看孩子在集体中的表现。为了让家长更加了解课题的研究，学期末我们向家长汇报了其中的一个课题活动“有趣的图形”。通过形象、生动的活动，家长了解到孩子的发展，也能正确地看待和评价自己的孩子。反之，家长也向我们反馈了信息，对我们的工作提出了宝贵的建议。

(2) “家园联系栏”给孩子爱心，让家长舒心。

家园合作，首先需要随时适当的沟通，只有做好沟通，才能使家园双方更好地共商教育策略。我们在每个课题内容开展前向家长说明主题内容，引导家长看家长园地的主题，关注活动开展情况，提高了家长的参与意识、课程意识和教育意识。孩子的发展是一个不断变化的过程，为此，我们利用“家园联系栏”向家长介绍一些科学育儿的方法，随时抓住各种机会与家长进行沟通交流，随时反馈孩子当天的表现，让家长及时了解自己孩子在园的情况，让家长心中有数。从此，接送孩子时，看家园联系栏成了家长每天的必修课；家园联系栏也成了家长与教师、家长与家长互动的良好平台。

如同孩子的发展一般，幼儿园的家园合作过程也是一个不断递进的发展过程。我们惊喜地看到，正是由于我们及时沟通、共同建构，家长的观念慢慢有了转变，家教水平也有了很大提高，我们的家园合作也更加协调一致，而这正是新《纲要》所倡导的。我们认识到，幼儿园在开发、整合、利用社区资源的同时，应注意到家长资源在幼儿园教育中起到的推波助澜的作用，让教育中的各种资源为幼儿园的课改淋漓尽致地发挥作用。

浅谈大班幼儿创造性思维能力的培养

韶关市机关第二幼儿园　谭海燕

21世纪需要的是智能型的、富有创造性和开拓精神的人才，因而培养具有创造性思维能力的幼儿是现代社会发展的要求。我园立足于自己的实际情况，抓住幼儿身边的小事来激发其思考、想象，让其内在的创造力充分释放出来。在教师的指导和启发下，让幼儿通过自己亲身的实践活动，对物质世界进行观察、感知和探索，从中发现问题、解决问题，从而在活动中获取经验。我们所强调的是幼儿的观察和操作，鼓励的是幼儿自由探索及其自信的建立，维护的是幼儿的好奇、好问和敢于尝试的愿望。

幼儿期是智力发展最迅速的时期，此阶段幼儿精力充沛，好奇心强，求知欲旺盛，又富于幻想，所以是培养创造性思维的良好时机。我们应抓住这一有利时机，结合大班幼儿思维特点，采取适当的方法，发展其创造性思维能力。通过科学活动的探索与实践，我认为幼儿的创造性思维可以从以下两方面来培养：

一、优化环境、营造学习氛围，创设有利于创造性思维发展的幼儿园环境

（1）设置富有创意、能激发幼儿想象的活动室环境和走廊文化。

在我们大班的走廊中都设置了一幅“流动”的墙画，每月更换一次，内容有生活写照、抽象画、问题树或是一幅无结局的画。幼儿在瓷砖墙上可以自由想象、涂鸦，画未来世界、可爱的自己和喜欢的人，留下自己的心愿，还可以在此展示自己的作品和想法。

在区角中放置了丰富的操作材料，幼儿在那里可以得到一个自由、遐想的空间。这样的环境包含了许多鼓励幼儿想象、创造的因素，激发了幼儿创造的欲望，让他们在轻松、愉快的氛围中充分发挥自己的创造性。

（2）创设宽松、民主的活动氛围，使幼儿心里没有压力和恐惧，从而培养其创新素质。

由于幼儿的创造性思维具有脆弱性、不稳定性，极易被外界所影响，所以我们提倡无论是幼儿园、家庭还是社区，都要营造一种鼓励幼儿发展创造性的心理氛围。首先教师要注重自身观念的改变，平时加强学习，因为只有创造型的教师才能培养出创造型的学生。教师应该积极参加各种进修学习，平时注意收集、学习和比较中外教师培养幼儿创造力的方法，使自己尽量少走弯路。通过学习，我们认识到创造的过程比结果更重要。所以，教师要经常鼓励、表扬每个孩子，充分尊重、宽容和相信每个孩子，做他们的朋友，让他们敢想、敢为，这样才能极大地发挥他们的创造潜能。教师还要抓住幼儿身边的事物，创设能激发幼儿思考的问题情境，激发其内在的创造冲动。如在一次“溶解”的实验中，幼儿拿来了很多他们经常用到的物品进行对比实验。在教师的引导下，他们准确无误地知道了哪些物品是可以溶解的、哪些物品是不能溶解的、哪些物品溶解得快、哪些溶解得慢……由于所用物品都是幼儿熟悉的、经常使用的，因而他们对该实验活动一直保持着浓厚的兴趣。活动后，他们还提出了很多的问题，如盐和糖是怎样来的？溶解后能变回原来的盐和糖吗？

总之，在科学活动的过程中，教师要了解每一位幼儿，尊重他们的学习兴趣和需要，不让他们感到有压力和产生焦虑的情绪。心理学的研究指出，“心理安全”和“心理自由”是促进创造性思维发展的两个重要条件。因此，我们要创建一个宽松、自由的心理环境，激发幼儿的思维空间，让他们在宽松的氛围中大胆想象，主动选择，充分发挥其创造性思维。

二、设计活动，鼓励创新

(1) 在游戏活动中培养幼儿思维的灵活性、独创性。

游戏是幼儿期的主要活动，它有利于幼儿创新思维的发展。教师要给幼儿创设游戏的各种条件，包括提供场地、时间、材料等。如利用区角活动、角色游戏、结构游戏等激发幼儿的创新意识。教师还要经常性地向幼儿提一些启发性、假设性的问题，如“水会向高处流吗?”“今天大人不在家，来了陌生人怎么办?”“商场里没有顾客要的物品，怎么办?”“一元钱可以做什么?”“怎样把皮球取出来?”让幼儿在教师提问的引导下进行探索性游戏，独立尝试运用多种方法解决问题，培养其独立性、自信心和发散思考能力。

总之，教师要允许幼儿通过自己的想象和思考来解决问题，允许他们突破原有思维的条条框框，允许他们有标新立异的见解；教师还要经常有意地激发幼儿从多角度思考问题，鼓励他们打破陈规，激发其自主参与创造性活动的积极性。

(2) 结合教育教学活动培养幼儿的创造力。

平时的教学本身就是创造性活动，因此，我们要以教学为载体，来提高幼儿的创造性思维能力。例如，美术活动中，我们让幼儿进行各种线条画、添笔画、拼画，在原有的基础上进行变通画。结果幼儿的作品没有一幅是雷同的，这不正体现了我们所要的创造性思维能力吗?

文学活动是幼儿展开五彩的想象翅膀的重要途径。我们通过仿编语句、创编诗歌、续编故事等活动培养和发展幼儿的创造性思维。如填图讲述“战胜大灰狼”中，幼儿展开想象的翅膀，编出了战胜大灰狼的各种办法；“刷牙歌”中，幼儿把自己平时的动作和护牙的知识都运用到了儿歌中；“不一样的我”中，幼儿塑造了一个个理想我、形象我……在幼儿的创作活动中，我们充分关注他们的创作过程，而不是一味追求创作的结果。因而，他们在创作过程中的积极性、创造精神和创造能力成为我们评价的主要依据。

(3) 结合日常活动发展幼儿的创造性思维能力。

情感教育必须在日常生活中点滴渗透，通过幼儿自身体验以及教师和家长良好情感的感染才能收效。幼儿创造力的培养，也是如此。所以，教师要抓住发生在幼儿身边的，能激起他们思考、想象以及他们感兴趣的事情，让孩子内在的创造冲动充分释放。如在每周五谈话活动中，我们安排语言的专项训练“词的联想、字的接龙、倾听能力”等；每两天我们还安排“幼儿自由交谈半小时”，每周安排半小时“家长交流小秘密”。通过以上活动，幼儿的口头表达能力得到了很好的锻炼，他们对自己操作的结果也能大胆自信地表达；而且，对这些他们感兴趣的内容，他们的想象力是极其丰富的，其创新意识也是我们成人所不能企及的。

由此可见，创新思维的培养并不是一个孤立的教育问题。在大力提倡创造性教育的今天，我们只有通过方方面面的分析、研究和探索，才能真正“开发潜能，发展个性”，使幼儿的整体素质得到提高。

在游戏中培养幼儿的创造人格

韶关市机关第二幼儿园　陈莉芳

社会的发展与进步，需要的是身心健康、具有一定创造能力的人才。虽然人的创造力的高低与人的智力发展水平有着很大的关系，但并不意味着智力水平高的人创造力就一定很高，这是因为创造力的高低还受一些非智力因素的影响和制约，也就是创造人格的影响和制约。由此可见，从小对幼儿进行良好的创造人格的培养是极其重要的，它对人的创造力发挥有着不可估量的作用。但创造人格的形成不是一朝一夕的，它是一个漫长而复杂的过程，而3～6岁是人格发展的重要时期，是幼儿创造人格形成的关键期。如果我们善于把握这个时期，对幼儿施加影响，就可为幼儿创造力的发展奠定一个良好的基础。

创造人格的培养目标，是帮助幼儿形成良好的科学创造力的人格特征，具有从事科学创新活动基本的人格品质。要实现这一目标，就应培养幼儿的好奇心、敢为性、自信心、独立性、坚持性和乐观性六个方面的人格特质。幼儿的科学创造人格的培养在幼儿的游戏中完成，也在游戏活动中体现。游戏是幼儿的基本活动，是其成长过程中不可缺少的一部分，就像维生素对于人体一样必不可少，是适合幼儿人格健全发展的活动。通过游戏对幼儿进行创造人格的培养和教育可以收到事半功倍的效果。

一、有利于培养幼儿的好奇心

孩子天生就有非凡的好奇心，他们通过天生的好奇心来了解他们周围的世界。他们观察，然后思考、触摸、感觉、尝试、倾听。

遇到问题的时候就会寻根问底，弄清楚不明白的地方，而游戏活动则是培养孩子好奇心的重要途径。例如，在进行科学活动“有趣的影子”时，我们带孩子进入一间黑乎乎的房间，幼儿叽叽喳喳地议论起来，“这间房为什么这么黑?”“我们来这里玩什么?”“咦，这里有一台什么机器?”“这台机器上怎么有一盏灯?”……对这个黑乎乎的房间，孩子们充满着好奇。接着我们组织他们玩手影游戏，引出影子这个概念，然后引导他们带着问题寻找影子，了解影子的特征，知道“没有光，影子就不存在了，有了光才会有影子”。幼儿通过操作发现：影子总在光的另一边。最后玩“踩影子”的游戏。经过教师的讲解和幼儿亲身的探究，他们逐渐获得了有关影子的知识。又如，在活动“有趣的图形”中，我们觉得运用图片进行教学，对幼儿来说会显得抽象和复杂，幼儿兴趣可能不大。于是，我们借助了多媒体进行教学，利用幼儿喜爱的超人形象，带幼儿漫游图形王国。选择答案时，引导幼儿根据自己的判断选择，而课件则会以不同的声音和图像来检验幼儿的答案是否正确。当幼儿答对了，老师点击鼠标后，电脑会发出“太棒了”、“真聪明”的声音，反之则发出“不对哦，再想想”、“再试试”的声音。这种有声有色、轻松活泼的人机交互的学习方式取代了我们对幼儿答题的判断形式，使幼儿充满了好奇，增加了幼儿的情绪体验，调动了幼儿的多种感官，激发了幼儿的探究兴趣。幼儿由此产生的探究兴趣会对“遇到问题独立思考，主动寻找原因”的良好品质产生积极的影响，也使幼儿的好奇心得到充分的发展。

二、有利于培养幼儿的坚持性

坚持性是任何事情取得成功的重要条件之一。通过游戏既可以让幼儿克服困难，锻炼意志，还可以发现和体验自己的能力，产生胜任感与成就感。运用故事、儿歌等形式来培养幼儿的坚持性效果欠佳，于是我们尝试通过游戏，渗透培养幼儿的坚持性，收到了较好的效果。如游戏“投小球”，目标是学习投掷技能，培养不怕困难、坚持练习的精神，要求用右手往前方将小球投入小筐内。有的小朋友反复练习后都不能把小球投入小筐内，怎么办呢？这时教师就引导幼儿必须有不达目的不罢休的决心和克服困难的勇气。投小球这种体育游戏本身就能够吸引幼儿，投不进去的幼儿看到其他小朋友接二连三地把小球投入小筐内，也逐步看到了成功的希望。在幼儿能够坚持游戏时，我们及时给予适当的鼓励，使他们鼓起勇气再来一次。由此，“做事认真、坚持到底”的品格就很自然地渗透到了游戏活动中。

三、有利于培养幼儿的独立性

现在的独生子女，因为很多事情都是由家长包办代替的，所以普遍依赖性比较强。而开展角色游戏，通过巧设情境，可有效提高幼儿独立处理问题的能力，帮助他们克服依赖性，提高独立性。如活动“学习自己系鞋带”，主要培养幼儿学习自己系鞋带。如果一味地说教，效果不明显。因此，我们设置了一个情境“在娃娃家里，帮小娃娃系鞋带”。先引导幼儿学习系鞋带的方法：“先绕的两个圈要小一些，交叉的也要小，不要拉得太紧拉过头”，再让幼儿帮小娃娃系鞋带。以游戏的方式，请他们动脑筋，看谁的手最巧，帮小娃娃将鞋带系得最好。对于系得不太好的幼儿，以娃娃的口吻说：“哎呀，我的鞋带还没有绑好，快帮帮我。”引导幼儿继续帮小娃娃系鞋带。虽然有的绑得不够结实，不够美观，但是他们还是非常高兴地互相交流，如：“我帮小娃娃系的是蝴蝶结，你呢？”帮娃娃系好鞋带后，再学习帮小娃娃穿衣服，最后迁移到自己学穿衣服、裤子，养成自己的事情自己做的习惯。在活动过程中，教师经常赞扬和鼓励幼儿，特别是对一些平时不愿动手的幼儿。这样，幼儿的独立性在游戏活动中便悄然建立起来了。

四、有利于培养幼儿的自信心

自信心是一种良好的性格特征，自信往往是一个人获得成功、成为强者的重要条件之一，而且自信的孩子更富有创造性。自信心的建立需要有成功的心理体验，教师要善于让孩子尝到成功的滋味，体会到成功的喜悦。因而，我们对孩子提出的要求、制定的目标要适中、适宜。因为每个孩子的能力不同，能力强的幼儿常能获得成功的体验，而能力较弱的幼儿获得的成功的体验就比较少。因此，我们对孩子提出的要求要根据孩子的能力和水平来决定。比如，在活动“取皮球”中，要求幼儿利用现有的材料将瓶中的小球取出来。对能力强的幼儿可要求其想出多种办法，对能力弱的幼儿则只要想到一种办法就可以了。这样，他们都有表现自己的机会，都能尝试到成功的喜悦。另外，在活动中，教师还要适当给予鼓励和帮助，让能力不同的每个孩子都能体验到成功，让他们在成功中充满自信，带着自信去不断探索。

总之，我们必须坚持“寓教于乐”，将游戏作为培养创造人格的有力手段，在游戏中培养幼儿的创造人格，最大限度地激发幼儿的发展潜力，促进其身心全面、和谐发展，把他们培养成为健康活泼、乐于探究、勇敢自信、文明乐观的 21 世纪人才。

在主题探究活动中培养幼儿的创新能力

江门市蓬江幼儿园　林少君

我园的课程体系由多元化的教学活动建构而成。以主题探究活动为主线，整合及补充学科、区域、一日生活等各方面活动，满足幼儿各种潜能和全面发展的需要。主题探究与学科教学是主要的教学方式，学科教学让幼儿获得基本技能及技巧，主题探究为幼儿提供运用已有知识、技能的机会。这两种教学相互补充，满足了孩子不同的学习需要。在课程实施过程中，学科教学既保证学科领域的系统学习，在内容上又可以灵活地与主题相结合；区域活动、一日生活也作为教育手段整合在主题教育中，使孩子的学习更具有内联性和完整性。

近年来，我园在课程改革上进行探索和研究，加大教研管理的力度，加快了紧跟幼教形势的步伐，以新公布的《幼儿园教育指导纲要》（以下简称《纲要》）为指导，构建适合本园发展的园本课程，从而将《纲要》的教育思想转化为自身的教育行为。而瑞吉欧教育体系的方案教学理论，对我园园本课程的构建和开发具有重要的意义。

瑞吉欧方案教学以幼儿最感兴趣的话题——项目作为内容。并将方案看作是以一个主题为中心，并以该主题向外扩散形成风格，网络中的每一副主题分化出来的下一级主题都可以成为幼儿探索活动的学习内容。主题的选择主要是根据幼儿生活经验和兴趣来确定，主题的每一方面都是参与活动的幼儿感兴趣的，也是贴近幼儿生活的。当教师发现幼儿对主题网络中的某个“结点”感兴趣，愿意探索研究时，既可以以此作为主题开展活动，还可以作进一步延伸。幼儿在整个系列活动中主动发现、主动探索、主动思考，充分讨论和解决问题，交往合作能力也得到很大的提高，更敢于大胆地表达自己的意见和想法，创造力也得到进一步的提高。

基于对瑞吉欧方案教学理念的认识，我园通过一年的主题探究活动的实践探索，初步形成具有本园特色的教学模式，走出一条适合本园实际的教改之路。主题探究活动的实施，打破过去传统单科独进、各科割裂的局面，形成以主题、网络、活动、操作、游戏模式为主体的，融各教育领域和环境于一体的课程模式，通过各种预设课程、生成课程有机结合的课程体系，从根本上改变了孩子的学习方式，使孩子们通过自身的探索和研究获得知识经验；在探究过程中，教师更能注重激发幼儿内在的学习动机，让幼儿通过主动探索和亲身参与，与周围环境中的人、事、物产生交互作用；并提供幼儿解决问题的情境，使他们获得有意义的学习，进而提升幼儿在沟通、情感、社会、认知等各方面的完整、和谐发展。这为全面提高幼儿素质起到了积极的促进作用。

主题探究活动以幼儿的经验、能力、兴趣、需要为出发点，用整合的方法将各领域的学习关联起来，整合幼儿过去与现在的经验；整合教材与兴趣；整合空间与材料，园内与园外的活动并重。主题探究活动没有固定的模式，每个主题都有各自不同的切入点、侧重点、研究方式和表现特色。

一、让幼儿在主动参与中发展

教育目标是教育的出发点和归宿，而教育内容则是实现目标的载体和手段，新《纲要》明确指出，“教育内容要贴近幼儿生活，赞扬幼儿感兴趣的事物和问题，有助于拓展幼儿的经验和视野”。这突出了幼儿的主体地位，表明要充分尊重幼儿的权利与需要，因而教师应时刻注意培养幼儿具有这样的意识：凡是自己能做的，应该自己去做；凡是自己能想的，应该自己去想。激发幼儿“我来发现，我来探索”的强烈愿望。例如在大班主题探究活动“船”中，幼儿对该活动的兴趣非常浓厚，经常同家长一起上网和去购书中心、图书馆查找资料，并带回许多有关船的图片资料、文字资料及各种各样的模型……教师为幼儿提供自由探索、自主学习的空间，有效地激发了幼儿“我来发现，我来探索”的强烈愿望，变被动学习为主动学习，使“要我学”成为“我要学”。

二、在观察中增强发现问题的能力，培养问题意识

新《纲要》指出：“为幼儿的探索活动创造宽松的环境，让每个幼儿都有机会参与尝试，支持、鼓励他们大胆提出问题，发表不同意见，学会尊重别人的观点和经验。”在主题探究活动中，幼儿表现出极大的学习积极性和自主性，他们发现问题、寻找问题答案的能力，是教师在其他教学中难以见到的。这使幼儿的潜能得到了真正的发挥。如大班主题网络活动“汽车发展史”，通过多媒体课件，孩子们了解了汽车的演变发展史，从而提出许多相关的问题：“最小的汽车是什么车?”“最大的汽车是什么车?”“速度最快的车是什么车?”“功能车有哪些?”……由于当时幼儿掌握的知识不多，因而回答不出来，教师便要求孩子们把教师提出的和自己观察后发现的问题带回家，与父母共同寻找答案。在寻找答案的过程中，幼儿学会了问为什么，有了问题意识，而且自发地寻找到许多解决问题的方法，他们会带着问题查找资料，而不是对着问题束手无策了。

三、培养幼儿丰富的想象力，让幼儿的心灵展开翅膀自由飞翔

爱因斯坦说过：“想象力比知识更重要。”因为知识是有限的，而想象力概括着世界的一切，推动着社会进步，并且是全部知识进步的源泉。对于3 ~6 岁的幼儿，想象是与现实分不开的，老师的作用不是去揭穿它，而是要用心地珍惜它。幼儿园的一日生活都是课程，各种各样的活动都可以反映幼儿的想象力。如在游戏街活动

时，幼儿把废旧的纸筒变成“电风筒”，还增加了“优秀美发师”、“优秀洗发服务员”等评选活动；在开展“汽车”主题活动时，进行了“修建贝贝比赛车场”的活动，幼儿自由结伴，自选材料，在自由的探索中，培养了幼儿的交往能力与操作能力，激发了幼儿的想象能力，让幼儿的心灵展开翅膀自由飞翔。

四、培养幼儿的创新能力，让孩子的思维飞越常规

开放性的题材是点燃幼儿想象的导火线。在选材时，教师尽量用开阔的眼光来筛选预定的主题，在孩子们的美术作品中最能体现创新能力。在中班的主题活动“我设计的摩托车”中，孩子们设计了苹果摩托车、鞋子摩托车、房子式摩托汽车、未来的摩托车、水陆两用摩托车……

在小班活动“给糖果打包装”中，让幼儿在设计美味糖果纸与动手包装中，初步理解包装设计的意图与技巧，这不但培养了幼儿的审美情趣和动手操作能力，还激发了幼儿的想象能力与创造欲望。

五、师幼交流合作，促教学与科研结伴同行

教学研究既是教师个体的教学行为，更是教师和孩子共同的研究行为。因此，在“幼儿科学创造力培养”课题实验中，教师通过体验练习法，和幼儿一起探讨科学实验活动；在不断探索过程中，教师细心观察，及时捕捉幼儿的兴趣点，生成科学活动，再经过教研组的研讨，公开给幼儿园全体教师观摩，观摩之后，再进行集体课例研究，执教教师再进行教学反思。一课三研，从实践到设计教学方案，研讨到公开观摩，再回到案例分析和反思，最后再一次修改教学方案设计，教师们都认为这样的教研活动真的很能锻炼人，虽然累点、苦点，但是很值。我们以教育课题为契机，让教学与教研结伴同行。几年的教研探索使我们感悟到：良好的教学质量

可以为教研打下基础，有效的教研活动能够促进教学质量的进一步提升；只有优质的教学质量，才能更好地培养幼儿的科学创造力。

教师创造性的教育行为对幼儿潜移默化的影响是不可低估的。

主题探究活动的课程构建，丰富了我园的教学多元化，也改良了我园原有的教学结构和模式，促进教师转变教育观念，使教育观念内化为教育行为，真正做到“教育追随儿童”、“以儿童发展为本”，并通过活动培养了幼儿的主体性、想象力、创新力以及动手操作能力、交往能力，从而促进幼儿全面、和谐发展。

参考文献

［1］教育部基础教育司．《幼儿园教育指导纲要（试行）》解读．江苏教育出版社，2002

［2］深圳市梅林一村幼儿园．探索心智的教育．吉林美术出版社，2003

（注：本文荣获2005年“全国园本教研活动”优秀论文评比三等奖）

在美工活动中培养幼儿的创新能力

江门市蓬江幼儿园 王 玲

江泽民同志曾指出："创新是一个民族进步的灵魂，是一个国家兴旺发达的不竭动力。"中国是一个历史悠久、民族众多的文明古国，曾经为世界的发展作出卓越的贡献。但是在四大发明之后，中国再也没有世界级的重大发明。中国的学生参加奥林匹克竞赛，几乎每届都能包揽所有的奖杯或奖牌，可迄今为止，却没有一位中国籍公民获得诺贝尔奖。

这究竟是为什么呢？原因之一就是缺乏"创新"。所以说，我们的教育要解决的最重要的问题，就是如何最大限度地开发人的创新潜能，培养更多的创造型人才。而创新教育必须从学前阶段开始，才能实现其应用价值。杰出教育家马卡·连柯也指出："教育的基础主要是在5岁以前奠定的，它占整个教育过程的80%。"研究表明，一般人在5岁时可具有90%的创造力，在7岁时具有10%的创造力，而8岁以后创造力下降为2%。同成人相比，幼儿受社会规范的约束力相对较弱，而好奇心和好胜心强，没有过多的思想束缚。由于不受约束地思考和做事，敢想、敢做，有着强烈的创造精神，所以创新教育要从幼儿抓起，努力做好创新启蒙教育，不失时机地培养幼儿的创造品质，进而培养科学创新的能力，让幼儿的创新潜能得到最大限度的发展，为将来成为"创新型"人才奠定全面的素质基础。

幼儿园教师如何在教育中挖掘幼儿的创造能力呢？美术教育活动本身极富创造性和想象力，我们怎样通过撕、剪、折、泥、画、染等常见的美术活动形式来培养幼儿的创新能力呢？

一、在撕贴活动中培养幼儿的手指灵活性及创造力

刚入园的幼儿，精细动作发展相对较慢，因为撕、贴方法比较简单，容易掌握，所以孩子们特别喜欢。一开始孩子们只是拿着玩或撕成碎片，但在玩的过程中，他们发现了变化，由不自觉的撕纸活动逐步向有意识、有目的的活动过渡，孩子会根据提供的各种各样色彩的纸展开想象的翅膀，进行大胆的创造。这种撕贴活动往往会收到不同的效果，进而培养了幼儿的想象力和创造力。如撕贴“八宝粥”，教师提供了各种色彩的纸，孩子们撕出的八宝粥有的是圆形的、有的是椭圆形的、有的是三角形的；有的大、有的小；有的红、有的黄、有的绿、有的白。幼儿随意的撕贴，充分调动了参与性和主动性，体现了他们的思维创造性。

二、在剪纸活动中，培养幼儿的动手能力、想象力及创造力

幼儿刚开始剪纸时，有的不会拿剪刀，老师就一次又一次地示范、手把手地教、耐心细致地讲解，充分鼓励幼儿一点一滴的进步，增强了幼儿的自信心。经过努力，幼儿学会了从剪直线到剪曲线，从剪简单到剪复杂。很多的内容需要幼儿自己设计、自己创造、自己操作才能完成，如果想剪出一件与众不同的作品，那就需要发挥幼儿极大的想象力和创造力。所以通过剪纸活动，我们不仅培养了幼儿的动手能力，更培养了幼儿的手脑并用、勤于思考的想象和创造能力。通过剪纸活动，孩子们有了新的变化，手眼协调能力加强了，动手能力增强了，也更加自信了。

三、在折纸活动中，培养幼儿的创造思维能力

折纸活动以其生动形象的造型、丰富多样的变化深受幼儿的喜爱。在折纸教学中，在由易到难，掌握折纸难点的基础上，让

幼儿发挥丰富想象，使折纸活动成为一种自主游戏。幼儿可以根据教师所提供的图示，驰骋想象，进行创造性的折纸。如在一次折纸活动中，我教会幼儿认识几种常见的图示与折叠符号，让他们理解了图示与符号后折纸，这样开阔了幼儿的思路，也大大激发了他们的创作热情，有的幼儿不仅在很短的时间里就能看着图示、符号来折纸，还能发现其他折纸的规律，如将折好的茶壶稍作改动就变成一只蜗牛，衣服变裤子、青蛙等。一张普普通通的纸就能让孩子们展开想象的翅膀，让他们的个性得到良好的发展。

四、在泥工活动中，培养幼儿的合作与创造能力

在指导幼儿泥工活动时，教师应巧妙地将泥工融于幼儿的各项活动中。只有融入幼儿的游戏活动中，才能达到泥塑这项活动的教育目的，发挥其独特的教育作用。幼儿在泥工活动中学习团、搓、压等技能，更有效地从动觉、触觉中感知物体的不同特征。如贴近我们生活的汤圆、冰糖葫芦、馒头、饺子都是幼儿特别喜欢制作的。在一次搓汤圆的活动中，晴晴说如果把汤圆搓大一点就是冰糖葫芦，于是孩子们七嘴八舌地说开来，“冰糖葫芦要用小棍穿起来的”，“而且是红色的”，东东小朋友说：“我家有小棍我明天拿来。”大家异口同声地说：“我家也有，王老师，明天我们做冰糖葫芦好吗?”于是第二天有的小朋友带小棍、有的带面粉、有的还买来了红色的广告颜料，我们又合作制作了“冰糖葫芦”，特别有趣。

在泥工活动中，幼儿一旦学会了基本的方法，就会在所学的基础上创造性地加以变化，捏出他们想要的形象。思维不受局限，想捏什么就捏什么，想怎么捏就怎么捏，充分调动和发挥了他们的积极性、主动性。

五、在绘画活动中，发挥幼儿的想象力、表现力和创新能力

绘画是启迪幼儿心智，培养幼儿创造性思维的最佳手段。为此我们常有意识地引导幼儿注意观察身边的事物，将生活中的趣事、见闻通过自已的想象，创造性地表现出来。在绘画活动中我们应该充分尊重幼儿的作品，因为幼儿看待事物的眼光与大人不同，放下成人的“架子”和幼儿处于平等的位置，一同去欣赏、评价，就会发现孩子是非常有想象力的。如在大班的一次意愿画活动中，加奇画了个拟人化的太阳，太阳是橙色的，周围是金黄色的光芒，太阳升得不高，阳光透过稀疏的树林照射出来。讲评时我鼓励她大胆发言，出乎意料的是，她说这是森林里的大狮子正躲在树林里。大家在她的描述下真的发现原来橙色的太阳就像狮子的脸，金黄色的光芒是狮子的胡须。从这以后，幼儿的绘画作品我都会一一耐心地听他们讲评。有时在家园沟通栏里，有的家长埋怨自己的孩子画的画没有别的小朋友好，我会耐心地请家长听一听孩子的绘画意图和心声，不要盲目地抹杀孩子的创造力。

六、在染纸活动中，激发幼儿对色彩的兴趣和创造

普辛曾说过：“色彩是吸引眼睛的诱饵。”幼儿的生活中每时每刻都被色彩所包围，蓝天、白云、红太阳等，幼儿喜欢它们，被它们的色彩所吸引。如在小班通过玩弹珠滚画、泡泡吹画、蔬菜水果印章等，给了幼儿实践美和表现美的机会，在中班的染纸活动中，我布置了一个飞满蝴蝶的示范画给幼儿欣赏，激发他们的兴趣。然后将剪好的蝴蝶（宣纸）放在一起，让幼儿比比谁的最美。教师再来示范折蝴蝶，并拿颜料蘸上颜色晕染，颜色自然散开了，白色的蝴蝶变成了五颜六色的花蝴蝶，孩子们兴奋不已，同时他们对色彩的兴趣更浓了，迫不及待地要自己创作。有了这样的操作经验，孩子能敢于用他们灵巧的双手，大胆染色，顷刻间，千姿百

态、绚丽多彩的艺术作品呈现在了眼前。

总之，在教师的引导下，充分调动幼儿的积极性、主动性和创造性，使幼儿最大限度地参与到美工活动中，不断地激发幼儿的学习兴趣和求知欲望，就能成功地使幼儿的思维和智力活动始终处于积极状态。让幼儿在玩中学，在动中求知，在喜悦中探索，使教学发挥最高效应，为幼儿提供探索、发现、思考和创新的一切必要条件。

参考文献

[1] 王志明，林健．幼儿园教育活动与研究．苏州大学出版社，1995

[2] 王冰．民间艺术教育研究报告与优秀论文选集．中国戏剧出版社，2001

幼儿园科学教育的研究与实践

佛山市南海师范学校附属幼儿园　李红云　李丽云

21世纪是一个以信息技术和高科技为主的知识经济时代，是一个综合国力源于人力资源的新时代。科技进步日新月异，综合国力竞争日趋激烈。面对21世纪国际科学技术发展和知识经济的挑战，面对国内改革开放的新形势和社会经济发展的新趋势，培养具有创造性的高素质人才是历史发展的必然要求。

幼儿教育要培养适应新世纪现代化建设需要的创新型人才，必须打破传统教育中陈旧的落后的教育方式和教学模式，走全面实施素质教育之路，进行教学模式和教学方法的创新。如何探索教学过程的改革并使之优化，进行教学模式和教学方法的创新？2005年5月，南海师范学校附属幼儿园结合当前教育形势和自身的优势，立足于孩子的全面发展，参加了全国教育科学"十五"规划国家级课题"幼儿科学创造力培养"的研究，旨在在先进的教育科学理论指导下，改革幼儿园的教学与活动，最大限度地激发幼儿学习与活动的自主性和教师教育教学的创造性，促进幼儿创新能力的培养。

通过近两年的教育研究，我们在教育研究的实践探索中获得了一些初步的认识。

一、以科研促教研，开展课题实验研究

（一）课题组织管理措施

（1）成立课题公关小组，领导班子成员全面参与，担任课题的第一、二主持人，组员分别由科学组和电教专科组成员组成，制

定有关制度和职责，组长与副组长职责分明，明确各试验老师分工。

（2）根据园情制订切实有效的实验方案，定期组织教研活动，按阶段进行总结、分析、再实验、再总结，依次循环。

（3）建立有效的分层管理网络，以大组和小组的形式开展研究，使管理过程运转有序，上下管理层次分明。整个幼儿园教研管理渠道畅通、信息充足，大家心往一处想、劲往一处使，产生了较强的凝聚力，发挥了较好的激励感召作用。

（二）课题培训措施

课题组长根据实际情况，用“科研带教研，教研促科研的两条腿走路”的办法，培养一批创新教育和科研能力均强的教师群体。于是，我们从以下三方面加大力度。

（1）勤教研：采取大组研讨和小组研讨相结合的方法。小组研讨以年段为单位，主要是针对要实施的具体教育活动方案进行研讨。步骤是：先期研讨——试行方案——修订方案——再试行——研讨并调整——实施。经过这样反复研讨、修订、调整、试行，最后得到满意的适合本年龄段幼儿的方案。大组研讨以幼儿园为单位，主要是帮助教师改变教学观念和改进教学方法。通常是拿出较典型的教学方案让教师观摩，通过开展这些教研活动，教师的教学能力和科研水平得到明显提高。

（2）抓学习：课题组采取定期与不定期、集中与小组相结合的形式组织教师围绕课题研究目标和内容进行学习、研讨。如组织课题组老师参加“幼儿科学创造力培养”课题学习、培训活动，分批赴深圳、广州、肇庆、韶关等地进行学习、观摩。同时，园领导有计划地邀请省、市、区各级幼教专家、教授来园讲课指导工作，既有专题理论报告，又有实践经验总结介绍，为教师们进行幼儿教育研究指点迷津。

（3）促提高：在总课题的理论指导下，我们坚持以“微观发生法”为实施原则，以《幼儿园教育指导纲要（试行）》作为行动指南，坚持“为幼儿发展服务，为教师成长服务”的思想，加强课题组的研讨，切实提高每位教师的教科研能力。采用了以点带面的培训模式，通过三个层面的带教（骨干教师带教——导向与示范、教研组的带教——组织与管理、同伴间的带教——合作与互动）加强对青年教师的培养。由课题组负责人根据本课题组当前的研究任务组织课题组成员展开研究，加大对教师的培养力度，组织了“学科带头人”的公开教学展示及园“特色课展评”，推荐教师参加南海区和桂城街道的活动设计评比、教学活动评优课等活动。

二、理论联系实践，探索“幼儿科学创造力培养”实施

在实施过程中将幼儿创造精神的培养、创造思维的的训练、创造能力的发展、创造人格的塑造互相渗透，有机结合。主要采用了以下一些途径。

（一）以“三小”活动的开展，激发幼儿的创造欲望

（1）小故事。幼儿最喜欢听故事。我园坚持每天组织“小广播活动”，每周举行一次小小的故事会，结合“童话月”活动，邀请家长进园讲讲有关的科技故事，内容丰富、形式多样，让幼儿从科学童话、动植物的故事中了解浅显的科学知识、道理，培养幼儿动手动脑的好习惯。

（2）小问号。幼儿对世界上千变万化的事物都感觉新鲜，充满好奇。他们总喜欢问“这是什么?”“为什么?”等。平时教师注意鼓励幼儿把看到的、听到的、想到的问题提出来，由老师、家长协助搜集、记录，一月一次集中起来，利用每次的“小问号”活动进行解答，培养幼儿好奇、好问、好思索和好探究的创造力所必需的精神。

（3）小制作。每学期举行的亲子科技小制作活动，调动了家长参与科技教育的积极性，培养了幼儿动手动脑的兴趣，激发幼儿主动关心周围生活，从而在幼儿的心灵播下热爱科学的种子。

（二）创设“三个区角”环境，培养幼儿的创造兴趣

兴趣是促进幼儿产生学习动力的主要因素，是培养幼儿创造行为的首要前提。我园教师一方面注重为幼儿创设民主、宽松的心理环境；另一方面着力创设“三个区角”的环境，以培养幼儿的创造兴趣，从而开发幼儿的创造潜能。

(1）开辟种植区，设立观察角。我园在操场边角开辟了一个蔬菜种植区，使幼儿能观察日常生活中常见蔬菜的生长情况，如生菜、菜心、豆角、西红柿等；了解植物生长过程中的一些简单知识。同时，在各个活动室设立了观察角，种植一些有独特生长特征的各类植物，养殖小动物等，给动植物做好标签后，让幼儿天天观察、记录、交流，并打破教室界限，鼓励幼儿每周一次去平行班寻找新发现，互相交流各班的特色品种，使他们在日常的关心、养护中学到科学种植的知识和经验。

(2）创建科学区，设立实验角。我园专辟一个楼面新建科学活动区域，开设了科学探索室和多功能活动室，在各类活动室中为幼儿提供既安全又卫生的动手操作材料，让幼儿通过看、玩、做，学习观察、分类、操作、思考等方法，获得广泛的科技经验，以此来培养幼儿的思维能力、创造力和主动参与、重于合作、敢于尝试的创造精神。

(3）布置操作区，设立宣传角。环境不仅对幼儿起着潜移默化的熏陶作用，更是萌发创新思维、实施素质教育的手段之一。我园在环境创设过程中，始终坚持“要使幼儿园的每一块墙壁都说话”的理念，利用每一个空间和角落创设富有教育意义的环境，营造科技教育文化氛围。如我们把孩子的科学活动操作卡布置在园所的走廊、通道，还设立了宣传橱窗，通过图文并茂的形式介绍科技动态。

（三）开辟三项活动，开启幼儿创造智慧

我园在实施幼儿科技教育时，开辟了三项活动，以唤起幼儿的创造精神，使幼儿潜在的创造力向现实创造力转换。

(1) 科技教育活动。我们围绕课题研究目标，充分发挥科技教育活动这一途径的作用。一方面调整原来的科学教学内容，丰富了科技教育的内容；另一方面，构建“探究性学习”的教学活动模式，提高幼儿参加科技教育活动的积极性，活跃了幼儿的创造思维。

(2) 科学小实验。各班教师按幼儿年龄特点，自选活动内容，每周开展1~2次小实验操作活动，让幼儿学习在实验过程中大胆地提出疑问，通过操作、实验，解决疑问。敢于质疑、善于解疑是创造行为的重要标志。在幼儿质疑时，不论问题大小、价值如何，教师都给予鼓励，以培养幼儿的创造品质，训练其创造思维。

(3) 科技大活动。我园召开了首届全园性的科技节活动。内容有：听科学家讲故事、小实验比赛、小制作、小问号解答，同时邀请小学科技小组的哥哥姐姐和老师现场为孩子及家长进行了航模表演。我们力图通过动口表演、动手操作、动手制作、动脑解答、动脑创造，努力去培养和发现幼儿好奇、好问、好表达、好操作、好探索的创造行为。

（四）实施三个结合，激发幼儿的创造意识

对幼儿进行创造教育，不仅要抓紧幼儿园的教育，还应该拓展它的教育面，让它走向社会，联结家庭、社区，发挥幼儿园、家庭、社区联合体的作用。因此，我园实施教育计划三个结合，调动一切力量，共同开发幼儿的创造潜力。

(1) 科技教育与各学科结合。我们进行幼儿教育活动的根本目的是培养幼儿的创造性品质，开发其创造潜能。但仅靠一些科技系列活动还远远不够，必须让科技教育进入幼儿园一日活动的各个领域、各门学科。因此，我园教师注意在语言、艺术、数学、健康等学科中有机渗透科技教育，在游戏、社会活动中也体现科技教育，使幼儿在正规性和非正规性科技教育活动中，大胆发挥想象力和创造力。

（2）科技教育与家庭教育工作相结合。我园有意识地将科技教育融入家庭教育中，让幼儿园与家庭、幼儿与教师、家长间产生互动的教育功能。如我们利用每学期定期召开的家长会，加大宣传、培训的力度；幼儿园的家长来自各行各业，家长的职业、阅历与专业等是幼儿园宝贵的教育资源，他们的一举一动将对幼儿起到潜移默化的影响，因此我们有计划、有组织地邀请家长进班当"老师"，展示其各自的特长和风采，使幼儿获得更直接的经验；各班的"家长园地"着重刊登本班开展阶段性科技教育的内容，图文并茂，充分发挥其教育功能，让家长与班级同步开展教育活动，努力营造"教育一名幼儿带动一个家庭、一所幼儿园影响一个社区"的教育氛围。

（3）科技教育与社区教育相结合。我园打破了幼儿园与社区隔绝的封闭体制，树立大教育观，让科技教育走向社区，并挖掘社区资源，丰富科技教育内容。如请幼儿在社区范围内为大家表演小实验操作；组织幼儿定期观察周围地区的发展、变化；组织幼儿、家长参观"科技馆"，让幼儿看到科技发展的神奇力量；到消防队、购物商场、气象局等地参观……走出去，开阔了幼儿的眼界，丰富了幼儿的经验，满足了幼儿的需求，促进了幼儿的发展，同时也弥补了幼儿园教育资源的不足。正是诸多此类的教育活动给科技教育赋予了更新的内容。

三、反思与总结

在课题组专家的悉心指导下，在上级领导的支持帮助和园领导的正确领导下，我们围绕幼儿创造行为的发展与培养展开活动，不断转变教师的教育观念，拓宽教育内容，努力使学习活动成为幼儿的内在需求，促使教师的工作效益和教育质量得到提高，使我园的教育改革向深层次推进。

（一）教师的变化

经过三年来的实践研究，教师科学素质与科技教育能力有了明显的提高，研究为教师树立正确的教育思想，变教育思想为教育实践提供了有利的条件。青年教师在研究中加快了自身素质和能力的提高，在教育途径、教育方法上更有了新的突破。我们的课例、科技活动多次得到同行、专家的高度评价。

（二）幼儿的变化

从家长的反馈、外界的评价看，幼儿有以下几方面突出进步：①幼儿的认知能力有了较大的发展；②幼儿的动手操作能力明显提高；③对科学现象的兴趣和求知欲不断增强。

（三）家长的变化

在一年的研究中，我们非常注意发挥家长资源对幼儿发展影响的作用。通过全园性、各班的家长会、家庭教育讲座，让家长了解幼儿创新教育的目标、内容、方法，从而使家长能关注幼儿的发展，能主动吸纳素质教育的思想，主动参与到幼儿园教育管理和教育教学活动中，使教师、家长教育步调一致，使研究目标在家庭教育中得以落实。

通过上述论述可以看出，通过“幼儿科学创造力培养”课题的研究，幼儿、教师和家长都发生了变化，而我们的研究仅仅是迈向成功的第一步，这其中有许多经验值得我们反思、总结。

(1) 要培养幼儿的创新能力，教师首先要解放思想，更新观念，建立尊重、信任、理解、合作型的新型师生关系，没有教师的主导创造性，难以培养幼儿的主体创造性。

(2) 学科教学优化整合的关键是探索创新型的教学模式，改革传统的教学方法，变封闭式为开放式，变灌输式为启发式，变幼儿被动模仿为主动发现，让幼儿用自己的各种感官去感知客观事物和现象，发现问题。通过讨论、实验操作、提问诱导等方法，帮助幼儿获得某种科学知识。

(3) 家庭是幼儿教育的第一课堂，家庭生活、家长行为都对幼儿的发展有着较大的影响。在创新教育方面，家长也反映出期望过高、要求过严、方法简单等问题。因而，我们注重向家长宣传幼儿教育的目标及指导思想，并通过讲座、咨询、家教分享会等形式，引导家长提高认识，及时扭转家长中普遍存在的一些错误的思想倾向和态度、行为，帮助家长学习、掌握一些对幼儿进行创新教育的良好方法。

幼儿园的教育研究是一项长期的、艰苦的创造性工作，要充分体现所开展课题研究的价值，还必须在实践中不断地探究，在实践中不断地完善，以更好地推动幼儿园教育改革工作。因此，我们要在日后的课题研究过程中，加强探索性的研究，激发教师的研究兴趣，真正使每一位教师在从事教育研究这一创造性劳动的过程中体验到教师工作的意义和自我价值实现的喜悦，真正发挥各课题研究在实施素质教育中的桥梁作用。

优化育儿环境，促进幼儿创造性思维的发展

佛山市南海师范学校附属幼儿园　曾　燕

幼儿的成长离不开幼儿园、家庭和社区，育儿更离不开幼儿园、家庭、社区的和谐互动。陶行知先生曾说过“处处是创造之地”。因此，幼儿园、家庭和社区，都应提供良好的育人环境，提供培养幼儿创造力的土壤、水分及营养，培养幼儿的创造习惯和思维，为幼儿发展创造性思维奠定基础。

一、优化幼儿园育儿环境，为幼儿创造性思维的发展提供土壤

《幼儿园工作规程》指出：“创设与教育相适应的良好环境，为幼儿提供活动和表现能力的机会和条件。”这里所说的环境包括的内涵与层面是多元的，既有空间概念，也有复杂的人文概念。

（一）重视创设优美、整洁的幼儿园物质环境

创设物质环境，主要是指为儿童提供创造的场所。我们应该为幼儿提供充足的时间、独立的空间和一些基本材料，让孩子自己去动脑筋组合、拆装、创造，以此激发其创造力。正如苏联著名教育家苏霍姆林斯基说的，“儿童的智慧在他们的手指尖上”。

（1）外部环境不可忽视。

在我们幼儿园里，有一条小溪流入戏水池。这条小溪不仅使人的视野一下子开阔起来，还为整个幼儿园增添了几分情趣：水上石桥，溪边有花草和古树，几只小乌龟在戏水。每当孩子们经过小溪时，我就会问：“小乌龟在水中干什么？”“哪个是龟妈妈，你猜它们在说什么悄悄话？”在这种环境氛围中幼儿很容易产生联想，进

入创造意境。幼儿园大门、房舍、亭院，每一个角落都尽量绿化、美化、净化、儿童化和趣味化，更能激发幼儿创造的灵感。如在幼儿园的建筑物外墙绘制大型的壁画，场地上建有雕塑，园内设备和材料丰富多彩，活动室宽敞明亮，布置上具有立体感等，能满足幼儿的不同层次需要和多种需要。

（2）把高科技产品引入幼儿园的教育中。

随着科学技术的不断发展，通过多媒体技术，把声、光、电运用到教育实践中，使原来较难理解的教学内容变得图文并茂、生动形象直观，使原来的看图讲述、儿歌等静态的教学变为融动画、图像于一体的动态学习。双向交互的教学环境，借助多媒体这一有效的载体，将教学内容的声、情、意、色直接作用于幼儿的视听感官，可更好地激发幼儿学习的积极性和创造性。如中班教学中的看图讲述“小兔家的窗”。冬天，小兔用冰作玻璃，装在窗上，春天来了，冰玻璃融化了，图片上显示不出冰玻璃融化的过程，可是多媒体能把冰融化的过程展示得清清楚楚，教师不用再告诉小朋友什么叫融化，小朋友看到冰玻璃慢慢化成水，就情不自禁地说出：“冰玻璃融化了。”运用高科技教育手段，能把幼儿思路引入更深、更远的领域，使他们创造的欲望越来越强。

（3）提供自由活动、自由操作的场所。

适宜的环境是创造性发展的土壤，任何形式的创造都是在情感自由、探索自由的条件下实现的。幼儿的创造性是在他们所生活的具体环境中培养起来的，有什么样的环境，幼儿就会开展什么样的活动。儿童的天性是活动，光靠在教室中说教是不够的，人认识客观世界是从感知开始的，只有直接作用于感觉器官，才能产生联想，只有认识世界，才能创造。活动是幼儿探索客观世界的有效途径，他们正是通过活动来感知，借助活动来创造的。要让幼儿去接触大自然和大社会，利用自然界提供的花草树木、沙石、水、泥来满足幼儿的想象力和创造欲望。如果幼儿没去过动物园就不容易分清猴子和猩猩的区别，在玩“贴尾巴”游戏中就很难贴准。同样，如果幼儿没有吃生日蛋糕的经历，在手工制作中也就无法做出精美的蛋糕来。秋天，带幼儿来到树林里采集落叶，小朋友踩在落叶上时会说："我就像踩在地毯上一样。"一阵秋风吹来，树叶从树枝上飘落下来，小朋友会伸出小手去接，嘴里还不住地说："我捉住你了。"原来他们把落叶比喻成在空中飞舞的蝴蝶。他们能用采集的树叶拼出各种树叶贴画，能用水果做出千姿百态的水果娃娃，能用沙土堆砌出"高楼大厦"，他们在环境中展开想象的翅膀，无拘无束地动脑、动手、动口，体会着创造的乐趣。

（二）营造一种自由的精神氛围

要形成一种自由的心理氛围，使幼儿在进行创造性活动时心身自由和心理安适，首先就要有一个民主和谐的群体。

（1）良好的群体是创造性活动的前提。

群体是人类生存的社会基础。我们这里所说的群体，是指教师与幼儿、幼儿与幼儿之间形成的一种关系。良好的群体关系可激发、鼓励幼儿创造性的发挥、发展。

（2）造就一支具有创造性素质的教师队伍。

教师的作用就在于帮助儿童发现问题、明确问题。在鼓励、支持儿童自己解决问题的时候，教师是儿童的合作伙伴，教师身上所负载的社会文化不是以由上至下的灌输方式传递给儿童，而是一种哺育、一种滋润。

教师的教育行为是受教育观念支配的，创造型教师自然具有创造教育观点，喜欢营造有利于创造的环境氛围，实施创造性教育。这样的环境与教育正好适合创造型学生的需要，可以使创造型学生如鱼得水。因此，在培养幼儿创造力的过程中要做到不随意干涉孩子玩，不强制性地让孩子学这学那，不随意性地斥责孩子的多端性思考。"倘若把幼儿创造力培养作为教育目标，那么实现它的前提，就是拥有创造型的教师。"育人先育己，培养幼儿创造力的教师本身就应是创造型的教师。创造型教师应具有独创精神，敢于标新立异，随机应变地开展教育。教师的创造性教育应贯穿于根据本班幼儿发展需要及教育目标创设适宜环境，制作、准备适宜玩教具，设计、组织适宜教育活动等各个教育环节上。

例如，在对实物的实际操作中学习、发展，是由幼儿的认知特点决定的幼儿学习特点，但购置的玩教具远远不能满足幼儿发展需要，要求教师发挥创造性自制多种玩教具，玩教具应新颖，符合幼儿兴趣和特点。另外，教师的态度、行为对幼儿具有潜移默化的作用，教师在教育过程中的创造性态度、行为将激发幼儿的创造欲望，逐渐形成创造性行为。因此，教师应注意在不断提高技能的同时，培养自身创造性品质、行为，以此带动幼儿的创造性。

二、优化家庭育儿环境，为幼儿创造性思维的发展提供水分

家庭是孩子学习的第一学堂，父母是其第一位老师。家庭对儿童心理品质、发展的影响是学校等其他环境无法比拟的。它带有启蒙性、长期性、情感性、感染性等诸多特点。家庭的儿童教育观和教育教养方式将直接或间接地影响儿童创造力的发展。民主型的教育教养方式对儿童发展最为有利，其中也包括对其创造力的开发。

家庭成员对儿童创造力的培养的重视程度和方式方法是否得当，与儿童创造力的实际情况是成正比的。如果家长采用欣赏、鼓励，甚至参与儿童活动的形式，儿童创造力的培养就会有意想不到的成效。如果儿童由着自己的好奇心自由自在地发展，那还不是什么坏事，就怕家长管头管脚，这不行那也不行地管个没完，儿童哪怕有创造力的萌芽，也被扼杀了。如电视剧《涉外保姆》，主人公下岗女工在西方人家中做保姆。一天，外国人的小孩在家中刚粉刷一新的墙上乱涂乱画，保姆对其进行了斥责。晚上女主人回家，看到小孩躲在房间伤心，在了解情况后批评了保姆，保姆感到很委屈。女主人告诉保姆：“新刷的墙涂坏了可以再刷，而孩子的创造

力被扼杀了也就没有了。”

具有较高创造力的孩子在家里往往表现出与众不同的行为，好奇心特别重、探究欲望特别强烈，喜欢刨根究底，甚至特别顽皮。我们家长往往难以容忍，动辄予以训斥，然而从没有考虑过在孩子从桀骜不驯逐渐变得温顺听话的过程中，其可贵的创造力也正在渐趋消失。

儿童的创造力培养是一个综合工程。如果我们仅仅把它看作是小制作、小发明，那就大错了。家庭中浓厚的民主氛围，对儿童创造力的培养会起到事半功倍的长效作用。如果说幼儿园是培养幼儿创造力必需的土壤，那么家庭则是发展幼儿创造力必不可少的水分。

三、优化社区育儿环境，为幼儿创造性思维的发展提供营养

有了一定的土壤、必不可少的水分，还要有充足的营养，幼儿的创造性思维才能得到更加健康的发展。社区就是发展幼儿创造性思维所需要的营养。

在“家庭、幼儿园、社会”这样一个“金三角”中，社区最具全面协调、全面参与的优势。家庭在社区的辖治下，学校在社区的范围内，社区本身又可以说具有社会的种种因素。因此，我们完全有理由说，社区应该成为儿童创造力培养的舞台，在这个舞台上，我们可以看到精彩纷呈的节目上演！

（一）社区的文明进步程度对幼儿创造性思维的影响

社区对儿童创造力的培养从最根本上说，就是如何让儿童养成好的生活或思维的习惯。这也可以说是儿童创造力持续发展的必备条件。当然，好习惯的养成离不开家庭与学校所作的努力。

我们可以把它归为居民的素质，归结为居民的接受教育的年限等。这当然是很有说服力的。然而更重要的是社区、社会的风气。我们常常称赞德国人的素质高，这个民族的创造精神也被世人认

可。德国人严谨、一丝不苟的风气，使他们的产品在世界上获得很高的声誉。我们也有不少人称赞日本人顶真劲儿，他们的电器产品在世界上畅通无阻。一般看来，与其说这两个民族的素质高，倒不如说这两个民族风气好，把范围再缩小一点，就是他们的习惯比较优秀。优秀的素质来自优秀的习惯。这已经是公认的道理了。

（二）社区对幼儿的评价系统与幼儿创造力的发展

我们常常爱在两个极端无谓地奔波。一会儿是“读书无用”，一会儿是“万般皆下品，唯有读书高”；一会儿“唯德”，一会儿“唯才”；一会儿“唯官”，一会儿“唯钱”……

这样矛盾的评价系统，当然使人无所适从。我们这个民族也许是因为动荡过于多了，总想太平安稳。于是有一点冒险就非同小可，有一点标新立异就感到浑身不自在。对待儿童我们也不自觉地采用这样的评价系统。要孩子聪明，又要孩子守本分；要孩子成绩好，又要孩子非礼不听；要孩子“活络”，又要孩子不能太“活络”……这下，我们的孩子好难啊！

教育本质上是社会的。社会的教育评价与家庭、学校的教育评价有着那么大的差距，我们的儿童自然只能手足无措。然而社会的发展又是如此急需人才，急需具有创造力的人才，社会的进步迫使家庭、学校不得不与时俱进，培养出无数的创造型人才。这样的态势下，我们社区乃至社会，以及我们每一个家庭又该如何应对呢？我们的评价系统要不要有所改变呢？

（三）社区对儿童创造力培养的参与程度

在上述两个问题有所改善的前提下，我们必须探讨社区对儿童创造力培养的参与了。客观地说，这种参与是存在的，社会不可能放任对儿童创造力的培养。不过自觉与不自觉两者的差距以及结果是完全不同的。即使有的社区比别的社区自觉，但是如果不考虑结果或者不考虑方式方法，其参与的程度也还是大相径庭的。

我们已经在开展建设学习化社区的工作。可能在工作的内容和形式上十分精彩，但是如果我们没有深入家庭，没有深入儿童的创造力的培养，没有在教育观念，包括教育评价系统上有重要的突破，没有与学校的工作相联系，只满足于表面上的轰轰烈烈，那么我们可以说，对儿童创造力培养的参与在实质上是一句空话。

创造力是可贵的，幼儿的创造潜能是巨大的，只要我们认真对待，善于引导，不断提高自身素质，掌握培养幼儿创造力的方式方法，就一定能把祖国的下一代培养成适应21世纪要求的“创造型”人才。

浅谈科学活动中的有效提问

佛山市南海区机关幼儿园　杜翠菊

幼儿天生好奇好问，但对科学本身的探索欲望却来自教师的培养。曾经有这样一首诗："发明千万法，起点在一问。智者问得巧，愚者问得笨。"这首诗不仅强调提问的重要性，更强调了提问的技巧。在科学教学实践中，我深切感受到，活动中的提问，不仅是一种教学手段，更是一门艺术。问题设计得好，教学环节会一环接一环、层层递进，教师的主导、幼儿的主体就能淋漓尽致地体现，可以启发幼儿的思维，充分调动幼儿学习的积极性，活跃课堂气氛。问题设计不当，就会造成过程零散、脱节，启而不发，变成教师毫无价值的自问自答。

过去，在科学活动中经常会听到这样的提问，如"这是什么?""是不是啊?""好不好啊?"其答案是限定的、唯一的，这是一种封闭式的提问。现在，我们提倡的是开放式的提问，如"你发现了什么?""你有什么办法?""你觉得怎样?"等等，没有限定的答案，能充分发展幼儿的思维能力。

那么，教师该如何向幼儿提出有质量的问题来吸引他们的注意，发展其思维呢?活动中的有效提问该注意些什么呢?

一、提问的语言应有吸引力，应能激发幼儿的兴趣

幼儿对事物的认识完全凭其兴趣所为，而他们对知识的习得则是通过教师的一个个提问、师幼的共同讨论、自身的实践操作而实现的。所以，教学中的提问，要融设问、探究、质疑为一体。提问时，我们要将自己精心创设的问题，通过恰如其分的语气及表情等

态势语言展现出来，诱发幼儿对问题产生兴趣，调动幼儿的积极性和主动性，让幼儿深入到问题的探求中去，萌发出其学习、探究的欲望。如在科学活动“有趣的水”中，让幼儿比较牛奶和水的不同，理解水是透明、无色的这一特征。如果教师仅仅说：“请你们看看比比，这两杯水有什么不同?”那么可能不能将幼儿的注意力马上吸引过来。但如果换一种说法：“牛奶宝宝和水宝宝都躲在玻璃瓶里，想请小朋友来看看，它们两位有什么不同。”这种拟人化的语言则会将幼儿的注意力马上吸引过来，使幼儿产生帮助两位“宝宝”解决问题的愿望，幼儿探索的积极性也就调动起来了。又如在活动“听一听，猜一猜”中，我设计了玩具排队的情节，提问时运用了类似于体育比赛中的“裁判员”、“挑战”、“胜利”等词语，马上就使活动变得丰富、形象起来，课堂气氛也活跃起来。

二、提问要有层次性

在教学过程中，我们要善于提出问题引导幼儿由浅入深地思考，并逐步加以解决，以激发幼儿的学习动机和兴趣。提问中，可以逐步增加问题的难度，而不是提第一个问题就让幼儿望而生畏，失去学习的兴趣；同时，还应注意提问的角度和问题的顺序性、层次性，让幼儿在掌握知识的同时，思维能力也同步得到训练和提高。如在活动“影子”中，我先提出问题：“小朋友，你们见过影子吗？什么时候会有影子？还有什么东西也有影子，为什么会有影子?”让幼儿根据生活经验充分发表自己的看法；然后，我和小朋友一起做实验，了解影子的形成；接着，我再提问：“影子是怎样产生的？怎样来改变影子的大小和形状?”随着问题的层层深入，让幼儿通过自己的操作实践，寻找答案：物体不动，光上下左右前后移动都会改变影子的大小和形状。整个活动从幼儿的经验入手——找原因——发现变化——引申学习，提问层层推进，步步深入，使幼儿的思维能力在原有的水平上逐步得到提高。

同时，概括性提问也很重要，如“影子”的活动中，如果幼儿通过操作和实践以后，已了解到人、房子等不透明的物体在太阳、手电、蜡烛等发光物体的照射下都会留下一个阴影，就可向幼儿提问："影子是怎样产生的？"让幼儿简单讲述自己操作、实践的过程。这样既让幼儿认识了光和影子的关系，又让幼儿学会用简洁的语言描述操作、实践、观察后得出的结论，使幼儿的具体直观思维逐步向抽象概括思维发展。

一个个提问由易到难，一个个环节紧紧相扣，一个个层次清晰明了，教师教得轻松，幼儿学得愉快。

三、提问要能引发幼儿的想象推理

想象推理是思维跳动的火花，教师的提问要能引发幼儿的想象推理，才能促进幼儿创新思维的发展。在幼儿探索问题、寻求答案时，教师可引导幼儿利用得到的知识进行想象推理。此时，教师的提问尤为重要。例如，在让幼儿认识浮力时，幼儿希望知道船是不是能无限量地载人，我给他们做了一个实验，把塑料盘子放在水中，并提问：

（1）"这只盘子放在水中，能像船一样浮在水中吗？"

（2）"想一想，我把石头放在'船'中，会发生什么事情？"（让幼儿想象推理）

（3）"请一个小朋友上来帮老师往'船'里放石头，你们想想看，'船'还会浮在水上吗？"（让幼儿想象推理，并问"为什么？"）

（4）"加上四块石头时，'船'怎么样了？'船'为什么会沉？"

（5）"如果是真的船，能不能无限量地载人？为什么？"（进一步想象推理）

最后，幼儿根据观察到的事实，推理出船超载也会下沉。

教师以提问一步一步地循循善诱，让幼儿思考、回答，这样，他们的想象推理能力、学习能力和探索能力都增强了。

四、提问后给幼儿候答的时间，拓展幼儿的思维

提问与回答之间应隔一定的时间，让幼儿有较充分的时间考虑答案和组织语言，对不同的问题留给幼儿思考的时间应有所不同。简单的问题留给幼儿思考的时间可相对少一些，如“你看到图片上有些什么”、“桌上的玩具盆里有什么”等。有些较为复杂的问题留给幼儿思考的时间可相应延长，如在活动“潜水艇为什么能浮沉”中，幼儿已初步获得沉与浮的经验，我们提供辅助材料，让幼儿进一步探索、尝试怎样使沉下去的东西变浮，并以个别、小组讨论的方法让幼儿相互启发。提问后，幼儿的答案有时候会让人觉得莫名其妙，教师也不必太着急，应鼓励幼儿重新思考，也可以通过追问，给他们一个思考、补充说明的机会。给幼儿候答的时间，同样也给我们自己思考、推测孩子想法的时间。

陶行知先生说得好：“发明千千万，起点在一问。”这充分说明了提问在教学活动中的重要意义。提出一个问题往往比理解一个问题更为重要，巧妙而有效的课堂提问能激发幼儿的兴趣，加快幼儿由被动学习变为主动学习的进程，更是发展他们思维，保证和提高课堂教学质量的有效途径。因此，我们应充分重视活动中的有效提问，在工作中不断学习、实践、反思、修正，并通过反思、修正、总结，从各类教学活动中发现更多的提问技巧，做一个睿智的幼儿教师，让提问更精彩，让活动更绚丽！在精彩的活动中真正为幼儿撑开智慧的天空！

让幼儿拥有自己的科学梦想

佛山市南海区机关幼儿园　陈美萍

科技是人类竞争的象征，也是社会发展的动力。我们正处于科技高速发展的现代社会中，幼儿科学教育也越来越受到重视。今天的幼儿，将是21世纪的主人。时代对未来人才的需要，是我们不可回避的挑战。四个现代化的关键是科学技术现代化，科学技术是第一生产力。我们面对的是一个充满矛盾、竞争的世界，世界范围的经济竞争、综合国力竞争，实际上是科学技术和民族素质的竞争。科学技术发展的程度直接决定一个国家的强盛与否。时代迫切需要我们培养出具有厚实知识基础、具有探索科学的强烈兴趣和愿望、具有一定操作实践能力、具有独特科学想象力的新一代科技人才。而这些科技素质的培养，都必须从小抓起。因此，我们开展了科技教育，培养幼儿对“身边的科学”广泛、持久的兴趣，使幼儿主动的探索过程获得以主动性和创造性为核心的科学教育的深层价值，使幼儿对科学产生兴趣，形成科学的态度，获得“科学方法”和“科学精神”，也就是使幼儿学会学习，愿意并知道如何去获取知识。

一、让幼儿在问题中对科学产生兴趣

在“漫游科技”主题活动中，我从生活中的科学入手，通过让幼儿了解身边的科学而引发“科学小问号”活动。通过活动，幼儿大胆地提出了自己想知道答案的问题：“马路上的车为什么会动?”“飞机为什么会飞?”“月亮为什么会跟着我走?”“电视机为什么会有图像?”“电话为什么可以听到对方的声音?”“为什么每个人的样子都不一样？”……于是孩子们对身边的事物都仔细观察起来，头脑里的问号越来越多，并你一言我一语地提出了许许多多的问题，正是这些“问题”激发了幼儿的好奇心、探索欲和对科学活动的兴趣，同时培养了幼儿热爱大自然及环境的良好品质。

为了激发幼儿对高科技的好奇心和兴趣，我们开展了有关“克隆”技术的科学活动。活动由幼儿感兴趣的《西游记》引出，我先提出问题：“孙悟空保护唐僧取经，一路上遇到了什么？”“许多妖怪。”小朋友争着回答。“那么在紧急关头，孙悟空从身上拔出毫毛，变出了一大群什么？”“变出了一群一模一样的孙悟空。”幼儿七嘴八舌地说着。“你们知道为什么会变出那么多孙悟空吗？”我紧接着问，小朋友你一言我一语地说开了：“因为孙悟空有超级本领。”“因为孙悟空是神仙。”……等幼儿发表完自己的意见之后，我说出了结论：“孙悟空拔毛变猴是古代人们的想象，但随着科学的发展，这种大胆的想象已变成了现实，这就是‘克隆’技术。”接下来，我为幼儿介绍了克隆绵羊多利，和幼儿一起了解克隆技术的作用。随着活动的深入，我提出问题：如果你是科学家，你会克隆什么东西？这个问题马上得到幼儿的积极响应。“我会克隆一个陈老师，因为我们班的陈老师只有一个。”“我会克隆一个班上的小朋友，天天可以和我一起回家玩。”“我会克隆一个爷爷，因为爷爷在我还没出生时就去世了。”“我会克隆一只小鸟，小鸟可以在天空自由飞翔。”“我会克隆许多猪，这样我们就可以天天有猪肉吃了，身体才会有营养。”“我会克隆一个自己。”……一个个奇妙而大胆的想法在幼儿中间产生了。课后，我还发动幼儿收集有关克隆的各种资料，并讲述给同伴们听，一起分享。通过这个活动，幼儿不仅仅是知道了克隆技术，更多的是产生了学习科学的兴趣，为长大后创造更多的奇迹打下了良好的基础。

二、让幼儿在宽松、自由的环境中主动探索

幼儿科技教育是引导幼儿主动探索的过程，我们应该为幼儿提

供一个宽松、自由的发展空间，为幼儿提供想象、创造、操作、合作的机会，使每个幼儿都能够富有个性地发展，使幼儿的科学素质从小得到很好的培养，为幼儿将来成为创造型人才奠定良好的基础。在开展“浮与沉的奥妙”活动中，孩子猜想轻的物体会浮，重的物体会沉。为了验证这个猜想，我为幼儿提供了多种材料，如泡沫、空瓶子、积木、石头、塑料玩具、铁丝、皮球、纸船等，让幼儿拿着多种性质的材料在水中玩，自己去实验，去找答案，看看哪些材料是浮的，哪些材料是沉的。幼儿在这个宽松、自由的环境中操作，情绪十分愉快，活动的积极性、主动性都得到了充分的发挥。活动中他们从探索“什么东西会浮（沉）”到进一步探究“为什么会浮（沉）”，从观察事物的表面现象到探究其原因，思维的深度和广度增加了，联想和发散性思维也得到了提高。另外，我还为幼儿提供了纸和笔，引导他们一边做实验一边做记录。对于能力强的幼儿，我引导他们尝试让沉的材料浮起来，让浮起来的材料沉下去，再由沉浮实验联想到生活中运用到沉浮的科学技术，并将了解到的内容讲给同伴听或就观察到的问题与同伴进行讨论。幼儿在寻找答案的过程中，还学会了收集资料、观察比较、分类归纳、交流合作。

三、让幼儿在探究讨论中产生当科学家的愿望

在开展“神奇的电”的活动中，有个孩子问：“老师，电是从哪来的?”“爱迪生不是发明了电灯吗?”“他是怎么发明出电灯的?”“他还发明了哪些东西呢?”……在幼儿的讨论中，“科学家——爱迪生”这一活动生成了。为此我们收集了大量有关爱迪生的故事书、录像片、图片资料，与幼儿共同了解和探究爱迪生小时候的故事、爱迪生为我们留下了什么等。活动让幼儿了解到爱迪生从小勤奋好学、善于思考问题，在科学发明和实验的过程中不怕失败，最后成为人类伟大的科学家。

这个活动开展后，我又引导幼儿研究了古今中外的许多科学

家。通过这些研究，他们知道：牛顿是一个取得了巨大成就却还十分谦虚、好学的科学家；爱因斯坦，这位伟大的科学家具有高度的社会责任感，他把自己付出巨大努力而得来的科学发明成果用来支持和平反对战争；李时珍放弃功名富贵，不怕千辛万苦，亲自尝遍百草，为人类留下了宝贵的医学著作；还有不惜放弃国外优厚条件，学成报国的李四光……

通过亲身探究，幼儿领略了科学家们从小爱科学、学科学、勇于探索、不怕失败、实事求是、愿为科学献身等人文精神，幼小的心灵对这些伟大的科学家萌生了由衷的尊敬、爱戴和崇拜。由此，我让他们自由讨论："你们想不想当一名科学家？你们希望发明创造一些什么东西？"随即，幼儿都沉浸在自己是未来科学家的氛围中，纷纷说出自己的愿望："我想发明一种感应电视机。""我想发明一种神奇的药物，让所有的病人吃了身体马上就会康复。""我想发明一种可以超越时空的汽车。""我想发明一个全功能的机器人，每天帮妈妈做家务。"……看着他们满腔热情的发言，我知道，在他们幼小的心灵里已播下了远大抱负的种子，活动激发了幼儿从小爱科学、学科学的兴趣以及长大后想当科学家的强烈愿望。

四、家园配合，共同培养幼儿的探索精神和创造意识

主题活动的开展需要家长的大力支持和配合。为了开阔幼儿的视野，拓展幼儿的科学知识，在开展活动时，我们邀请家长与幼儿一起收集有关资料、图片等，让幼儿把从社会、家庭不同环境获得的信息带回园与其他幼儿共同分享，从而激发他们观察周围生活的兴趣。家长也是孩子的支持者和合作者，当孩子的探索发生困难时，家长将成为孩子探索的有力支持者。为了激发幼儿的探索精神和发明创造意识，在主题活动接近尾声的时候，我让幼儿设计、制作未来的通信、交通工具和未来的现代化电器。由于幼儿的表现技能有限，于是，我邀请家长参与活动，帮助幼儿一起完成他们的心愿。在家长的帮助、鼓励与支持下，孩子们设计了各种各样的未来

交通工具和电器，有多功能的飞机、电脑，有全自动的汽车、快速计算器，还有神奇的火箭、万能的太空船、奇异多变的机器人等，应有尽有，琳琅满目。这个活动，使孩子们的创造能力得到了充分的体现，创造思维也得到了充分的发展。

“漫游科技”活动的开展，初步培养了幼儿全面的科学素质，这种素质不单纯表现为个体掌握科学知识量的多少，也不是单纯表现为幼儿对知识的学习能力，而是幼儿表现出的一种热爱科学、理解科学、运用科学知识和科学方法创造性地解决问题的内在的综合素质与能力。

浅谈如何实施幼儿科学创新思维课程

佛山市桂城中心幼儿园　潘青雨

幼儿天生好奇，在好奇心的驱使下对周围物质世界产生兴趣，从而表现出探索世界、认识世界的强烈愿望，这就是幼儿学科学的开始。而这种发自内心的“我要学科学”的愿望，极大地影响着幼儿探索科学的兴趣和创新思维的能力。作为教师，应根据幼儿的需要，合理而有计划地创设有利条件，恰当地引导，让幼儿去观察、去操作、去探究，从而促进幼儿更好地发展。

一、重视幼儿在学习中的主体地位，选择适合幼儿的活动内容

（1）选择幼儿感兴趣的教育内容。

“兴趣是最好的老师”，幼儿对某种事物或某个人感兴趣时，就会不断地发现一些问题，并尝试解决问题。因此，选取幼儿感兴趣的教育内容，才能激发幼儿的好奇心，使幼儿热爱科学。教师应善于观察、了解幼儿的兴趣，针对幼儿关注的热点话题展开教育活动。例如，大班幼儿对恐龙很感兴趣，教师就设计了“恐龙的世界”这一活动。围绕“恐龙的生存时间”、“恐龙的生理特点”、“恐龙的生活习性”、“恐龙为什么会灭绝”等一系列问题展开探索活动，通过发动幼儿上网查找资料、看图书、图片及电脑课件等多种形式的活动，使幼儿的疑问得到了科学合理的解答，并在活动中又引发许多新的疑问，如恐龙会不会吃人、恐龙一共分为多少种，等等，在探求答案的过程中不断提出新问题，再继续寻求答案。通过这些科学活动，幼儿获得了生物发展进化、自然选择、环境变化

的知识，教师在活动中尊重幼儿的好奇心，支持幼儿通过多种渠道寻求答案，鼓励幼儿对问题展开讨论，引导幼儿尊重科学，尊重客观事实，满足了幼儿的求知欲，同时进一步激发了幼儿探索自然科学的兴趣。

（2）选择符合幼儿年龄特点的内容。

教师应选择与幼儿生活密切相关，符合幼儿的认知水平的内容，使幼儿容易接受并产生强烈的兴趣。如在中大班开展“变化的世界”系列科技活动，选择“人的生长变化”、“探索动物的生长变化”、“植物的生长变化”、“天文的变化”、“生存环境的变化”、“各种事物的变化”等内容，都是幼儿生活中所熟悉和常见的，教师让幼儿通过亲身的实践活动，将自身的和周围环境的变化引出来，层层深入，并把抽象的内容具体化，把深奥的道理直观化，引导幼儿认识到世界上万物都在变化的科学观点，认识物质变化及事物、现象的相互关系，开阔了幼儿的视野，促进了幼儿的思维能力、观察能力、动手操作能力和解决问题的能力发展。

（3）根据幼儿的生活经验，丰富科学创新思维课程的内容。

幼儿科学创新思维课程的教学内容大多与生活密切相关，幼儿自身的生活经验是完成教育目标的重要基础，我们在教学中注重与幼儿的生活经验紧密结合，拓展和充实课程的内容，引发幼儿对身边常见事物和现象的特点、变化规律的兴趣，激发幼儿发现、构思、验证问题的能力。例如，在“斜坡”教学活动中，我们带领幼儿观察滑梯、屋顶、雨伞，让幼儿知道，生活中很多地方有斜坡，它们都有不同的作用，我们设计“玩具汽车走斜坡”的实验游戏，让幼儿尝试用各种办法使汽车行走的速度减慢。结合生活和游戏情境，帮助幼儿认识和理解自然规律和现象，运用物理方法解决简单的问题，用科学的方法概括和表达在生活和活动中获得的经验。

二、发挥教师在课程中的主导作用，创造良好的探索环境

(1) 提供有利于幼儿探究的教学材料。

幼儿科学创新思维课程的教学内容绝大部分是需要幼儿动手操作的，为幼儿提供丰富的操作材料，引导幼儿动手操作、实验，运用多种感官，探索各种常见的自然现象的特性及其与人类生活的关系，认识人与动物、植物等自然事物之间的关系，是重要的教学活动环节，因此，教师应该提供数量充足、种类齐全、可操作性强，具有探索价值、难易适度的活动材料让幼儿动手操作、反复尝试，从多角度感知、观察、思考。

我们在班级里开设科学角和操作区，放置一些专供幼儿做小实验的材料和工具，如磁铁、凹凸镜、放大镜、三棱镜、电池、电线、小电珠等，在区域活动时，让幼儿自己去做各种简单易行、自己有兴趣的小实验、小制作，如“光的折射”、“摩擦生电”；利用废旧材料制作具有一定声、光、电、力的玩具，如用雪糕杯子和线制作电话，做声音传播的实验等。在实验过程中，激发了幼儿兴趣，发展了幼儿的思维灵活性、周密性及创造才能。

在幼儿园的科学室中，幼儿步入了光学、电学、声学、力学，生物学的王国，他们动手动脑，一遍又一遍地尝试，一次又一次地探索，获取真知。在认识磁铁时，教师发给幼儿每人一小块磁铁、一些铁制品和非铁制品，让幼儿自己去找出“磁铁会吸引什么”的答案。在认识沉浮时，教师让幼儿自己选择能放进水里的物品进行实践探索。就这样，幼儿自由地翱翔在科技活动中，不受任何的限制和约束，在探索中获取科学知识经验。

种植和饲养也是幼儿进行科学探索的重要活动，可以让幼儿在教师带领下种植一些常见易养的植物，饲养一些小动物，用小铲子、浇花壶让幼儿学习播种、浇水、除草等劳动，轮流照顾小鸡、小兔、乌龟、金鱼、小蝌蚪等，指导幼儿动手画图作观察日记，记录动植物的生长发育过程，不仅可以培养幼儿动手操作的能力，还

能培养幼儿从小热爱大自然、热爱科学的良好品质。

(2) 给予幼儿自主探索的空间和时间。

波得亚指出："学习任何知识的最佳途径是自己去发现，因为这种发现理解最深刻，也最容易掌握其中的规律、性质和联系。"有意义的学习并非是幼儿被动接收信息的过程，而是一种再发现、再创造的主动建构过程。幼儿总爱把自己当成探索者、研究者、发现者，努力为幼儿提供自主探索的机会，在充分自我探究的基础上进行合作交流，让幼儿成为学习的主体，才能激发幼儿的创新意识，提高幼儿创新能力。

在科学创新思维课程开展的过程中，我们注意创设满足孩子需要的环境，创设一个心理自由和心理安全的宽松环境，提供各种社会实践活动和生活体验活动，并着力于创设问题情境，让幼儿在游戏中探索、在实践中发现、在操作中表达、在玩耍中想象，培养幼儿的主动探索精神和创造能力，使幼儿在开放的活动中拓宽自己的空间，发挥自己的潜能，形成自己的个性。

幼儿科学经验的获得、概念的建构，不是在短时间内能完成的，它需要有一个过程。对幼儿来说，这个过程所花费的时间就更长，因此，必须给幼儿足够的操作、探索时间和机会。比如，在大班的科学活动"纸桥"中，教师为幼儿提供了各种各样的纸、丰富的粘贴用具，将幼儿分成几个小组，合作搭建纸桥，然后各组之间互相检验搭建纸桥的效果，并让幼儿再次分组尝试用新的方法操作，比赛哪个小组的桥最结实。由于给幼儿提供了良好的探究氛围和充足的操作时间，许多幼儿在活动过程中通过尝试和失败，反复琢磨，最后终于找到了成功的方法。

(3) 鼓励幼儿在活动过程中合作和协商。

在科技活动中，同伴间的讨论和合作，能开拓幼儿的思维，提高科学探索活动的水平，有利于幼儿的协商和合作精神的培养，所以，教师应有意识地为幼儿创造这样的机会。例如在"斜坡"的教学中，教师让幼儿以小组为单位来做实验，幼儿用许多圆形的物体、圆柱体在粗糙和光滑的斜坡表面上滚动，同一小组幼儿之间及各个小组之间就自己的实验结果展开讨论，并进行比较，最后在相互合作、相互讨论中丰富了幼儿的认识。

总之，教师要处处为幼儿考虑，做一个有心人，组织一些多彩的科技活动，让幼儿的身心在探索和操作中得以发展。

(4) 多运用启发性、鼓励性的语言指导幼儿活动。

由于幼儿之间存在个体差异，教师应当多运用启发性的指示或暗示，进行灵活的、适合幼儿发展水平和发展需要的指导，以鼓励幼儿积极思考。幼儿在探索过程中发现或解决问题的速度有快有慢，对结果的认识深度和广度也有所不同，但只要幼儿是主动参与，积极思考，那么不管是成功或失败，都应该给予表扬和鼓励。有时还要特别关注暂时失败或没有成功的幼儿，给他们以特别的建议。如在“怎样使它站得稳”的教学活动中，有些幼儿操作了很久仍没有成功，老师就要鼓励幼儿：“别着急，再试试，老师相信你一定会做到的。”否则，能力弱的幼儿经常失败，就会产生畏难情绪，以至对科学探索活动失去兴趣。

三、利用家长和社会资源，构建多元化课程模式

家庭和社会资源是科学创新思维活动中不可忽视的一个重要资源，合理利用各种教育资源，共同为幼儿的发展创设良好的条件，对幼儿园开展创新思维教学具有积极作用。

(1) 发动家长收集课程活动材料。

家长是幼儿园教育和教学过程中的积极贡献者，家庭能为幼儿的成长提供一个良好的外部条件。在科学创新思维课程中，家长可以协助培养幼儿的学习兴趣与参与活动的意识，发现问题和解决问题的能力、责任感，语言与表达的能力。

我们开展“潜水艇为什么能沉浮”的教学活动时，教师事先与家长进行交流，共同探讨活动的开展形式和内容，热心的家长通过各种渠道为孩子们准备了图片、VCD、剪贴本等各种资料。每当

孩子们提出问题或遇到困难时，他们便主动地去查询资料，支持和帮助孩子们解决问题。家长的参与使教学内容得到极大的拓展，幼儿发现问题的能力也得到有效的提高。

（2）引领家长融入课程实施的过程。

家长、家庭、社区是幼儿每日生活的重要元素，能为教育提供大量的资源。家长参与幼儿园的教学活动，使幼儿园的教育教学活动具有更多的实效性，教师可运用专业素质影响或支持家长的教育行为，促进家长理解和支持教师、幼儿园的教学，将幼儿教育的理念延伸到家庭教育之中，使幼儿园与家长的教育资源有机地融为一体。各有特长的家长队伍对幼儿园开展科学创新思维课程也有很大的帮助。

如我们在进行“能干的放大镜”的教学活动时，小朋友们对光和影子产生了浓厚的兴趣，还提出了许多问题，有一位家长是中学物理老师，她为我们借来了各种实验器材，还连续好几次来解答孩子们的问题。

家长助教大大地提高了幼儿参与活动的积极性，而且我们发现，当孩子遇到问题时会向老师、家长提出来，我们（包括家长）及时地介入，利用各种资源给予孩子全力的支持与帮助，提高了幼儿观察、思考的能力，增强了幼儿的自信心。

著名的教育家陶行知先生说过：“想要造就一个科学的民族，必须培植造就科学的幼儿，由此才有科学的中国。”为幼儿开展科学活动创造优良条件，是幼教工作者义不容辞的责任。

参考文献

［1］高一敏．幼儿科学教育新探．上海科学技术文献出版社，1997

［2］黄珊环．培养幼儿探索科学的兴趣．广东幼儿教育，2003（1－2）

运用多媒体教学软件，优化幼儿园教学过程

佛山市桂城中心幼儿园　刘　芬

随着信息教育时代的来临，光用一张挂图 、一张嘴或放放录音机、投影进行辅助教学已不能满足现代化教育发展的需要。运用现代教育技术进行辅助教学，是社会的需要，是培养高素质人才的需要，多媒体计算机走进幼儿园已成必然趋势。而多媒体教学软件作为一种新兴的教育工具，以它那集图、文、声、像于一体的特点得到了大家的欢迎，特别是孩子们的喜爱。为此，我们探索利用多媒体教学软件，调动孩子们学习的积极性和主动性，优化我们幼儿园各领域的教育活动。

一、画面精彩、生动有趣，激发幼儿学习的兴趣

俗话说："兴趣和需要是学习最好的老师。"多媒体教学软件针对幼儿特点设计，大多是幼儿喜闻乐见的动画，语音多是模仿幼儿或动物发声，清晰、生动、形象逼真，为幼儿营造充满情感、如临其境的氛围，多方位地刺激幼儿感官，使幼儿在特定的情境中，不仅能获得大量生动、形象、具体的表象，而且能受到特定气氛的感染，活跃幼儿的思维，激发幼儿的好奇心、求知欲。如科学活动"我们的国宝——大熊猫"，在以往的教学中是将图片呈现给幼儿，画面是静态的。现在运用多媒体教学软件，在教学时，教师移动鼠标把大熊猫的外形特征、生活习性用活动的画面展现在幼儿面前，同时，配上浅显易懂的讲解和欢快活泼的音乐，调动幼儿的各种感官来感受、认知，激发了孩子喜爱动物、保护大熊猫的情感。而在幼儿的语言活动中，我们选好一些优秀的文学作品教材软件，如

《摇篮》、《秋天的画报》、《蛤蟆吃西瓜》、《金色的房子》等。在教学活动中，这些课件充分展现出声、像、色、形等方面的优势，逼真、生动有趣的画面深深地吸引着幼儿，孩子们的语言能力提高得特别快，思维能力也得到了很好的发展。

二、运用多媒体软件突破难点

在教学难点的排除过程中，适时运用多媒体向孩子提供生动形象的图像和动画等信息，可以帮助孩子理解、掌握难点，保持学习的兴趣。如我们开展的“开放图形和封闭图形”这一教学活动，教育的对象是小班的孩子，要让他们认识开放图形和封闭图形难度较大。我们借助多媒体软件技术，用“圆圈围小鸡”这个游戏形式，以定格、反复显示等形式进行教学，轻松地突破了难点。全班孩子始终处于积极、主动的学习状态。

三、多媒体软件示范省时增效

在传统的美术教学中，教师示范往往是通过手绘，这种示范存在图像小、速度慢、教师背对幼儿易挡住幼儿视线等缺点。应用多媒体软件演示能较好地解决以上问题，图像大而清晰，色彩鲜艳，教师能直接与幼儿进行面对面的沟通、交流，并及时掌握幼儿反馈的信息。幼儿看得清楚、听得仔细。如果幼儿有疑问，软件还可以再次演示，强化示范步骤。传统的示范讲解一般需要 5 ~ 10 分钟，而运用多媒体辅助教学手段，时间可以缩短到 5 分钟左右（包括演示动画），这使孩子有了更多的练习时间。又如在大班幼儿科学创造力培养活动“曹冲称象”这一活动中，教师播放多媒体软件讲述“曹冲称象”的故事，然后引导幼儿学会运用与“曹冲称象”类似的办法解决一些生活中的问题。通过软件生动的演示，幼儿对“曹冲称象”的方法充满兴趣，大家议论纷纷，各抒己见，还动手进行实验、探索，很快地理解并运用了“曹冲称象”的方法来思考和解决生活中类似的问题。教师轻松地达到了培养幼儿解决问题的类比推理能力和发散思维能力的课程目标。

四、人机互动、自主探索学习

儿童是在活动中建构他们的认识结构的。人机互动为幼儿提供了一种自主探索的学习途径。如中班的教学课件“想想有几个”，让幼儿看看一幅图中包含了几个三角形、几个长方形；做练习题时幼儿可以根据电脑提供的答案，用鼠标去点击，题目答对了，电脑会放一段音乐，并飞出一只鸟来表示祝贺，答错时，电脑会友好地说：“答错了，再想想！”幼儿通过几次探索完成了作业。再如小班的智力游戏“小调皮旅行记”，小调皮过关时，前面有一条小河，小河的旁边有小船、救生圈、木头和一些树枝。请幼儿想出办法，然后去点击画面上用得着的工具。当幼儿点击木头时，画面上的小调皮会跳到木头上过河；点击救生圈时，小调皮就会躺在救生圈上过河。幼儿用手中的鼠标不断探索着过河的方法，成功时，他们会发出欣喜的笑声，失败时，他们又会不懈地探索新的方法。这充分调动了幼儿自主探索学习的积极性。

多媒体教学软件的应用广泛，给幼儿园在课程探索中开辟了一条崭新的路，我们要多挖掘多媒体教学软件在教学运用上的潜能，构建新的教学模式，优化教学过程，提高教育教学质量，促进幼儿素质的全面发展。

浅谈科学探索活动中的“试一试”

惠州市机关第一幼儿园　李惠玉

在中文里，“试”的意思是尝试和探究，与在英语中使用频率较高的一个词“try”的意义并不相悖。西方的教育比较推崇“try”，上课就是孩子们“试一试”的活动，孩子们从小就接受了“试一试”的教育。“试一试”不仅挂在嘴上，更表现在手上。而在传统的教育观念里，中文里的“试”却常常退化为“考”了。

其实，“试一试”，反映了东西方教育观念上的差别。鼓励、激发孩子“试一试”，是让孩子来表现，让孩子来“试一试”，其隐含的教育理念就是孩子是活动的主人。以下就是将“试一试”这种以孩子为主体的教育理念运用于科学探索活动中的体会。

一、设计形式多样的导入活动，激发“试一试”的兴趣

（一）玩中导入

探索活动“四色水”是大班幼儿比较喜欢的活动。操作过程中，孩子们动手操作实验，兴趣非常浓厚。实验结果呈现了颜色混合后的千变万化，呈现了结果的多样性，当然对大班孩子来说也具有复杂性。在开展这个活动时，我们尝试用介绍玩法导入，教师边示范边介绍“利用盐来增加溶液密度”的原理——选择颜料和不同的溶液加入不同分量的盐。通过教师的操作，幼儿看到了层次分明、颜色鲜艳的“四色水”。教师演示的过程和活动结果的多样性使幼儿产生了自己玩一玩的愿望，激发了幼儿主动“试一试”的动机。

此时，教师需把复杂的操作化成游戏式的“玩”，一边玩一边

示范整个操作过程，但不要把活动结果呈现给幼儿，要使幼儿自己通过操作去发现。这样，活动结果就对幼儿产生了吸引力，从而激发了幼儿动手“试一试”的兴趣。

（二）材料导入

众所周知，幼儿的探索活动取决于其对探索对象的兴趣。这种兴趣越浓，幼儿的探索活动就越持久。因此，在科学探索活动的材料选择上，我们往往选择色彩鲜艳、形象有趣、活动性强，且操作简便的材料。幼儿拿到手后就可以玩，从而激发其对材料探索的动机。

如在探索活动“斜坡”中，操作材料小汽车和滑滑梯，是幼儿所熟悉和喜欢的，幼儿知道如何操作。在介绍了用三种不同材料（毛巾、绒布、丝绸）制作成的车道后，幼儿通过反复操作，发现了因为材料粗糙程度不同，造成车速在斜坡上的速度不同，从而对三种材料的特征有了一定的认识。幼儿对小汽车的喜欢，使幼儿对材料产生了“试一试”的动机，进而形成探索操作的过程。

（三）结果呈现导入

在探索活动中，有些试验现象在日常生活中是看不到的。活动结果具有一定的新奇性，会引起幼儿的好奇心，从而产生“试一试”的愿望。此时，教师若用图标或语言将结果直接告诉幼儿，幼儿在感知的基础上，会产生“试一试”的动机。

如在探索活动“油和水”的操作导入中，我们用图片展示了油和水搅拌在一起产生的结果，当倒入洗洁精时，又产生另一种效果，让幼儿产生了新奇感。活动中，幼儿用所提供的材料，分别做出了图中的现象。幼儿在从理解到操作到再理解的过程中，纷纷大胆尝试、探索各种操作方法，完全按照自己的意愿自主活动。幼儿对活动结果的追求，激发了其对操作方法探索的动机。

（四）设置疑问导入

思维是由问题开始的，有了需要解决的问题，才能调动思维的积极性。人的思维始于“问题情境”，设置疑问，创设问题情境，能激发幼儿产生“试一试”的兴趣，形成寻找答案的需求，从而促使他们产生通过操作来解决问题的愿望。如中班的探索活动“看谁站得稳”，教师在操作之前，先提出问题：“这些东西都能站起来吗?”幼儿的答案众所不一。教师不置可否，让幼儿带着问题去操作。在这一过程中，幼儿为了解决问题、寻求答案，积极主动地去“试一试”。

二、创设宽松安全的活动环境，让幼儿体验“试一试”的自主性

罗杰斯说：“我知道我不能将所有东西都教给学生，我只能为学生提供一个促使他学习的环境。”这个环境除了指教育、人际等环境外，还指心理自由和心理安全的环境。在探索活动中，教师适时适当地介入，能够让幼儿感受到自己是活动的主人，体验“试一试”的自主感。我们总结了一些介人方式。

（一）支持

教师以活动者的身份介入，以自己的行为影响幼儿。教师虽在一边活动，但不把自己的玩法强加给幼儿，只是以自身活动给幼儿提供参考。

如在探索活动“摩擦起电”中，幼儿用塑料棒摩擦头发，教师在一旁也饶有兴趣地用塑料棒摩擦其他部位。幼儿可以模仿教师，也可以自己试一试，教师对活动的兴趣也给了幼儿安心探索的暗示。

（二）提示

由于幼儿年幼，在探索活动时常常碰到困难，造成情绪不稳定而放弃探索，或者探索活动本身有一定的危险性。此时，教师如果提出合理的建议，会让幼儿产生坚持和克服困难的勇气。

如探索活动“能干的放大镜”，要求幼儿将放大镜放在阳光直射的地方，利用聚焦把薄的塑料袋点燃。这个操作对有些幼儿来说是有一定的难度的，而当塑料袋点燃时，幼儿也会害怕被烫。此

时，教师用语言提示幼儿注意安全的方法，让幼儿动手完成，结果幼儿不仅获得了安全感，而且获得了成功和自信。

（三）倾听

在探索活动中，当幼儿通过自己的努力获得成功时，常常想向他人讲述自己成功的过程。此时，如果教师做一名倾听者，不仅能分享幼儿成功的快乐，了解幼儿活动的过程，增进师生感情，更能增强幼儿探索的信心。

三、给予巧妙灵活的评价，使幼儿获得“试一试”的成功感

评价活动是对幼儿“试一试”的一种肯定，是一种调动幼儿“试一试”积极性的催化剂，使幼儿能发现自己的能力与潜力，从而获得成功感。教育是相通的，如果将区域活动评价的三个模式：交流经验——分享快乐——提出问题，运用于幼儿对科学探索活动“试一试”之后，形成：交流“试一试”经验——演示、分享“试一试”的快乐——提出“试一试”中的问题，便能起到评价的积极意义。

不容置疑，科学探索活动的特点决定了它必须以幼儿“试一试”为主要途径，只有幼儿“试一试”了，才能促进科学活动水平的提高。所以，教师一定要更新和调整观念，在活动中真正做到以幼儿为主体。只有这样，才是真正掌握了“试一试”教育的本质。

浅谈幼儿科学创造力的培养

惠州市机关第一幼儿园　佘雪英

人类已跨入21世纪，随着高科技的迅猛发展，知识经济蓬勃兴起，人们深知创新是知识经济的核心。为此，我国提出了“科教兴国”、“自主创新”的战略目标。今天的幼儿是祖国的未来，是未来的主力军，他们能否适应未来的社会，能否推动时代的前进，是当今教育面临的首要问题。为创造而教育就成为了教育的目标，也成为了世界教育的趋势。

研究表明，只要对幼儿科学地进行培养与开发，他们就有可能成为富有创造力的人；而创造力发展的关键时期为2~6岁。因此，幼儿期是幼儿创造力开发的萌芽期，同时也是创造力发展的关键期。

我园经过探索研究，认为要搞好幼儿科学创造力的培养，必须做好以下几方面的工作：

一、更新教师观念，提高业务素养

（1）教师应做科学的引导者，尊重幼儿的个性发展。

教师首先要尊重幼儿的个性，建立新型的、平等的师幼关系，尊重他们的一切想法和合理做法。教师不再是权威的代表，而是保护、激发幼儿创造力的支持者，切不可用成人的思维模式去限制他们或盲目否定。

教师应采用民主型的教育方式进行教学，多与幼儿沟通，对所有幼儿一视同仁。教师不仅是幼儿知识的传授者，更主要的是幼儿个性发展、兴趣培养的引导者、鼓励者，要把选择的自主权交给幼儿，让他们真正成为学习的主人和创新的主人。

（2）教师应注重幼儿创造的过程，淡化其结果。

教师应注重幼儿进行创造的过程，不能只一味追求创造的结果。只要幼儿参与了，不论结果如何都应对其进行表扬，以调动幼儿参与创造活动的积极性和主动性。

（3）教师应不断学习，更新知识，丰富教学形式。

面对新的挑战，教师应与时俱进，不断学习，不断更新自身的知识结构，丰富自己的知识面，采用灵活多样的教学方法、教学手段，提升自身的业务素质和专业水平，以适应新形势下教育的要求。

二、为幼儿创设一个宽松的环境

幼儿创造的萌芽是娇弱的，需要成人的悉心呵护，所以，我们教师要创造一切有利于幼儿创造力发展的环境，学会用正确的方法指导幼儿开展创造活动，让他们像鱼儿一样在水里自由地畅游。

（1）创设自由、轻松的心理环境。

约束和禁令不仅会束缚孩子的手脚，也会约束他们的头脑，在这样的环境里，幼儿循规蹈矩，其心态必然是瞻前顾后，小心翼翼；如果一味地要求幼儿服从、听话，幼儿只能被动地接受，消极地顺从，创造性思维的培养根本无从谈起。而在自由、轻松的环境里，幼儿自由度较大，顾忌较少，他们可以充分地联想、交流和表现，有利于创造性思维的发展。

例如在“狐狸摘葡萄”的活动中，老师讲完故事提出问题后，让幼儿充分发挥想象，与同伴交流。在宽松的环境中，幼儿畅所欲言，想出了许多好办法。有的孩子说让狐狸站在桌子上就能摘到葡萄，有的说让狐狸爬上梯子去摘葡萄，有的说请大象来帮忙……瞧，在这样的环境里，我们的孩子是多么富有创造力和想象力啊！

有时，教师还可以扮演一下“弱者”，让幼儿积极想办法帮助老师解决问题，以此获取成功感。这样幼儿就会知道老师是非常理解和尊重他们的，他们也就会形成不自卑、不胆怯，不呆板地模仿和随从他人，勇于在别人面前表现自己的良好心理素质。孩子们有这样的心理素质为基础，才能产生创新意识和行为。

(2) 创造丰富多彩的物质环境。

教师应当努力给孩子创设一个内容丰富多彩的物质环境，让孩子有较多的动手动脑的机会。同时，教师还要在旁边引导幼儿去发现、探索和观察。这样一来，既能丰富幼儿的知识，又能萌发他们的求知欲和好奇心，从而培养其创造性。

如在科学小实验“浮与沉”中，教师提供各种各样的材料，如石头、塑料杯（碗）、木块、玻璃球、钉子等物品，让幼儿自己动手进行实验，观察它们放在水里会产生什么现象。孩子们一边实验，一边高兴地讲出自己的发现：“老师，木块是浮在水面的！”“老师，我看见玻璃球是沉在水里的！”……在实验中，孩子们还找到许多调节物体沉浮的办法，如在木块上放石头，木块就沉到水底；把玻璃球放在塑料碗里，它就浮在水面……丰富的材料引发了孩子们极大的兴趣，从而促使他们积极地进行实验。在实验中孩子的动手能力得到了提高，创新思维得到了发展。

三、培养幼儿的好奇心，引导幼儿积极探索

好奇心是创造力的“种子”，是创造发明的起点。要培养孩子的创造精神，就需激发幼儿的好奇心。孩子年龄小，缺乏社会经验，对事物认识有限，因此很容易对周围的事物、现象产生极大的好奇心。教师在活动中应积极引导幼儿进行探索，满足他们的好奇心。例如，在“各种各样的声音”活动中，老师让孩子敲打各种各样的乐器及瓶瓶罐罐等，激发他们探索声音的兴趣，进而发现声音是怎么产生的；在“落球盒”活动中，通过教师演示小球的不同下落方向，激发孩子的好奇心，并产生疑问：为什么老师拿掉某一插板，小球就会落到那个插板下面的门里呢？孩子们在好奇心的驱使下，动手操作，仔细观察，认真思考，终于知道了其中的奥秘。

幼儿有好奇的天性，所以也造就了幼儿的另一个天性——好问。幼儿常爱没完没了地向教师提出问题，教师对于幼儿提出的问题，应耐心解答，同时也应鼓励、引导幼儿自己去思考、探索，这样更利于幼儿创造力的发展。

四、正确评价幼儿的创造力，科学地评估创造力培养的成果

由于幼儿缺乏社会经验，他们的种种创造往往与错误、缺陷、任性等联系在一起，这就使一些教师、家长视他们为坏孩子、调皮蛋，并在言语、行动上不自觉地压抑甚至扼杀幼儿创造力的萌芽，这是一种不当的做法。因此，我们应正确地评价幼儿的创造力，一旦幼儿出现了任何的、哪怕只有零星的创造火花，我们成人的第一个评价应该是微笑。当他们看到我们肯定和期许的微笑时，他们必会溢发出无比的自信和成就感，从而引发出无价的创造动机和创新欲望。

另一方面，幼儿创造力的培养要与教学评估工作有机地结合起来。如果我们只一味要求幼儿创造力的培养，而在我们的教学评估工作中，却没有把创造力培养的考核评估放在应有的位置；在评估教学工作时，只注重幼儿答对了几个问题，学到了多少知识，只注重量（知识）的灌输，而不注重质（幼儿思维方式）的培养，这样不是从培养幼儿创造思维的角度去评估教学，势必影响教师培养幼儿创造力的方向及积极性。比如，有的教师为了迎合教学效果考核，只顾给幼儿灌输知识，以期收到立竿见影的效果，而不注重培养幼儿的创造思维方式，这将不利于幼儿创造力的培养，因为创造力的培养是一个细致的过程。临阵磨枪，难以奏效，所以我们应转变观念，科学地评估创造力培养的成果。

幼儿科学创造力的培养是时代发展的要求，同时也是幼儿个体发展的要求。因此，我们应致力于幼儿创造力的培养，为培养21世纪的创新人才打好基础。

用科学的态度培养幼儿的科学创造力

惠州市七五二〇〇部队幼儿园　王士霞

在传统的观念中，幼儿科学教育很少将科学知识与科学实践联系起来，往往是由教师直接教授给孩子科学的事实、定律或原理，这种停留于事实或原理传授的理念和方法很难在科学活动中激发幼儿的创造力。随着社会的进步和教育的改革，科学教育已经从传统的学科教育向现代科学教育转变。因此，幼儿科学创造力培养的过程中，不能再将知识经验的积累摆在教学的首位，不能再将幼儿禁锢于教室与书本中。我们应当从一个更广阔的视角来重新审视科学教育，将幼儿科学教育作为个体持续发展过程的基础而成为贯穿其一生的学习乐章的开始。

近几年，在“幼儿科学创造力的培养”的课题研究中，我特别注意以科学教育所要求的执著、客观、严谨的态度来进行探索。在设计活动的过程中寻找新思路，以敏锐的专业目光捕捉幼儿感兴趣的话题，采取相应的教学手段，保护幼儿的好奇心和求知欲，指导和启发幼儿掌握探索科学的方法，使幼儿向往科学、善于思考。这一探索既满足了儿童个性的发展需要，又适应了社会发展对人才培养的新要求。

一、重视培养幼儿对科学的情感和态度

幼儿科学教育的主要目标有三点：学习粗浅的科学知识和技能；掌握学习科学的方法；培养对科学的情感和态度。在这三大目标中，我认为它们的意义和作用是各不相同的。科学知识和技能是基础，掌握学习科学的方法是开启科学知识宝库的金钥匙，而对科

学的情感和态度则是幼儿学习科学的动力。因此，教师应重视培养幼儿对科学的态度和情感。我是从以下几个方面入手的：

（1）纠正教师自身对“科学素质”认知上的偏差。

科学素质应包括科学的知识、科学的技能和方法以及科学的态度和情感。为此我改变了以往组织活动时只重结果而不重过程的做法，让孩子在探索的过程中自主学习和探索，并体验学习的快乐。例如，在“会变的水”的活动中，我让孩子们玩冰块，在玩的过程中，孩子们认识了水的“三态”变化。

又如，在“会爬高的水”的活动中，我先引导幼儿观察水的流动现象，然后以“水会不会从下向上流”的问题引发幼儿的思考，随后更是让他们进行小实验——在两个一样的花瓶里注入同样多的水，其中一个花瓶中插入一枝鲜花，让幼儿及时地观察并启发幼儿探索思考：两个花瓶里的水有无变化？分别有怎样的变化？插着花的花瓶里的水跑到哪里去了？等等。幼儿在实践的过程中通过自己的观察、思考，并借助已有的生活、知识经验，探索出了水借助植物的根、茎由低向高流的原理。

（2）教师以身作则，潜移默化地影响幼儿的情感和态度。

教师对科学活动应投入极大的热情，以此来感染幼儿，激发幼儿的好奇心和探索的欲望。春天来了，我和孩子们一起饲养蝌蚪、蜗牛，到户外喂蚂蚁、捉毛毛虫，用收集的废旧器皿种花植草等，为幼儿提供了大量亲密接触昆虫和大自然的机会。在这个过程中，我和孩子们一起进行观察和探索。

二、用科学的态度深化科学教育活动

发现幼儿感兴趣的事物对有教育经验的教师来说并非难事，而分析事物中蕴含的关键知识经验则并非易事，必须有不知变知之的执著。如果教师对关键经验不求甚解，又怎么可能使幼儿真实地面对求知世界呢？

玩沙是孩子们的最大享受，以往我们视玩沙为纯粹的玩耍，只是让孩子们尽情地玩、随意地玩。自从接受了“幼儿科学创造力的培养”的课题理念后，我改变了做法，会建议、引导孩子们在玩沙时进行各种想象，他们有的在沙滩上建城堡、有的挖地道、有的种树木，并随即产生了更高远的思想，有的说：“我在沙漠里建城市，长大了我就去沙漠上班！”有的说：“我在沙漠上种了蔬菜，是可以吃的仙人掌！”孩子们还在玩的过程中，讨论如何利用沙漠、改造沙漠，这里面就有不少好的创意。

再如孩子在玩机器人时，有的孩子把机器人拆得身首分离、七零八落，我没有责备他们，而是鼓励孩子试着把拆坏的机器人重新组装起来，后来他们展示新拼装的“四不像”的机器人，高兴地说：“这台是机器人的最新产品！它能帮我擦桌、拖地呢。”瞧，孩子在玩、拆、装的过程中，创新的种子已经埋下了，老师鼓励的态度让幼儿的科学创造力得以开发。

虽说幼儿是以直观形象思维为主，但他们绝不是头脑空空的芭比娃娃，如果只考虑活动形式和材料的新颖，而忽视其与关键经验的关系，纵使幼儿在活动过程中情绪高昂，也只是一种肤浅的娱乐。只有当幼儿通过自己的努力解开难题时，他们才会体会发自内心的快乐并获得成就感。因此教师对活动的每个环节内容安排应该以内容是否直接与关键经验相关联为依据，然后再考虑其新颖性、趣味性等，这一思考顺序绝不可颠倒，否则花了许多时间和精力的活动就变成了浪费时间的花架子。想到一个有趣的环节的确不容易，但如果它与关键经验无关，那么老师就应该用理性的、客观的态度忍痛割爱，果断地放弃这“维纳斯的双臂”。

三、采取丰富多样的手段和方法，培养幼儿对科学的情感和态度

兴趣是幼儿学习最好的老师。所以在科学活动的设计中，教育内容的丰富性，方式、方法的多样化、趣味化、游戏化，都会促使幼儿对活动产生浓厚的兴趣，从而积极地参与其中。做中学、玩中

学，在活动中求发展，是组织幼儿进行科学活动的宗旨。活动中常常采用的观察、实验等方法，都是幼儿喜爱的方法，也能给予幼儿最直接的认识和经验；操作和游戏则能使幼儿感受和体验到科学活动的快乐。因此，我通过多渠道深化科学教育活动，以促使幼儿对科学活动形成积极的情感和主动探索的态度。

（1）巧妙灵活地组织科学教育活动。

如果教师能巧妙地设计、有效地组织教学活动，就能激发幼儿探索的兴趣和主动性。例如科学活动“动物的食物”，我设计了讲故事“百兽饭店”的形式。当我戴着围裙以饭庄大厨的身份出现时，孩子们的注意力全都集中在我身上。并且我还把故事里的人物形象都装入口袋，随着故事情节的展开，我将故事中的卡通形象一一粘贴在围裙上，孩子们惊奇地睁大了眼睛。当故事接近尾声时，孩子们已经很清楚地了解了动物的一种分类情况：按食物的摄取可分为素食动物、肉食动物和杂食动物。

（2）建立自然角，组织种植、饲养活动，通过持续地观察、记录，让幼儿感知一些自然现象和自然规律。

饲养是幼儿非常感兴趣的活动。春天来了，我带着孩子们从户外捞回了一些蝌蚪，幼儿完整、直接地观察到了蝌蚪变成青蛙的全过程，同时也亲眼目睹了乌龟吞食蝌蚪的场面，明白了弱肉强食是动物界自然现象的道理。

（3）开展“科学小实验和科学游戏”活动，让幼儿掌握基本的自然科学知识。

科学小实验不仅能帮助幼儿获得广泛的科学知识和在感知经验的基础上建立概念，而且还能发展幼儿的观察、分类、测量和思考等智力技能，激发幼儿探索的精神。在探索磁铁的实验中，幼儿用有磁铁的钓鱼竿尝试钓各种材料（铁片、塑料片、纸片等）制作的鱼，结果发现，只有铁片做的鱼全被钓起来了，其他材料的鱼则钓不起来，这是怎么回事呢？通过教师的启发、引导，孩子们又通过反复的实验，最终懂得了磁铁能吸铁的原理，从而培养了幼儿善于动脑、积极思考的好习惯，发展了幼儿的想象和思维能力。

幼儿的创新思维培养长路漫漫，值得探讨的问题也有待我们上下求索，但是我以为，只要利用科学的态度来面对这些问题就不会迷失正确方向。我们应该义不容辞地肩负这一历史重任，使我们的孩子不断探索、不断成功、不断进步，在科学的知识海洋中健康成长！

在科学活动中提升幼儿的科学探索能力

惠州市七五二〇〇部队幼儿园　彭　艳

21 世纪是一个瞬息万变的高科技社会，需要具有创造力的人才，只有那些有创造力的人，才真正具有社会生存价值。我们的教育要根据社会的需要培养人才，而创造精神的培养应从幼儿期开始奠定基础。所谓创造力就是指创新能力、科研能力、创造发明能力。而一个有创造力的人就必须具备最基本的科学探索能力。幼儿科学教育应着重培养幼儿探索科学的兴趣与能力。那么如何在科学活动中引导幼儿的科学探索能力呢？我们总结了以下几点经验。

一、选择适当的题材

科学活动成功与否的关键在于题材的选择是否恰当。一个好的题材能激起幼儿强烈的好奇心和求知欲，所以我们在选材上要遵循以下几个方面的原则：①选择幼儿感兴趣的题材；②选择贴近幼儿生活的题材；③选择幼儿有机会动手实验的题材；④选择幼儿能理解的题材。

例如，磁铁，水的浮力，水的蒸发，石头的作用，风的形成与作用，植物与空气、阳光、水的关系，等等，这些都源于幼儿的生活，他们经常接触，非常熟悉，当老师与幼儿谈论起这些话题，他们参与的积极性就非常高。而且这些题材都易于让幼儿操作、实验和感知，能让幼儿在充满自信、愉悦的气氛中参与到活动中来。反之，若是老师选择了孩子们都非常陌生的题材，他们都不了解，而且离他们的生活又非常遥远，那么这个题材会使他们望而生畏，失去学习的兴趣，所以我们要重视题材的选择。

二、设计具有探索性的活动方案

探索过程本身就是一种寻求、获取知识的途径，没有探索过程的活动，会让幼儿感到毫无生趣。它只是一种让幼儿死记教条的过程，而孩子们也许根本无法真正理解老师所授的知识。反之，如果老师精心设计探索情境，让幼儿在游戏或操作的过程中发现问题，产生好奇心，然后通过幼儿的亲身试验或实践去寻找问题的正确答案，那么幼儿在经历了观察→探讨→实验→表达或讨论这一系列的程序后所获得的知识将是他终生难忘的。

探索性活动的设计要从以下几个方面着手：①教学前的准备要为探索活动做好铺垫；②教师的指导用语要有启发性，引导探索；③实验的设计要有可操作性。

例如，在进行“物体的下落”的科学活动时，首先需要收集大量的物品，如大小不同的纸盒、积木、塑制玩具、羽毛、糖果纸，还有许多沙袋，这些都是为了让幼儿观察不同物体在下落时会有速度上的区别而做好探索的准备。当幼儿发现现象问题后，老师的指导用语就要启发幼儿朝着现象问题继续进行探索，如当孩子们发现不同物体抛上去后在下落时有的是快速降落下来的，有的是飘下来的，此时老师应启发幼儿思考：为什么有的物品是飘下来的，有的是掉下来的。孩子们在反复抛物品和比较不同物品的过程中总结出：羽毛、糖纸等很轻的物品是飘下来的，重的物品是掉下来的。这一系列活动的设计都围绕着探索的中心问题展开，孩子们有动手操作、实验证实的探索过程。随后，仍然可以根据孩子的情况，继续引导他们探索纸盒、积木、塑制玩具等物品在下落过程中表现出的不同重量同时落地的现象和原理。

三、提供幼儿参与活动的机会

在倡导以幼儿为主体、教师为主导的教学模式的今天，我们的科学活动更是要求让每个幼儿直接参与到活动中来。那么在活动的设计上应遵循以下几个原则：①操作或感知活动的趣味性、目的性强；②游戏贯穿于活动之中；③让幼儿有动手操作的机会。

操作和游戏都是幼儿最感兴趣、最乐于参与的活动。他们用自己的双手去探索去感知，在游戏中运用和巩固已获取的知识。如科学活动“好玩的石头”，为了让幼儿感知石头的特征，老师在活动前组织幼儿收集了各种各样的石头。首先组织幼儿玩石头，让幼儿随意地在地上拼搭。在动手操作的过程中，幼儿发现了石头表象特征的差异，有的摸起来很光滑，有的比较粗糙；有的石头有花纹，有的没花纹。在让幼儿感知了石头特征的基础上，老师又组织幼儿玩“找朋友”的游戏给石头分类，让幼儿按光滑、粗糙、有花纹、无花纹等特征对石头进行分类。后来还引导幼儿进行实验，进一步探索和感知石头质地上的差异。老师请每个幼儿做小实验：用手、钥匙、木棍等去划石头的表面，然后，用放大镜去观察石头表面的变化，最后，让幼儿把自己感知的结果告诉大家。通过小实验幼儿发现原来石头有的比较坚硬，有的比较软。这些活动中老师不是让某些幼儿作为代表来感知、参与一下就了事，而是尽量让每一个孩子都有参与活动的机会、有探索的机会，让每个孩子都能在快乐的游戏中探索到科学的奥妙。

四、创造良好的探索环境

一个好的探索氛围能让幼儿自发地去探索身边的事物，让他们有良好的愿望去了解它、证实它。例如，孩子们在进行“青蛙的成长过程”活动时，我在活动室内画了“小蝌蚪找妈妈”的壁画，通知故事让幼儿初步了解青蛙的生长过程。又借来了青蛙成长过程的系列标本摆放在科学角内，供幼儿随时观看。另外，个别幼儿在家长的帮助下从池塘捉来了一些小蝌蚪，并将它们放在自然角里让孩子们参与饲养，让他们亲眼观察蝌蚪长成青蛙的变化过程。孩子们经过一段时间的观察了解后，知道青蛙经历了由卵→蝌蚪→先长出后腿→后长出前腿→褪掉尾巴→小青蛙的成长过程。

创造良好的探索氛围是开启幼儿探索动机的金钥匙，老师要有意创造多种探索环境，让幼儿在潜移默化、含而不露的学习氛围中养成良好的探索习惯。

五、运用引导式发现法组织活动

皮亚杰的“发现式教学法”，就是给幼儿提供相应的材料和设备，激发幼儿的兴趣，使幼儿自由地探索事物，发现问题。而老师扮演的是一个观察者、支持者的角色，适时地给幼儿以引导或评价。在老师巧妙的引导下，孩子们不但能获得初步的科学知识，而且也能掌握初步的科学方法。“发现式教学法”的基本步骤是：①引出课题。②通过观察发现问题。③引导幼儿进行探索和推论。④进行实验。⑤引出结果，得出结论。⑥结论的运用。

例如，在科学活动“轮子”中，老师首先设计了观察、探索的情境，让幼儿发现问题后再引出课题。老师组织孩子们收拾、整理玩教具，产生了两个重箱子，并请幼儿想办法将两箱重物搬到室内来。孩子们通过合力推、拉、搬、抬等方法的尝试后，发现用圆木棍垫在箱子底下推起来比较省力。老师适时地引导幼儿总结这种现象所蕴含的原理，并顺势导出探索的主体：我们的祖先发现圆木棍能省力的原理后，就根据圆木棍的外形特征，制作了轮子。最初的轮子就是用圆木棍切成片状制成，它和圆木棍有一样的外形：周边圆滑。为了让幼儿进一步感受和理解轮子省力的实质，老师接着让孩子们用实验来证明轮子的省力性。老师准备了许多木制的小车，有的有轮子，有的没轮子。幼儿通过玩小车装运物品的实验活动，发现在没有装物品前，有轮子的汽车比没轮子的汽车跑得快，装上物品后有轮子的汽车比没轮子的汽车更省力。最后我们还开了一个轮子展览会，让幼儿观察各种各样的轮子，孩子们通过摸、玩、看等活动进一步了解了轮子的作用，知道它在现代生活中是不可缺少的省力工具之一。整个活动过程中老师都是采用引导式的发现法来启发幼儿发现问题，引导幼儿思考解决问题的方法，比起以往那种老师讲解、传授知识，死搬教条的教学方法，引导探索式的发现法更容易使孩子乐意接受，也更能激发幼儿的探索欲望和实践动力。

六、采取游戏化的活动形式

教学游戏化就是用游戏的形式来开展教学活动。游戏是孩子们最喜爱的活动。孩子们乐意在玩中学、学中玩。他们在游戏中一边探索，一边学习探索能力，一边从中获得知识。游戏包括实验游戏、观察游戏、操作游戏等。所以在科学活动中可以穿插一些与教学内容相关的游戏活动，既可以活跃气氛，又可以验证孩子们学习掌握的情况，达到学以致用的效果。

例如，在进行“有趣的风”系列活动中，我采取了一些相关的游戏。

观察游戏：教师带孩子们去户外寻找风。孩子们观察到，当花草摆动、树叶儿摇晃、红旗飘飘、风车转动、风筝飞起时，这一切都是风在起作用，这是自然风。

实验游戏：①老师用气筒给气球充气，然后放开气球口，让气流冲出，将静止的鸡毛吹走，证实了空气的流动形成风。②给每个孩子准备一把扇子和一个风车，让孩子们用扇子扇风使风车转动。如果不扇，风车就不会转动。通过实验让每个幼儿感知风的形成。

操作游戏：①为了让孩子们进一步感知人类对风的作用的有效利用，教师准备了电风扇、吊扇、空调机、电吹风等，让孩子们动手操作后感知人造风。②击鼓传盒的游戏，盒内装有许多画有风的小卡片，通过游戏让幼儿摸取卡片识别自然风和人造风。

这一系列的游戏穿插于活动之中，让幼儿觉得可玩性、可学性强，他们非常喜欢这种游戏化的教学活动。

总之，在活动的设计中如果能遵循以上几个方面，就能使幼儿的科学探索能力得到发展。同时，我认为教师要增强对幼儿科学探索能力的培养，要相信每个孩子都是小小的科学家。因为他们天生好奇；他们已有一定的经验；他们已有一定的思维能力、动手能力；他们对有兴趣的事物表现出锲而不舍的科学态度。因此在教师的有效引导下，幼儿不但能掌握科学的探索方法，而且能提高科学探索的技能。

在记录活动中促进幼儿人格的培养

惠州市机关第三幼儿园　曾晓云

人民教育家陶行知先生指出：“人格培养，端赖6岁以前之培养，凡人生、态度、习惯、倾向皆可在幼稚时代立一适当基础。”在幼儿时期进行良好的人格培养是极为重要的。几年来，我园参与并开展了幼儿科学创新思维课题活动的实践和研究，本课题旨在培养幼儿的科学素养，在激发幼儿爱科学、学科学的兴趣的同时向幼儿进行人格方面的培养。在科学活动中进行人格培养既可以满足孩子对科学的好奇心、培养他们的探索精神，同时，幼儿在学习科学的过程中需要对事物进行观察与思考，在操作中需要分工与配合，在实验中需要胆量与耐心等，这更可以促进孩子良好人格的塑造。

作为操作性很强的科学活动，怎样让一些具体的活动促进幼儿的人格培养？经过实践，我发现，记录已经成为被孩子们所接受并能运用的一种学习方法，更成为对孩子们进行科学教育与人格培养的一种有效手段。孩子们用记录的方式及时将自己的探索操作、观察发现画下来，既留下了孩子们学习的痕迹，又方便孩子们随时随地地去和伙伴交流、合作。在记录的过程中幼儿要对自己的记录结果负责，要对记录过程坚持，要对观察结果大胆表达，因而他们的社会性就会处于不断的发展状态中。那么，如何引导中大班的孩子进行记录呢？我的做法是：

一、鼓励个性记录，引起记录兴趣

孩子第一次开始接触记录，应该是在很感兴趣的前提下，而且是针对比较容易操作和观察到的现象，这样便于孩子把想法转化成符号记录下来。处于中大班期的孩子，他们的绘画表现力较之小班进步不少，能够用较完整的符号来记录自己的想法。同时我认为，让孩子开始尝试记录时，不要把孩子的思维给框死了，先让他们学着按自己的想法大胆地进行记录，而不是先给他们固定的符号。孩子的想法各不相同，他们的记录也应该要有自己的“个性”。

一次，在进行大班科学生成活动“神奇的水柱”时，孩子们起初不断地猜测：一样的洞口一样的水位，喷射的水柱一样远吗？不一样的水位或不一样的洞口喷射的水柱又是一样远吗？大家七嘴八舌地议论着、猜测着，于是我就引导孩子们把猜测用自己喜欢的方式记录下来，有些孩子画了一样长的两条线代表喷射的水柱一样远，而有些幼儿则用简单的文字记录猜测，如“一样”、“不一样”等。由于有了记录，孩子们对后面的实验更加感兴趣了，他们一边做实验一边认真地记录着，还时不时与旁边的同伴交流一下。实验结束后，孩子们拿着记录卡高兴地说：“老师，我猜的和实验的结果一样。”“老师，我猜错了，原来水位的不同会影响水柱喷射的距离。”因为有了记录环节，孩子们对活动的过程与结果更加关注了，同时在记录过程中孩子们的耐力与对事物的关注力也得到了发展。

二、以“日记”形式记录，学会灵活解决问题

孩子们在进行记录的过程中会出现各种各样的问题，因为孩子们的探索观察并不局限在一个个正规的科学活动中。在开放式的学习环境中，孩子们应该随时随地都可以去探索、去观察、去发现、去记录，但是这往往受到幼儿园集体活动的限制，该怎么解决这一问题呢？

孩子们对“植物的根”这一活动非常感兴趣，活动结束后，幼儿将有根的青菜等植物放在一个装了水的透明杯子中，以便通过观察水的变化进一步了解植物根的作用和功能。孩子们的观察兴趣很浓厚，一有空就去观察，还不时地跑来告诉我：“曾老师，青菜

好像会喝水的，你来看。”兴奋之意溢于言表。他们的记录意识也不断增强，有好多孩子能够自己主动取纸片进行记录，看到这些，我也暗暗高兴。

然而孩子们过分的关注却影响了其他集体活动的开展，作为老师，这时是强令孩子们中断记录，以保证下面的集体活动顺利开展呢，还是让他们继续完成记录？教育应追随孩子的兴趣和学习需要，我就这一现象和孩子进行了讨论，让他们来想办法解决问题，既不要影响参加集体活动，又可以满足自己的观察和记录需要。孩子们纷纷表达看法，最后大家决定以“日记”的形式进行观察活动，即幼儿在自由时间随时观察，可不记录或以简单的符号标记，将观察的情况记在头脑中，下午放学前，再将一天的观察结果完整地整理并记录出来。

于是在接下来的日子里，孩子们开始学着在自由活动时观察，在下午放学前进行记录，虽然有时孩子们观察得太投入也需要老师的提醒，但集体活动却能按时开展了。把孩子们在记录过程中出现的问题抛给孩子们来解决，既避免了老师的强制决定，又能提高孩子的自制能力，无意中也提高了孩子们在科学活动中解决问题的能力和记忆能力。

三、在观察比较中发展有目的记录的意识

让孩子学会记录的目的和意义还在于促使孩子关注科学，学会分工与合作，并能认真、负责任地完成任务。所以，在孩子们不断的记录过程中，应该引导孩子们的记录从无意识记录向有意识记录发展，让孩子们的“记录符号”越来越有意义，能够真正记录下他们在探索操作过程中的所见、所思、所想。

在科学活动“沉与浮”中，孩子们分组进行试验和探究，而且他们开始尝试和以往不同的记录形式：每组只有一份记录纸，需要孩子们进行合作记录。而且，老师没有提供统一的符号，需要各小组自己设计物品、现象的标记。活动过程中有三组孩子都按时、

按要求完成了试验观察和记录，并且每一组的记录都有不同之处：小蔓一组的小朋友合作得很好，记录得又快又好；琦琦一组的小朋友在设计的物品标记方面与众不同，很形象而且能让别人一看就明白；蛋蛋一组的记录很清楚，他们将在水里沉下去的物品集中在一起记录，浮上来的物品又集中在一起，这样一来，方便大家统计、观察。但是有两个组的孩子由于没有商量好意见，未按时完成记录。所以在接下来的环节中，我马上组织孩子一起来交流各组的记录表，一方面是让孩子在介绍中学习将自己的观察记录用语言描述出来，与大家一起交流；另一方面是让孩子学习分享和借鉴别人好的方面，提高记录能力。我在各组孩子介绍完后再给予一定的总结和提示，让大家都发现他们的优点，并且让没完成的小组反思和分析原因，这样也能提醒其他的孩子：在一个小组内，大家一定要团结合作，不能只顾自己。

记录是一种渗透在孩子整个科学活动中的学习方式，孩子们通过初级阶段的尝试记录，记录能力确实提高了不少，不仅能及时将自己在探索过程中的所思、所想记录下来，而且记录下来的东西也越来越有意义，不仅能让别人看得明白，还都有自己的想法，很“个性化”。同时，在记录的过程中他们的坚持性、自制力、责任感都得到了发展。另外一个方面，因为有了事先的记录，也使没来得及交流的孩子在事后还能够清楚地说出自己当时的观察与发现，真正帮助孩子留下了探索的“痕迹”。也正因为孩子们在记录的过程中主动交流、乐意交流，因而也发展了孩子们的交往能力、合作能力。由此可见，记录不仅可以成为孩子们学习科学的一种方法，也是促进幼儿培养良好人格的有效途径。

在主题活动中生成科学活动的指导策略

惠东县实验幼儿园　傅连苗

在研究主题探索活动生成科学活动的过程中，教师的指导起着举足轻重的作用。在开展科学活动中，我们一改以往灌输的做法，始终以调动幼儿探索的积极性和主动性为出发点，让主题活动成为幼儿科学探索的场所，在科学活动生成的过程中，我们让幼儿成为当中的主导者，始终让幼儿主导着科学活动的深入开展，我们只为幼儿提供必要的支持和引导。主要概括为以下几点。

一、利用各种提问形式生成科学活动

这里的“提问”，包括教师的提问和幼儿的提问。在日常教学中，教师有大量提问的机会，我们很习惯地向幼儿提出“这是什么?”“为什么会这样?”如果这些问题提出和讨论过多，可能导致教师过于关注学习过程中的知识点而忽略了幼儿的兴趣，从而很难生成有价值的活动。那么，幼儿的提问呢？幼儿的提问可谓是天马行空，带有很强的随意性。因此，幼儿的提问也不一定能生成新的活动。

那么，我们是怎样利用“提问”来促成科学活动的生成的呢?主要通过以下三种方式：

（1）倾听幼儿的问题，促进科学活动的生成。

倾听幼儿的问题是教师发掘生成科学活动素材的途径之一。记得在一次餐后活动时，孩子们三五成群地聚在一起，玩的玩，聊天的聊天，我也加入了他们的谈话当中。只听张展旗神气十足地说：“我奶奶昨天晚上在钉纽扣的时候，不小心把针弄掉了，你们知道是怎样找到的吗?”大家都说:“是你帮她找到的。”展旗说:“不对,是磁铁找到的,我奶奶拿了一个磁铁,在地上这样摸(一边模仿一边说),一下子就找到针了。”明浩马上说:“我知道,磁铁会吸住针的,我以前玩过磁铁。”于是我问他们:“磁铁能吸住所有的东西吗?”孩子们争论起来。于是,放学的时候,我交给他们一个任务,回家后用磁铁试一下能吸住什么东西,不能吸住什么东西,并想办法记录下来。

第二天,大家都带来了自己的记录结果,我又组织幼儿开展讨论,随即生成了科学活动“磁铁的好朋友”。在活动中,幼儿在亲手操作中再次验证了自己的记录结果,当他们发现自己的记录结果和老师的是一样的时,成功的喜悦让他们感到莫大的满足。在这个活动当中,我并没有教给幼儿深奥的科学原理,但是,从幼儿自己在家里探索、记录到活动中的验证、记录,他们都处于主导地位,他们不但知道了磁铁能吸起什么,不能吸起什么,而且幼儿的生活经验、动手操作能力、分类能力都有了很大程度的提高。

(2)通过对幼儿的各种问题进行分析和归类,生成科学活动。

我觉得所有的问题可以分为以下几种类型。

①与幼儿本身有关的问题。当我们让幼儿表述自己的疑问时,幼儿提出的有些问题与他本身是相关的,在“我爱我家”主题活动中,幼儿提出了许多自己与家人之间的问题,尤其是与妈妈相关的问题,如“我是怎么来的?”“我在妈妈肚子里怎样吃东西?”“妈妈是怎样生下我的?”等等。我们就以这些问题为出发点,引导幼儿开展了“妈妈肚子里的宝宝”的科学活动,满足了幼儿的求知欲望,并初步了解了生命的奥秘。

②有关事物本身的问题。幼儿年龄小,认知水平较低,他们提出的问题往往有关事物本身,如在“鞋”的主题中,他们提出了许多有关鞋与鞋店的问题,或是鞋的款式等,那就需要我们老师进一步对问题作出分析和引导,看幼儿对哪一方面更感兴趣,哪一方面更有利于幼儿的发展。

③在想象和创造情境中提出的问题。例如，在“可爱的蛋宝宝”主题活动中，老师让幼儿区分生蛋与熟蛋，有一个幼儿向老师提出：“蛋宝宝老是站不稳，我怎么分呀?”老师马上引导幼儿思考有什么办法能让蛋宝宝站稳，幼儿马上各发奇想，说出了各种各样的办法，科学活动“怎样使蛋宝宝站起来”就这样产生了，虽然当时活动中幼儿提出的问题不直接指向学习内容，但对幼儿想象力和创造力具有促进作用，老师及时抓住了问题并加以引导，生成了新的活动内容。

前面我们说过，“提问”包括了教师的提问和幼儿的提问。教师的提问往往带有较强的目的性，而幼儿的提问却比较随意。因此，学会分析问题的价值，善于抓问题，能有效地促进课程的生成。例如在“我爱我家”的主题活动中，一个幼儿向大家介绍：“我的家里有爸爸、妈妈，有电视、冰箱、电话……”后来，该小朋友向老师提出了这样的问题：“为什么电话里能听见别人的声音?”老师觉得这是引导幼儿感知声音传递的好机会，于是生成了“有趣的电话”的活动。也许活动中幼儿更专注于用嘴巴对着杯子喊对方的名字，或用耳朵对着杯子听那嗡嗡作响的声音，但是活动结束后，幼儿对“传递”的概念也有了初步的感知。

(3) 教师通过巧设提问，促进科学活动的生成。

教师在运用提问时，要有效地触发其生成行为，从而将生长点变成生长发展的课程内容，因此，提问应该是行之有效的。

首先是通过提问，引发幼儿探索的兴趣。幼儿感兴趣的问题能引发其主动探讨，在“动物世界”主题活动中，教师提出了：什么动物会下蛋?什么动物不会下蛋?幼儿争先恐后地回答了老师的问题，老师请幼儿回家搜集有关会下蛋和不会下蛋的动物的资料，随即生成了“胎生动物和卵生动物”的科学活动。这个活动以分类的形式开展，在此之前，幼儿只会将虎和蛇归为野兽，鸡和狗归为家禽和家畜，通过这个活动，不但让幼儿认识了什么是胎生动物，什么是卵生动物，而且再让他们进行分类，他们会将蛇和鸡归为卵生动物，虎和狗归为胎生动物，变通分类能力得到了很大的发展。所以说，提出幼儿感兴趣的问题，能促使幼儿主动探讨。

其次是提出带有疑问的问题，预设生成的科学活动。在“交通工具”主题活动中，幼儿认识了各种各样的船。一天放学前，我交给幼儿一个任务——在家里找找有什么东西能像船一样浮在水面上？有什么东西会沉到水底下？第二天，幼儿带来了自己的记录结果，在预设的科学活动“沉与浮”中，幼儿在亲自操作中再次验证了自己的记录结果。同时，我在活动时鼓励幼儿想办法使浮在水面的东西沉下去，使沉在水底下的东西浮上来，幼儿想了许多办法并不断地尝试。幼儿从回家寻找到亲手操作，期间的价值远远大于学习“沉与浮”这一概念本身，同时也告诉我们，观察周边可利用的教育资源，提出合理的问题，做生成活动的预见者，也未尝不可。

二、抓住幼儿兴趣生成科学活动

幼儿的兴趣是科学活动深入开展的出发点和归宿，对于任何一个生成活动，教师都应顺应幼儿的意愿和兴趣，不要把成人的意愿强加于幼儿，凡是幼儿能想的，就让幼儿去想，凡是幼儿能做的，就让幼儿去做，然后顺其自然，促其水到渠成。

我们要善于分析幼儿的行为，抓住幼儿的兴趣点，这也是在主题活动中生成科学活动的有效方法之一。在“我们的身体”主题活动中，孩子们正认真地进行着“手指印画”。毛毛得意地向旁边的伙伴说他印的手指印有一圈一圈的花纹，旁边的小伙伴好奇地凑过去问：“哪里呀？哪里呀？”其他的小朋友听了，也纷纷说：“我也有。”这时候，孩子们忘了作画，都歪着脑袋研究起手指来了。于是，我问大家：“你们知道手指上一圈一圈的花纹叫什么吗？”有幼儿回答说叫指纹，我肯定了他的回答，接着我又问：“那你们想不想知道指纹有什么秘密呢？”孩子们可高兴了，于是，科学活动“有趣的指纹”就生成了。通过这个活动，不仅满足了幼儿的求知欲望，也让幼儿对指纹有了初步的了解，而且在活动中，幼儿的观察能力、分析能力都有了一定的发展。

还有一次区域活动时，我发现平时门庭冷落的语言区今天却有许多幼儿争着去，后来我留意了一下，并不是我的语言材料吸引了他们，而是我那只大螃蟹吸引了他们，他们对螃蟹身上会发亮的电珠充满了好奇和兴趣。随着人们生活水平的提高，现代家庭里各种各样的电动玩具可谓琳琅满目，如果你拿一副电池让幼儿装到一辆遥控车里，也许他不费吹灰之力就能完成，但是，如果你拿电线、电池、电珠让他把它们连接起来，也许就有许多幼儿完成不了，我想，既然他们对会发亮的电珠那么感兴趣，那我何不趁机引导他们去弥补这方面的空白呢？于是，我们开展了科学活动“会发亮的电珠”，通过活动，幼儿认识了电池有正负极，认识了可以导电的材料，他们的好奇心又一次得到了满足。

三、随机生成的科学活动

随机生成的科学活动也称为偶发性科学活动。幼儿的学习具有情绪性，当他们的情绪高涨的时候，不管什么时间，什么地点，总会问一些这样的问题：这是什么？那是什么？为什么会这样？如果教师能敏锐地抓住科学教育的契机，并给予适时的解答，教育效果将事半功倍。但是，幼儿的思维以形象思维为主，一些抽象的科学道理就算讲解百遍，也不如让他们亲眼目睹和亲手操作。

但是，偶发性的科学活动涉及的内容非常广泛，如早晨的露珠，旋转的陀螺等，不是老师的每一次现场讲解幼儿都能理解的，它需要正规的科学活动，需要幼儿自己亲眼目睹和亲手操作来探索其中的奥妙。我们在开展“我们在春天里”的主题活动时，在种植园里观察刚长出来的菜苗，突然，孩子们像发现了新大陆似的大喊：“老师，我发现了一条蚯蚓！”其他幼儿马上围了过去，七嘴八舌地说起来了，一个说哪里是蚯蚓的头呀？一个说蚯蚓像一条长长的虫子……我想，这是让幼儿探索蚯蚓的好机会，在活动结束时，我让幼儿回家和爸爸妈妈一起搜集有关蚯蚓的资料。第二天，我们开展了观察蚯蚓的科学活动，活动时，我先让幼儿谈谈对蚯蚓的认识，幼儿情绪高涨，因为有了前一天的搜集资料，幼儿讲得非常热烈，然后我再让他们进行观察，他们观察起来很认真。通过这次活动，幼儿认识了蚯蚓的外形特征，知道了蚯蚓的生活习性和作用，不但在知识上得到了丰富，观察能力也得到了培养。

科学并不神秘，幼儿大量的科学活动是偶发的、随机的。在我们开展主题活动的过程中，随机捕捉幼儿偶发的科学活动信息，是促使我们生成科学活动的又一有效方法。

四、结合本地特色资源生成科学活动

在开展科学活动的时候，我们会结合本地的特色资源开展一些科学活动。我们惠东地处沿海，海水资源丰富，孩子们经常到海边玩耍，回来后孩子都会把他们的所见所闻与老师和伙伴交流，在我们进行的主题活动“美丽的海龟湾”中，滢滢小朋友说：“星期天，我和爸爸妈去海边看到了会种出盐的田呢，我爸爸说那是盐田。”别的小朋友说：“你骗人，田哪能种盐呢？种菜还差不多。”小朋友在激烈争论着，老师说：“那你们知道盐是从哪里来的吗？”孩子们都说不知道，于是，我们的科学活动“盐是从哪里来的？”就生成了，孩子们通过自己亲身实验，真的做出了白色的盐，脸上都露出了惊喜，他们还把自己做的盐送到厨房，让全园的小朋友分享他们的实验成果。又如在 2006 年我县的鞋文化节期间，我园结合我县的鞋文化的特色资源，开展了“鞋”的主题活动，孩子们每天都像开新闻发布会一样发表自己的新发现、新感受：“我在鞋城看到一只很大很大的鞋”，“鞋城有很多很多高跟鞋，好漂亮”，“鞋底的花纹好漂亮”。老师抓住这一契机，生成“鞋底的奥秘”科学活动，教师通过带领孩子讨论，参观鞋材市场，尝试穿不同鞋底的鞋等，让孩子们知道了鞋底的奥秘。开展具有本土文化的科学活动，不仅仅是让孩子们参与制作、探索、学习的过程，也能让幼儿真切地感受到家乡浓厚的工业文化内涵，感受到家乡的热闹、繁荣，并产生对本土文化的认同，萌发热爱家乡的情感。

总而言之，科学无处不在，不管是在主题活动中还是在日常生活中。科学探索活动是幼儿的一种主动活动，但却不意味着可以放任自流，它离不开教师应有的指导，当幼儿在探索中无法解决问题时，我们适时的指导，是引导幼儿前进的“台阶”，它能使幼儿的探索活动层层深入，更能激发幼儿探索的欲望，使幼儿获得成功的喜悦。

个案研究

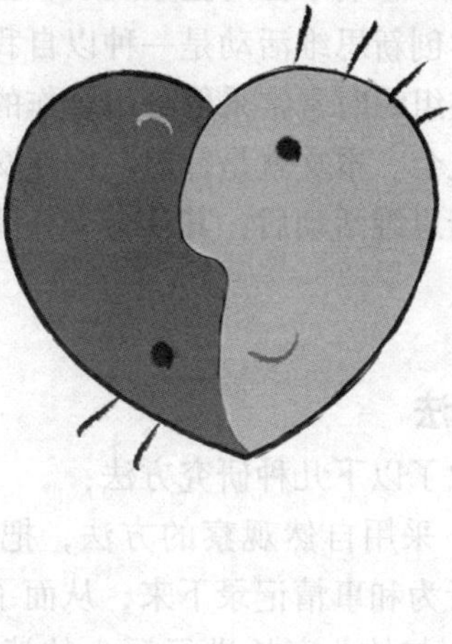

在科学操作活动中提升幼儿的社会交往能力

广州市黄金实验幼儿园　区慧君

一、研究目的

社会交往是孩子必须学习的重要技能之一，交往使孩子感受到快乐，使孩子不孤独。但是现在的孩子大多是独生子女，如果教养环境及教养方式不当，就会使孩子形成一些不良的性格和行为习惯，缺乏交往能力，影响个性的健康发展，甚至会对幼儿的一生产生不良影响。科学创新思维活动是一种以自我探索、自我发现为途径的活动，活动在组织时常常采取分组合作的形式进行，从而为孩子的交往提供了机会。本文就是针对一例在交往能力方面有障碍的幼儿在参加了创新思维活动后，其社会交往能力有了质的飞跃的个案分析。

二、研究方法

我们主要采取了以下几种研究方法：

（1）观察法：采用自然观察的方法，把幼儿在园里的事，尤其是一些特别的行为和事情记录下来，从而了解幼儿的发展趋势。

（2）访谈法：与幼儿家长进行深入的谈话，了解幼儿在家的表现、父母的育儿态度及亲子关系。

（3）研究法：在幼儿参加科学创新思维活动前，对幼儿在交往中出现的问题进行记录，考察孩子的情况，然后让幼儿参加科学创新思维活动，经过一段时间后，对幼儿的交往情况进行记录，然后比较幼儿在参加活动前后的交往能力，从而分析孩子是否有进步。

三、研究对象的基本情况

博源是一个男孩子，长得很可爱；2005 年 9 月进入幼儿园小班。来幼儿园已经有一段时间了，但他表现得性格内向、不爱说话，也不关心周围的事物和人，经常处于被动或独自玩乐的状态，从不与小朋友游戏、合作和交流。无论是什么时候，他总喜欢自己坐在教室的某个角落玩耍或自言自语，有小朋友邀请他参加游戏时他总是会低下头拒绝；如果当他做错了事情受到老师的批评教育，他就会马上躲到桌子底下或钢琴下。通过一段时间的观察与了解，我发现博源在参与活动和与人交往方面有较大的障碍，有较明显的自闭症的倾向。但是我们发现博源在智力方面没有问题，尽管他在课堂上总是自言自语或翻来覆去地动，不听讲，最后他还是能接受所教的知识。

四、分析与讨论

（一）问题的分析

发现这一现象后，我们与家长进行了沟通，了解到造成博源失去自信和有轻度自闭的原因有两点：一是缺乏亲子之间的交流，博源一直由外公带着，爸爸妈妈工作非常繁忙，经常早出晚归的，也较少与孩子交流；而且博源妈妈的性格比较急躁，博源一有什么事做得不太顺她的意思，她就会打骂孩子，使孩子常常感到不知所措，也失去了自信。二是遗传因素的影响，博源的妈妈告诉我们，博源的爸爸小时候也有跟博源类似的情况，向医生咨询过，不否定有遗传的因素存在；再加上妈妈当初是剖腹产，可能也有些影响。博源的这一系列问题也一直困扰着博源的妈妈，让她一直非常烦恼与心痛。妈妈曾经多次与我们沟通，希望我们能帮助博源重拾自信，并学习基本的交往技巧，让他能够与人正常交往。

根据现在的情况来看，博源的症状还不是很严重，但是如果任他这样发展下去，他的自闭状况也许会越来越严重，在情绪行为方面形成否定“自我”的倾向，变得更消极，这对于他个人和家庭来说，都是不幸的事情。因此，我们把博源作为研究的对象，希望能采取一些合适的措施帮助他融入集体，建立自信心，成为一个活泼合群的小朋友。

（二）纠正措施

（1）帮助家长树立正确的育儿观，建立良好的家庭氛围。

俗话说：“没有种不好的庄稼，只有不会种庄稼的农民，农民怎样对待庄稼，决定了庄稼的命运。”同样，家长怎样对待孩子，也决定了孩子的命运。作为家长，首先要审视自身的原因，应给孩子营造一个民主的、宽松的、温暖的家庭气氛，在重视身体健康和智育的同时，也要注重幼儿的心理发展。家长们不妨暂时放下手中的工作，与孩子多沟通、交流，多与他出去接触外面的世界，做做游戏等。与孩子建立亲密、平等的关系，让孩子在潜移默化的教育细节中感受到来自父母的温暖与重视，使之增强自信和社会性。同时我们还给博源的父母介绍了有关育儿的网站，让他们多了解一些育儿知识和教育方法。

（2）在园参加创新思维课程的活动。

幼儿园参与的“幼儿科学创造力的培养”课题的研究，有系统地实施了科学创新思维活动，主要是让幼儿自己去体验和感受，去发现问题，引起他们找出问题究竟的兴趣，让幼儿意识到自己也可以动手操作去发现问题找出规律，对幼儿的自信心、人际交往、智力发展等都有很大的帮助。考虑到博源的特殊情况，我们让他参加了此课题的活动，并在活动的过程中，有意地关注博源的一举一动，鼓励他多次尝试操作和发表自己的想法，帮助他建立起自信；指导他与小朋友合作操作，分享操作结果，让他走出自我的空间，从而让他觉得与人交往是一件美好的事情，培养他的交往能力。

“大小操场”是结合我园的实际环境而设计的操作活动。活动主要是培养幼儿的空间知觉能力，要求幼儿在同一环境布置而不同大小的空间中找出相对应的方位。活动就在幼儿园的实际操场中进行，我制作了两个不同大小规格的立体操场模具。首先我让小朋友观察这两个立体操场模具的相同之处与不同之处，幼儿观察后纷纷说出自己的看法；然后我将玩具小人放在模具小操场的滑梯位置上，让小朋友在模具大操场的相应位置上也放上小人。最初博源像往常一样独自躲在小朋友后面，后来当小朋友们争先恐后地要求操作小人时，我发现博源的注意力已经转移过来了，也在伸着头看模具，于是我请博源第一个来尝试操作，开始博源闪闪缩缩地不愿意尝试，我就鼓励他，希望他能帮助小人找到位置。我把学具拿到他面前让他把小人放好，结果他做对了。当他放对位置的时候，我带头给他热烈的掌声和笑容，其他小朋友也拍起手来。我在小朋友面前表扬博源说："博源真能干，这么快就帮助小人找到它的位置了，小人很开心，谢谢博源！"博源听了，对着小朋友开心地笑了起来。看来博源也是很希望得到别人的肯定的！

小朋友轮流操作过几遍模具后，我让他们亲身去体验，在我们站立的真操场里玩游戏。我把小人放在模具操场的沙池位置里，请小朋友站在实际操场的相应位置。这时我又先请博源第一个带头尝试，只见他笑眯眯地走到沙池中央。看到答案后，我问小朋友："小朋友说博源找对了没有啊？给他些掌声！博源反应真快，又找对了！那我们一起来试试吧！"接下来，我请小朋友 3~4 人一组，自由组合玩游戏，让他们以组为单位找出模具中相应的操场位置并站好。在活动中可以看到博源开心地与小朋友一起竞赛跑到目的地站好，还会提醒同组的小朋友呢！

这个活动不仅使博源开始与同伴互相接触、共同参与游戏，更使他意识到自己在完成任务的同时，能得到老师和同伴的肯定，从而使其建立了自信心。当天活动结束后，博源少有地主动来跟我谈话，使我意识到创新思维课题活动对他的影响是如此深刻、有效。

（3）结合生活的鼓励。

幼儿科学创新思维课题活动的另一个闪光点是它的生活化。幼儿园每星期开展两次课题活动，每次的活动都会带给幼儿一个信息，就是任何现象和事物原理都可以从我们的日常生活和周围事物中找到“为什么”。在探索过程中，孩子们尝试自己想办法，多想一些“为什么”，或亲身体验一下，大胆地尝试寻找出答案；而不能独自完成的时候就会与同伴合作想办法，最后再请老师指导、帮助。在每次活动后我都会跟博源聊天，肯定他在活动中勇敢尝试的表现，和同伴合作解决问题的行为，让他知道与同伴合作来解决问题的优势和益处，促使他愿意并且积极与同伴、老师、家长交往。

五、个案小结

经过一年多的科学创新思维课题活动的训练和与父母的配合，博源的情况有了很大的变化，现在他已能主动愉快地参与各种活动了。在活动中，他的表现常常博得同伴的喝彩，这也帮助他树立了自信心。在期末评估中，博源得到了许多教师的认可与赞同。据家长反映，博源现在在家里的表现也有很大的突破，性格开朗多了，常给爸爸、妈妈和外公讲述在幼儿园里学到的故事和幼儿园中发生的一些事情等，也结识了一些小区里的新朋友，并且常常与他们一起游戏。

在培养博源自信心和交往能力的过程中，我们也得到了许多启示，可以看出幼儿自信心的建立与其情感和社会性交往能力密切相关。我们所进行的创新思维课题活动使幼儿有更多自主学习和尝试的机会，让幼儿懂得自己发现问题，合作探索去找出答案，对培养他们的自信心与合作性有很大的帮助。相信通过坚持进行幼儿科学创新思维课题的研究和活动实践，幼儿各方面的能力都会得到不同程度的提高。

六、附　表

表 1　个体情况调查表

姓　名	张博源	入园年龄	三岁一个月	性　别	男
是否有病史	否	母亲怀孕情况	剖腹	健康状况	良好
个性发展情况	由于父母工作繁忙，与幼儿缺乏沟通，有遗传因素存在，造成自信心不足，有轻度自闭的情况				
行为表现	遇到问题不愿主动面对解决，对任何事情都不关心，不懂得与别人交往，社会交往能力差				

表 2　幼儿家庭情况调查表

	年龄	职业	教育状况	健康状况	经济收入	居住环境	亲子关系	教养方式	家长病史	亲属同住
父亲	35	银行经理	本科	良好	优越	好	好	缺乏沟通	无	外公
母亲	33	医师	本科	良好	优越	好	好	缺乏沟通	无	

让自信陪伴孩子成长

广东省科学院幼儿园　李　莹

一、研究目的

自信是走向成功的起点。缺乏自信并非不聪明，而是一种“不敢”、“不行”、“不好”的消极的内心体验，久而久之，会形成自卑、焦虑、敏感的性格，影响个性的健康发展，甚至会对幼儿的一生产生不良影响。而自信的孩子能积极地参加各种活动，主动地与人交往，勇敢地面对困难，较快地适应环境，大胆地尝试新事物。简而言之，自信的人更具有创造力。自信便是创造人格的一个重要因素。那么，如何增强幼儿的自信心，促进其创造人格的培养呢？这是本课题研究的目的。

二、研究方法

（1）观察法：采用自然观察的方法，结合记录，把幼儿在幼儿园发生的事记录下来。

（2）访谈法：运用谈话的方式，和幼儿父母进行详细的交谈，了解幼儿在家里的各方面表现以及父母的教育观念，同时用问卷的方式了解其父母的基本情况以及亲子关系等。

三、研究对象

（一）幼儿的一般情况分析

钟诗琪小朋友是一个 5 岁的女孩，现读中二班。她性格内向、胆小、不爱说话，也不爱与小朋友合作、交流，从不主动参加小组集体活动。只要入园迟到，她便会大哭，在参加任何活动时，她总是处于被动状态，有退缩行为和畏惧心理，自信心明显不足。

（二）问题行为表现

事例一：琪琪胆子很小，动不动就哭。每当她和别的小朋友在一起玩时，她就会主动让出来，当别的小朋友有攻击行为时，她更是躲避、退缩，从不会还手，只是大声地喊叫，甚至哭泣，没有一点防御能力。当与别的幼儿发生矛盾时，不会解决，不善于表达。有一天餐后活动的时候，琪琪来到自己喜欢的积木搭建区域，为积木小熊搭建房屋。当她玩得正开心时，李文滔走过去想要她手中的小熊，琪琪马上就叫了起来："啊，你干吗?"然后望着李文滔手里的玩具哭了起来。

事例二：一天早晨，刘老师带小朋友到室外进行户外运动，发现一名男孩（思睿）和琪琪似乎发生了矛盾，并且思睿嘴里一直念念有词，于是刘老师走过去了解情况，发现思睿的左手一直按着自己的右手，经过询问，思睿告诉老师他的右手被琪琪咬了。这出乎我的意料，因为平常思睿和琪琪是一对较要好的朋友。我立即叫来了琪琪，琪琪当时就哭起来。为了把事情了解清楚又不影响其他幼儿的正常活动，于是我请他们回到了教室，耐心地询问事情发生的前后情况。原来事情的起因是在走廊排队时思睿不想排在后面，就硬要插队排在琪琪前面，琪琪不愿意，思睿就吓唬她："你不让我排，我就把你关到爸爸的笼子里。"（他的爸爸是一名法官，每当他受到欺负时，他就会说"我让我爸爸把你抓到关罪犯的笼子里"）琪琪心里害怕，就拉起思睿的手咬了一口。当她一边哭泣一边讲述时，我发现思睿自己也皱起了眉头，听完后我询问思睿右手的情况以及琪琪说的是否属实，思睿点点头说："是的，不过我只是和她开玩笑，吓吓她。"琪琪一听哭得更凶了，思睿马上就安慰她："对不起，我错了，我的手已经不疼了。"

四、分析与讨论

（一）原因分析

钟诗琪小朋友性格内向的原因主要是缺少父亲的关爱，母亲教育态度冷淡及教育方式不恰当。

她是独生子女。其父亲从事建筑承包工作，很少在家，对孩子关心爱护不够，更无从顾及孩子的教育问题。钟诗琪一直由妈妈单独照顾抚养。由于其母亲工作繁忙，家庭琐事缠身，所以很少与孩子交流，也不重视孩子的心理发展。有时孩子任性，母亲就对她发脾气；而工作繁忙时，则让她一个人待在家里。

父母都不重视对孩子的教育，从而忽视了孩子的行为反应与心理卫生，使孩子的情绪和行为得不到适当的引导，形成了否定“自我”倾向，行为消极，以至自信心不足。

（二）矫正措施

(1) 帮助家长树立正确的教育观念，转变家长教育方式。

首先是建立良好的家庭氛围。俗话说：“没有种不好的庄稼，只有不会种庄稼的农民，农民怎样对待庄稼，决定了庄稼的命运。”同样，家长怎样对待孩子，决定了孩子的命运。作为家长，首先要审视自身的原因，应给孩子营造一个民主的、宽松的、温暖的家庭氛围，在重视智育的同时，也要重视幼儿的身心发展。我们和家长沟通，让他们与孩子多沟通、交流，带孩子走出家门，通过放风筝、做游戏等亲子活动，与孩子建立亲密、平等的关系。孩子在潜移默化的教育中，陶冶了情操，并会在细节中感受到来自父母的温暖与重视，增强了孩子与小朋友交往的意愿和行为，在一定程度上也培养了孩子的自信心。

其次，父母要确立赏识教育的观念，培养孩子的自信心。

在日常生活中，父母要多观察孩子的行为举止和喜恶，了解孩子的性格倾向，有目的、有计划地培养孩子的自信心。

①创造机会。我们建议她的父母多创造一些可以发挥孩子才智

的机会。例如，节假日或家里有人过生日时，可以鼓励孩子表演节目，随时找机会让她帮你做一些力所能及的家务。这样，孩子经过锻炼，越做越自信，才不会退缩在自卑自闭的角落里。

②耐心等待。创造了机会，就要耐心等待她成长，父母不要以为孩子做不好而干脆自己来做，更不能因其做不好而批评孩子，这样会压抑孩子潜能的发挥。

③给予鼓励。要培养孩子的自信心，需要家长对孩子多激励、多赞许，使孩子树立一种积极向上的心态。

由于父母积极的教育，幼儿的自信心在日常生活中得到了极大的增强。

（2）创造良好的心理环境，让孩子在参与中体验到合作的成功与交流的快乐。

在活动中，让自信心不足的幼儿看到自己的进步，在活动过程中鼓励幼儿积极参与、大胆尝试，并通过自身努力达到目标，树立自信心。

首先，为幼儿创设被人承认、接受的自然过程。幼儿对成人的评价看得很重要，常常当作自己表现好、进步的依据。所以，在任何一个活动环节里，我大多用肯定、鼓励的语气与幼儿交流。如琪琪生活自理能力很强，我就让她做小老师，教其他幼儿穿脱衣服、叠衣服、叠被子，等等。我经常鼓励她："你真棒！"在积极的肯定中，孩子的心理素质不断提高、优化，对外界环境的适应能力逐步提高，慢慢产生了积极向上的健康情绪，最终自信心也增强了。

其次，为幼儿提供合作的机会，使之体验合作的成功感、交流的快乐。针对孩子自信心不足的特点，老师有意引导其参加小朋友的活动，与小朋友交往。例如，和老师一起给小朋友发彩笔，在丢手绢游戏中，激发她主动参加。在合作游戏中，安排其与能力较好的幼儿一起，并给其选择难度适中的材料，这样在别人获得成功的同时，她也能获得成功的愉悦。在活动后，让他们相互学习，交流评价，感受到被老师与同伴承认与接受，她的积极情绪就占据了主导地位，自信心便会随之增强。

五、效果与反思

经过一学期的努力，琪琪不再是那个胆小、不爱说话的小女孩了。如今，她很乐意参加各种活动。在活动课上，她独特的见解常常博得同伴的喝彩。在期末评估中，琪琪得到许多教师的认可与赞同。据家长反映，琪琪现在性格开朗多了，还常给妈妈讲在幼儿园里学到的故事及幼儿园发生的一些事情等。现在她已能快快乐乐地、充满自信地参加各种活动了。

通过上述个案分析，我们从中得到了许多启示：在幼儿期，幼儿园开展幼儿科学创造力培养的活动，对培养幼儿的自信心等创造人格有着重要的意义。

培养幼儿的问题意识和问题能力个案研究

韶关市机关第二幼儿园　陈文芳

一、研究目的

近年来，创造和创新越来越受到世人的关注，创新能力已经成为一个民族是否具有竞争能力、是否能够立于不败之地的关键。问题意识和问题能力是人们产生创新意识、创新能力的基础。因此，将问题贯穿教育过程，让问题成为知识的纽带，培养幼儿的问题意识和问题能力，是发展幼儿创新能力的关键。

二、研究方法

（1）访谈法：与父母进行深入的谈话，了解幼儿在家里的表现、父母的育儿态度及亲子关系。

（2）观察法：把幼儿在园的事，尤其是与问题有关的事件记录下来，从而了解幼儿的发展趋势。

（3）研究法：对幼儿实施某些测验内容，考察幼儿的情况，接着对幼儿实施训练，经过一段时间后，对幼儿实施与前测内容相同的测验，然后比较其异同。

三、研究对象的基本情况

（一）背景资料

杨杨是一个内向的男孩子，妈妈在医院工作，经常要上夜班。杨杨的爸爸是一个单位的管理人员，工作很忙。由于两人工作忙，没有太多的时间照顾孩子，所以将杨杨交给奶奶、爷爷照顾。

（二）问题行为表现

杨杨在幼儿园表现得很安静，不愿主动和老师、小朋友交往。他说话声音小、胆怯，不敢或很少在游戏中表达自己的意愿和提出自己的疑问、看法和意见，从不主动参与集体的讨论、谈话；上课不敢主动举手发言，不敢在集体面前讲话，更不敢发问，且回答老师的提问时经常口吃。

四、分析与讨论

（一）原因与分析

杨杨的性格为什么这么内向，完全没有了孩子的天真活泼呢？经过与孩子父母的沟通了解以及观察孩子平时的表现，我们觉得主要有以下几个原因：

（1）父母忙，疏忽与孩子交流、沟通。

杨杨的爸爸、妈妈工作很忙，回家后还要忙家务。在爸爸、妈妈忙家务时，孩子喜欢跟前跟后地黏着他们，小嘴巴总会问些稀奇古怪的问题。每当这个时候，爸爸、妈妈总会说："爸爸、妈妈没空，别烦，别烦！一边玩去。"家长的态度严重地挫伤了孩子问问题的热情。慢慢地，孩子变得安静了，变得不爱问了。众所周知，家庭是幼儿成长的摇篮，家庭教育的成败对幼儿接受学校教育和以后人生的发展都有着决定性的作用。因此我们首先选择从家庭入手。主动与家长沟通，向家长反映孩子在园的表现，希望家长配合，共同教育孩子，使孩子能改变现状，有所进步。

（2）消极评价，横向比较。

杨杨是三代单传的独孙，奶奶、爷爷对他寄予了很高的期望，处处给他提出过高的要求。孩子由于年龄特征和各方面能力所限，常常难以达到老人的要求，因而常常受到老人的严厉训斥。幼儿的自我评价缺乏独立性，他们容易轻信和接受成年人的评价，成人的评价往往成为他们认识自己的主要依据。有的家长不注意自己的评价对孩子发展的影响，经常随意批评、否定孩子，有的习惯性地对孩子进行横向比较，拿其他孩子的优点与自己孩子的缺点相比，如“看她画得多好，你画的什么呀?”“看隔壁的玲玲老拿红花，哪像你，真的太令我失望了!”成人这种消极、否定的评价，会使孩子产生“己不如人”的感觉，怀疑自己的能力，认为自己很笨、很差，这会严重影响他们积极的自我形象和自信心的形成。

(3) 不善交往，以至于影响语言表达能力。

好群是人的一种先天本能，人只有在社会中、群体中，才能获得一种归宿感和安全感，儿童也不例外，幼小儿童更是如此。孩子学会说话、走路后，他就要主动去找小伙伴玩。而杨杨的奶奶、爷爷年纪大了，既要照顾杨杨，又要忙于家务，根本没有时间带孩子出去玩，又怕孩子一个人出去玩不安全，所以经常在做家务时让孩子待在家里一个人玩。慢慢地，杨杨已习惯一个人独处，就算有时奶奶、爷爷偶尔要带他出去玩，他也宁愿待在家里。

(二) 纠正措施

针对以上原因，我制定了以下措施:

(1) 家园共同配合。

首先，我主动与杨杨的爸爸沟通，将杨杨在幼儿园的表现向爸爸反映，并婉转地告诉他奶奶、爷爷严厉的教养态度对孩子产生的不良影响。接着，建议爸爸、妈妈尽可能多抽出时间陪陪孩子，多与孩子沟通，增进亲子间的感情；经常带孩子到户外去活动，使他有更多的机会接触各种新事物和环境；鼓励孩子与其他小朋友交往。让孩子经常处于这样的环境中，对于促进他开动脑筋、发展思维是十分有利的。

(2) 激发孩子提问的欲望，保护他的问题意识。

在幼儿园，我们会想办法激发杨杨回答问题的欲望，如我们提出问题时，会经常鼓励他发表自己的见解，参与活动、参与讨论；当他回答得不对时，我们也用欣赏的态度对待他。此外，我们不仅仅满足于让他回答问题，而且努力去营造一种情境，为他提供更多的发现问题的机会，引发他内在的问题意识。

(3) 从他感兴趣的事物入手，鼓励他大胆发表自己的见解、大胆回答问题。

在一次关于生日主题的活动中，杨杨很兴奋地在大家面前讲自己生日的经历。他的发言赢得了小伙伴热烈的掌声。他的表现也令我很意外，也让我意识到只有从孩子感兴趣的事物入手，才有可能让他们大胆地发表自己的见解，大胆地回答问题。于是，我开始从孩子感兴趣的事情入手，经常与孩子交谈。如“周末你去哪里玩了”、“你最喜欢哪种溜溜球”等。当说到自己感兴趣的事时，杨杨就没有了腼腆，像找到了知心朋友一样，话渐渐地多了起来。慢慢地，孩子和我的关系亲密了，和我交谈的话题也多了，有时还会对我提出一些稀奇古怪的问题。孩子对周围事物产生各种各样的疑问，表明他动了脑筋，有了求知的欲望。对此，我们切忌厌烦，要在正确解答问题的过程中，不断发现和发展孩子的兴趣和爱好。这样做，有利于因材施教，因势利导；同时还能帮助孩子增加词汇，提高口语表达能力，促进智力的发展，同时培养孩子爱提问题的习惯。

(4) 重视孩子的提问，让幼儿在问题情境中成长。

对于孩子的提问，我们要给予重视，教师不仅要用言语鼓励孩子提问，而且要用创设环境、提供机会和合作支持等手段，使幼儿形成一种良性循环的“问题链”，让他们在教师创设的和自己自发生成的问题情境中不断成长。幼儿探索世界的活动往往是由问题引起的，而这些问题的出现又常常与周围的环境、材料密切相关。教师要想办法让环境和材料鲜活起来，激发幼儿的好奇心和求知欲，促使他们更乐意去探索，使其问题意识始终保持觉醒状态，其问题能力得到相应提高。如在科学活动“鸟的分类”中，杨杨提出各种问题：“为什么企鹅的羽毛不沾水？”“大雁飞时为什么会排成一排？”“为什么野鸡会飞，家里养的鸡不会飞呢？”在幼儿探索的过程中，老师可借助环境和材料，有意识地启发幼儿提出新的问题，使幼儿通过自己的探索找到答案。老师可以根据孩子的表现随时调整教育策略，改变环境，提供新的材料，使孩子有新的发现，启发孩子产生新的问题。

五、小结与建议

经过三年的跟踪研究，杨杨有了很大转变，性格变得活泼开朗了，能主动与小朋友交往，主动地参与游戏和活动，而且在活动中敢于举手发言，大胆表达自己的见解，甚至还会提出一些有趣的问题。

孩子善于发现问题和爱提出问题，不仅能反映出他们思维发展的进程，更重要的是表明他们好观察、善于捕捉周围环境中新异的事物或现象。因此，在日常的教育中，我们要重视培养孩子的问题意识和问题能力。

喜看孩子的变化

——攻击性行为儿童个案研究

佛山市南海师范学校附属幼儿园　李金花

一、研究目的

如今的孩子大都是独生子女，他们受着百般的呵护。富有的物质生活，使他们养成了依赖，经不起挫折、困难的考验等许多不良的心理品质。这些幼年的行为问题，可能会影响今后的学业、工作和生活。那么，如何让孩子养成良好的个性品质，如自信、敢为、好奇、独立、合作等，也就是创造人格所包含的良好心理品质？这正是本课题要探索的问题。

二、研究对象的基本情况

（一）背景资料

鸿鸿是个虎头虎脑的男孩，自幼父母离异。他的妈妈是个体户，文化水平很低，家庭生活富裕，大部分时间和保姆一起生活。鸿鸿在我们班幼儿当中年龄偏大，他既聪明又活泼，对事物充满了好奇心，不管什么事情都愿意尝试着去做，但是，他却成了我们班出了名的小霸王，只要有人想和他分享东西，他就会怒发冲冠，要么毫不客气地将同伴推倒，要么张口就咬，经常伤害其他同伴，合作性很差、自控能力也很弱。

（二）问题行为表现

一个星期三的上午，户外活动的内容是玩滑滑梯，孩子们都很喜欢玩。忽然，耳边传来一阵哭喊声，我循声走过去，发现班里年龄最小的雯雯手指上出现了被咬的痕迹。我边安抚她边问：“雯雯，谁咬你了?”雯雯边哭边将小手指向站在他旁边的鸿鸿。我立刻明白了，然后对鸿鸿说道：“你咬她了?”鸿鸿看了看我，一边咿咿呀呀地说着、比划着，一边又将身体移向滑梯，接着以极快的速度抢在另一个小朋友的前面冲下了滑梯。针对他的行为，我立刻把他请到了身边，告诉他咬人是不对的，玩具要大家一起玩。鸿鸿听了我的话，很高兴地答应着，一溜烟地又跑向了滑梯。

三、研究方法

我们主要采取以下的研究方法：

（1）访谈法：与父母进行深入的谈话，了解幼儿在家的表现、父母的育儿态度及亲子关系。

（2）观察记录法：采用自然观察的方法，把幼儿在园里的事，尤其是与问题有关的事件记录下来，分析幼儿的情况，研究教育方法及措施。

四、分析与措施

（一）原因分析

我们认为鸿鸿不愿和孩子分享，合作性这么差，经常伤害其他同伴的原因有以下几方面：

（1）父母离异的影响。

鸿鸿父母离婚前关系一直不好，经常争吵，而且父亲有暴力倾向，稍有不顺就会对母亲拳脚相加。这一幕幕暴力的镜头都在鸿鸿的脑海里留下了深刻的影响，这也是造成鸿鸿经常伤害其他小朋友的主要原因。

（2）妈妈的过分宠爱。

由于只有一个孩子，妈妈通常是鸿鸿要什么就给什么，满足他的一切要求，对其千依百顺，有求必应，心甘情愿受孩子的支配。妈妈对孩子的溺爱，让孩子变得为所欲为，只知接受爱，不知给予爱，抓住妈妈爱他的心理，来牵制妈妈并达到自己的目的；也使孩子误以为自己天生就应该受照顾，要求的权利越来越多，只关心自己，不懂得关心别人，把享受当作理所当然，对父母的辛劳习以为常，漠不关心，自身也缺乏自制力和独立生活能力，不善交际，合作性差，根本原因也就是自信心不足。

(3) 独生子女的不良因素。

孤僻的养育环境，如家里没有兄弟姐妹，对人格的发展有一定影响，家里玩的、吃的都属于他一个人，是他的天下；加之现在高楼单元住房又影响着小孩之间玩耍和游戏，因此他无法与其他孩子分享，没有互相帮助的机会，缺乏谦让的体会，缺乏与人共同生活必需的各种品德，也最终影响了其合作性和自信心的发展。

(4) 保姆的千依百顺。

保姆对鸿鸿千依百顺，即使被他咬了也不敢教育。久而久之，鸿鸿那股霸道劲就油然而生了，只要稍有不顺心的事情，或者是大人没有及时满足他的要求，他就会采取咬人的方式，不管你是谁。俗话说“家庭教育是幼儿最早的学前教育”，的确没错。家庭教育是形成孩子性格的根本因素，保姆的溺爱在一定程度上导致了孩子霸道、不合作的性格。

(二) 纠正措施

孩子的攻击性行为不是一朝一夕形成的，因而想要改变它也不能急于求成，需要循序渐进，同时需要老师及家长的紧密配合，并借以有效的矫正方法方能奏效。

(1) 老师的教育策略。

①移情教育。要让孩子改变这种唯我独尊的性格，首先应该让孩子学会体验他人的情感，也就是对他进行适当的移情教育。我通过一些故事和情境表演，让孩子参与到活动中，让他体验到分享的快乐。

②帮助孩子在观察中学会“商量”。记得一次午饭后，鸿鸿因为没有抢到自己心爱的玩具又想和同伴打架，我看见后，连忙把鸿

鸿拉到了一边，告诉他想玩玩具时先来告诉老师，同时要求他看别人是怎样通过协商交换玩玩具的，教他学说一些简单的句子，如“让我玩玩好吗?”“你玩后给我玩”等。在我的督促与帮助下，鸿鸿有了最初的与他人分享的意识，同时也在交往中渐渐地学习着和别人“商量”。

③表扬的魅力。针对鸿鸿的这一性格，我在平时活动中注意及时发现他的闪光之处，对他好的行为有针对性地加以表扬，注重表扬的时效性，讲究表扬的价值所在。鸿鸿动作灵活，妈妈反映他在家里小自行车骑得棒极了，于是，我有意让鸿鸿在大家面前露一手，并鼓励他将自己的车子让给同伴玩。当他在活动中表现出“商量”行为并和大家一起分享时，我就会送他一个大大的红五星。

（2）家庭教育方面。

①建立合理的家庭关系。不把孩子摆在特殊的地位上，处处把他当中心人物、照顾重点，而应让他感到自己与别人一样，相互是平等的，在行为上要对孩子提出一定的要求，如尊敬长者，对人有礼貌，热爱劳动，不浪费饭菜，不要事事只顾自己等。

②培养自主能力。家长不要溺爱孩子，应培养儿童独立自主的能力，让孩子学会管理自己，自己的事情自己做，相信孩子的能力。培养孩子的勇敢精神，磨炼孩子的意志力，让孩子甩开处处依赖家长的心理拐杖，自己“独立行走”。让孩子分担家务，通过劳动使其懂得尊重劳动成果，培养团结协作精神，逐渐形成义务感和责任心。家长要有耐心，不可操之过急，破坏孩子学习的机会，干扰孩子创造性思维的发展。

③改变家庭的环境。家长每天必须抽一定时间，与幼儿共同游戏或在让其参加家务劳动中创造交谈的机会，谈话的主题可以联系幼儿在幼儿园的生活，以此了解他们的想法和需求，还能锻炼幼儿多说话。

④参与社会活动。家长不应把孩子封闭在自己的小圈子内，要

带领孩子走出户外，如带孩子去游乐场、公园、动物园等孩子比较多的地方，引导孩子主动与其他小朋友结识、玩耍。当孩子表现出霸道时，父母不要训斥或表现出失望，而应心平气和地教孩子学会讲道理。还应鼓励孩子把小朋友请进家门，为他们提供多方位的交友机会，让孩子从中体验友谊和温暖，同时应对孩子在社交中出现的合群现象给予奖励，逐渐提高他们的社交能力。

五、小结与建议

通过一学期耐心细致的教育及引导，原来的小霸王鸿鸿不再霸道，咬人现象逐渐减少，语言表达能力也有了一定提高，学会了协商。这个案例使我更加深刻地认识到，教师在教育过程中要注意根据幼儿的个性特点，研究有效的教育形式和方法因材施教，只有这样才能真正确保教育的实效性，从而促进每个孩子身心得以健康地成长。

孩子的成长离不开家庭教育、学校教育和社会教育。只有三者有机结合、相互配合、协调一致，实现三种力量的整合，才能提高教育的整体效益，从而促使孩子健康成长。

培养幼儿探索能力的个案研究

佛山市南海区机关幼儿园　陈雁明

一、研究目的

好奇、好动、求知欲强是幼儿的天性，这种天性无处不在、无时不有。在幼儿科学教育目标的构成和内涵上，我们强调：情感态度优先考虑，探求知识的过程和方法比获得知识本身更重要。幼儿有了积极主动的探索和学习态度，就有了终身学习的动力机制。探索是指让幼儿自己去操作，通过亲身的体验和尝试，找出事物的特点及规律，达到学习知识和技能的目的。在大班开展实验活动时，我发现，幼儿经常表现出积极主动探索和认识周围世界的强烈动机和愿望。而如何引导幼儿积极地进行探索，正是我们开展实验活动的目的。

二、研究方法

我们主要采取以下两种研究方法：

（1）观察法：采用自然观察的方法，了解幼儿在园的表现与发展情况。

（2）访谈法：与父母进行深入的谈话，了解幼儿在家的表现、父母的育儿态度及亲子关系。

三、研究对象

我们在班上选取了一位探索能力比同龄幼儿略弱的幼儿，开展指导性的个案研究，进行培养训练。

（一）幼儿一般情况分析

该幼儿年龄 5 岁半，胆小内向，比较怕事。爸爸妈妈工作比较忙，大部分时间都由爷爷带。他对超人特别偏爱，课后爱扮超人舞手动脚；思维能力和接受能力较好，自理能力一般；普通话发音比较准，但不善于表达。

（二）问题行为表现

该幼儿进入我班后，经过观察，我发现该幼儿自控能力比较差。学习上，贪玩、不喜欢动脑筋，游戏时缺少目的性。在活动中，不懂得探究的方法，怕困难，受不起挫折，欠缺探索精神。

四、分析与讨论

（一）原因分析

经过与他家人的沟通和了解，以及观察其平时在幼儿园的表现，我们发现造成这种情况的原因主要有以下几点：

（1）爷爷事事包办，造成其自理能力一般，动手能力差。

因为他父母工作比较忙，所以，孩子从小就跟着爷爷过。爷爷对这个小孙子非常宠爱，事事包办代替，孩子 2 岁半还要喂饭，3 岁多还不会穿衣，外出也不让走路，经常抱着或背着，甚至从幼儿园带回家的手工作业，孩子不会，爷爷也帮着做好了。久而久之，造成孩子自理能力一般，动手能力差。

（2）父母没有时间指导，造成其不懂探索的方法。

父母平时工作比较忙，较少时间陪孩子玩，而爷爷对培养探索的方法一无所知。由于没有家长的指导，他不懂得探索的方法，遇到困难也不知道该如何解决。平时在家里，一遇到问题或困难，爷爷就直接帮他解决了，这也使他失去了很多学习探索的机会。

（3）自信心不足，造成其胆小怕事，不敢探索。

因为与同龄孩子相比，他的自理能力差，动手能力差，遇到问题或困难也不懂解决，所以，慢慢地他就越来越不自信。由于自信心不足，他就变得越来越胆小怕事，对简单的熟悉的活动愿意参与，对不熟悉、有挑战的活动就不敢参与，对探索活动更是望而生畏。

（二）纠正措施

（1）家园配合，共同培养其探索能力。

众所周知，家庭是幼儿成长的摇篮，幼儿园教育只有得到家庭教育的配合才能起到应有的作用。所以，我们首先与该幼儿的家长进行沟通交流，争取得到家长的支持与配合。针对该幼儿的情况，我们先向家长说明了科学的育儿观念是怎样的，让家长意识到孩子存在的问题，再向家长介绍一些科学的育儿方法，请家长配合幼儿园同步实施科学的方法，让家庭教育成为幼儿园教育的延伸和补充。

（2）利用多媒体手段，进行模拟学习。

平时，我们把其他幼儿探索的片段拍摄下来。在他不知如何探索时，我们就播放之前拍摄的探索片段，引起他探索的兴趣，让他进行模拟学习。

（3）提供大量实验材料，进行体验学习。

在科学角，我们准备了大量的实验材料，平时我们会有意识地引导他去科学角玩实验游戏，让他亲自感受科学探究的过程，诱发他的创造力，让他体验发现的乐趣。每次操作完后请他把发现记录在记录表上，培养他养成良好的观察习惯。通过一系列的操作实践活动，使他具有了初步探究问题的能力和创新精神。

（4）利用自然环境扩大其探究空间。

大自然中蕴藏着无穷的奥秘，同时也具有无穷的探究空间。所以，我们利用自然环境去扩大他的探究空间。如活动“实验土里有什么”，我们带他到大自然中去探索，他能想出用不同的方法寻找土里的东西，当他发现泥土里除了植物的根、石头、贝壳、沙子等东西外，还有蚯蚓、蟑螂等小动物时，他变得更加兴奋，探索的兴趣更加浓烈。此时，我们就抓住他的兴趣点，对他进行启发，引导他进行更深层次的探究。

（5）通过分组实验活动，培养其深入探究的能力。

在实验课中，我们通过分组实验活动，来培养他深入探究的能力。如在实验活动“沉与浮的奥秘”中，我先提出问题，组织分组实践活动，让他通过分组实践活动，知道哪些物体会沉，哪些物体会浮，然后让他进行深入探究，探究出用不同的办法使沉的物体浮上来，使浮的物体沉下去。最后，再比比谁的探究方法多而好，他的探究方法得到了大家的肯定。这使他变得自信了，也更加积极地进行探索活动了。

（6）通过与同伴相互讨论学习，培养其创新能力。

实验过程中，我还组织他和同伴进行互相讨论、学习，使他能积极地参与整个探索活动，如实验活动“取皮球”中，他能大胆地讲出与别人不同的取皮球的方法。同时，他也能了解到别人的探究方法，取长补短。我们对于他大胆、有创意的探究方法给予了充分的表扬和肯定，让他能更加大胆地探索和思考，进一步培养了他的创新能力。

五、小结与建议

通过长期的探究活动，现在，他已能随时随地地探究身边的科学，并且有了一定的创新能力。遇到问题，他也懂得与人交流去解决问题。在实验活动中，他能开心地与同伴合作，科学实验操作能力有所提高，认识问题的能力也加强了，还能主动地学习。渐渐地，他变得越来越开朗、大方、自信。同时，也培养了他不畏困难、大胆、主动、灵活、自主等一系列对探究能力发展有益的个性品质。

从该幼儿的进步中我们可以看到，幼儿只有通过实际的探索与操作，才能感知和体验到实验活动的无穷奥秘和乐趣。我们在活动中应提供丰富的材料，创设宽松的心理环境，引导幼儿自由、大胆地进行观察、操作、尝试、实验，自由自主地探究。发现和肯定幼儿的创新思维和能力，观察分析孩子的需要和兴趣，在孩子求助时给予适宜的启发与合作，这样才有利于孩子探索能力的培养。

幼儿攻击性行为纠正的个案研究

惠州市机关第三幼儿园　曾晓云

一、研究目的

攻击性行为是幼儿期的孩子比较常见的一种问题行为，在不同年龄阶段的幼儿身上会有不同的表现，一般表现为打人、骂人、推人、踢人、抢别人的东西等。心理学把攻击性行为定义为导致他人身体上或心理上的痛苦的有意伤害行为。这种有意伤害行为包括直接的身体伤害（打人）、语言伤害（骂人、嘲笑人），它对攻击者或者被攻击者的身心健康发展都有着许多负面的影响。幼儿的攻击性行为不仅仅会影响到他们道德行为的发展，而且如果任其攻击性行为不断升级，并延续到青少年时期，他们就容易产生攻击性人格，并造成其今后人际关系的紧张和社交的困难，因此，对幼儿的攻击性行为应该有效地加以控制和制止。通过个案研究，我们采用间歇强化法、亲近、榜样、暗示、家园联系等方法矫正孩子的攻击性行为，使其在一日活动的各个环节中能与同伴友好相处，感受与同伴合作的乐趣。

二、研究方法

在研究过程中主要采取以下方法：

（1）观察法：通过追踪式的观察将该幼儿的行为表现记录在案，从而进一步了解其行为发展状况。

（2）研究法：采用间歇强化法、亲近、榜样、暗示、家园联系等方法促进其攻击性行为的改正，并比较其前后的变化，分析孩子是否有进步。

三、研究对象的基本情况

幼儿凌浩鸿升入大班以来，表现得很霸气，经常打人、抓人、踢人，惹是生非的情况可谓“屡见不鲜”，打人的记录也与日俱增，三天两头就有家长来告状，说浩鸿又打××的孩子了，浩鸿又推××了……甚至很多家长都带着奇异的目光想“见识”一下这个孩子。在活动室里，他拿着玩具去追打同伴；在图书角，他抢其他小朋友的图书，别人不给，他就扭住别人的胳膊硬抢；在美术活动时，他常常独自霸占一大块桌面，不让别人过来，他还时不时地故意用画笔在别人的纸上、身上涂鸦。

他打了人以后，还会对被打的人及知情的人发出警告：“不许告诉老师。”一旦事情被老师或家长知道，并找到他时，经过教育，他会承认错误，甚至痛哭流涕地保证不再打人，但事后他会一如既往，仍然管不住自己再次去打人。老师多次与他谈话，对他进行教育，效果却很不理想。老师向家长反映，家长却认为孩子聪明，这些打打闹闹的小事算不了什么，大事化小，小事化了。

四、分析与讨论

（一）原因分析

在与孩子的交谈中，我发现他每次打人的情形无非是以下三种：①别人讲了他一两句，骂了他一两句或无意中碰了他一下等，他就会怒发冲冠地冲上去打人；②活动中故意去打别人；③“莫名其妙”地打人。

从浩鸿小朋友的攻击性个案分析中，我找出了他攻击性行为产生的原因：

（1）家庭因素。浩鸿家祖孙三代一大家子住在一起，父母工作忙没有时间照顾孩子，平时主要由奶奶负责浩鸿的生活与学习。

家长对孩子在幼儿园的表现不能有一个正确、统一的态度，要么若无其事、一笑了之，要么"恨铁不成钢"揍一顿。孩子挨打以后，容易产生抵触情绪，并将这种情绪"转嫁"到别人身上，找别人出气。而且他发现自己每次打人后，除了老师会批评教育，奶奶稍微说他几句，并代替他向别人赔礼道歉外，他不需要担心什么，逐渐地就形成了攻击性行为。

(2) 模仿因素。社会学习理论认为：幼儿攻击性行为是其观察和模仿的结果。由于儿童模仿性强，是非辨别能力差，因此，孩子很容易模仿其周围的人或是影视镜头里人物的攻击行为。浩鸿有一个阶段最喜欢看奥特曼，在家里看了，就在小朋友之间交流，为模仿电视中的攻击动作，于是便把学来的动作用来攻击其他幼儿。因此幼儿习得攻击性行为，其关键原因是他们从影视片、文学作品、同伴、成人中看到或听到了攻击性行为的榜样。

(二) 攻击性行为的纠正措施

(1) 创设不利于攻击性行为发生的环境。

《幼儿园教育指导纲要》特别强调环境教育，强调环境在促进幼儿发展过程中的重要作用。社会生态系统理论也强调儿童是社会生态环境中的一分子，爱主动探索周围环境，而非被动的学习者。周边的社会生态环境为儿童提供了潜在的发展机会并对其产生直接或间接的影响，同时儿童的反应、行为与习惯亦会影响到与其直接相关的微系统（家庭、幼儿园或社区）。

为了减少幼儿的攻击性行为，我们是这样做的：在幼儿园中，努力创造条件，尽最大可能地满足幼儿的各种合理的心理需要。如公正地对待每个幼儿；尽可能多地关注和尊重每一个幼儿，让每个幼儿都有成功和表现自我的机会。另外，我们还对幼儿设定了合理的期望，不过高，因为过高的期望只会增加孩子的挫折感，增加其攻击性行为。我们尽量减少了对孩子的不适当的限制和控制，以减少他们的挫折感，进而减少其内心压力，减少其攻击性行为的产生。

通过家园沟通，家长转变了认识和态度，也配合工作改善了家庭环境气氛。让孩子有充裕的玩耍时间，提供适当的玩具，不让孩子玩有攻击性行为倾向的玩具。不让孩子看有暴力镜头的电影、电视，不在孩子面前讲有攻击性色彩的言语，减少幼儿攻击性行为的信息源。不对孩子进行体罚，因为体罚本身就起了不良的示范作用，而且体罚不仅会伤及幼儿的身心，同时还会增加幼儿的心理挫折感，会使幼儿的攻击性行为增加。另外，家长有意识地为孩子提供了“协商”解决冲突的榜样，当孩子表现出攻击性行为时，也对他进行及时的适当的批评教育。这样浩鸿的攻击行为自然而然地减少了。

（2）提供宣泄内心压力的多种形式和途径。

烦恼、挫折、愤怒是容易引起攻击行为的情感，因此要教会孩子懂得宣泄自己的情感，把自己的烦恼、愤怒宣泄出来。我认为对幼儿的攻击性行为宜“疏”不宜“堵”，因为简单的堵截方式（如限制幼儿的活动、不理会幼儿的申辩等），会让幼儿“安静”地压抑其攻击性，被压抑的攻击性情感并未因此而消失，而是会深入到他们的潜意识中，过分压抑的结果往往导致攻击性能量的过度积聚，最终会爆发更为猛烈的攻击性行为。所以我们创造各种机会，让幼儿宣泄其内心的紧张情绪，以减少其产生攻击性行为的可能性。如经常组织幼儿参加一些消耗能量的竞赛性游戏，以及丰富多彩的艺术活动；另外，我们应尽量多与孩子交谈，交流情感，耐心倾听他的心声；在适当的时间和场合还要允许幼儿大哭或大喊大叫，以减少其消极情绪的积聚，进而减少其攻击性行为。同时我们注意不让孩子通过摔打物品的方式来发泄其内心的不满情绪，因为这样的宣泄不一定能减少幼儿的攻击性行为，有可能还会在其宣泄后习得更多的攻击技能，产生更加强烈的攻击倾向。

家长让孩子通过饲养小动物来培养孩子的爱怜之心，经常鼓励孩子和小朋友在一起友好地玩耍，这种鼓励亲善行为的做法，也是纠正孩子攻击行为的一条行之有效的途径。

(3) 引导孩子进行移情换位。

心理学的研究表明，攻击者在看到受害者明显痛苦时，往往会停止攻击。然而，攻击性很强的人则会继续攻击他人。这是因为他们缺乏移情技能，不会同情他人。因此，我们与家长采取一致的措施以培养孩子的移情能力。除了讲道理，告诉孩子攻击行为给别人带来的痛苦和导致的严重后果外，更通过孩子的实际体验让孩子换位思考：别人欺负了你，你的感受和心情是怎样的？那么，你欺负了别人，别人又会有怎样的感觉和心情呢？让孩子从本质上消除攻击性行为，这是一种很好的方法。

(4) 对孩子的攻击性行为“冷处理”。

当孩子产生攻击性行为时，我们会在一段时间里不予理睬，用这种方法来“惩罚”他的攻击行为。如让孩子一个人在房间里反省，或暂时剥夺其参加某项活动的权利等，直到他平静下来为止。这种方法的好处在于不会向孩子提供呵斥、打骂的攻击原型。而且我们对孩子的攻击性行为故意忽略，而特别关注被攻击的对象，孩子想以攻击性行为来引起他人注意的意图就落空了。

(5) 教给孩子解决问题的方法。

孩子之所以出现攻击性行为，其中一个主要原因还在于他解决冲突或进行沟通的方法较少。针对这一情况，老师和家长都注意给予孩子榜样示范或直接教给他正确的方法，教会孩子用正确的方法来解决问题，教会孩子懂得正确宣泄自己的感情，通过正当渠道把自己的烦恼、愤怒宣泄出来，尽可能将攻击行为降到最低限度。

五、小　结

我在分析了孩子攻击性行为产生的原因后，查阅有关资料，以及我国对幼儿攻击性行为研究的动态，主要以个案追踪为主，通过个案研究，采用间歇强化法、亲近、榜样、暗示、家园联系等方法矫正孩子攻击性行为，改掉该幼儿无故打人骂人、随意破坏他人活动的不良行为习惯，使其在一日活动的各个环节中能与同伴友好相处，感受与同伴合作的乐趣。创设集体教育氛围，并与家长协调一致教育幼儿，消除孩子的不良行为习惯，为孩子的健康成长打下了良好的基础。

参考文献

［1］吕武平等．心理门诊．天津出版社，1997
［2］朱智贤．儿童心理学．人民教育出版社，1985
［3］班华．心育论．安徽教育出版社，1996

用“狐狸法则”培养幼儿的独立人格

惠州市七五二〇〇部队幼儿园　王士霞

一、研究目的

《幼儿园教育指导纲要》中指出：“既要满足幼儿受保护、受照顾的需要，又要尊重和满足他们不断增长的独立要求，要避免过度保护和包办代替，鼓励并指导幼儿自理、自立的尝试。”独立自主性是指在思考和活动中较显著地不依赖、不追随别人，能够相对独立地活动。独立自主是健康人格的表现之一，它对幼儿的生活、学习质量以及孩子成年后的成功和家庭生活的美满都具有非常重要的影响，因此本文就针对一例在独立自主发展方面存在缺陷而影响智力发展的幼儿，在参加了创新思维活动后，其性格、社会性发展都有了质的飞跃的个案进行分析。

二、研究方法

我们主要采取以下的研究方法：

(1) 访谈法：与父母进行深入的谈话，了解幼儿在家的表现、父母的育儿态度及亲子关系。

(2) 观察法：与幼儿建立亲密的关系，给予充分的活动自由，对其取得的点滴进步做记录，从而了解幼儿的发展趋势。

(3) 研究法：在幼儿参加创新思维课题活动前，记录幼儿具体的行为表现，考察幼儿的情况，然后让幼儿参加创新思维课题活动，经过一段时间后，记录幼儿相同方面的行为表现，比较其参与活动前后的变化，从而分析孩子是否有进步。

三、研究对象的基本情况

（一）背景资料

杰杰是一个男孩，2004 年 1 月进入幼儿园，当时年龄为 3 岁 2 个月，是家中的独生子，父亲和母亲均是一家医院的医生，他们对孩子基本上是撒手不管，完全交给外婆照管。杰杰身体健康状况良好，很少生病。进园时不怕生，但自私、任性、霸道，自理能力极差。据他母亲反映，他在家的表现也差不多是这样，打骂外婆，吃喝拉撒全由外婆包办代替。

（二）问题行为表现

杰杰每天来园都哭闹不止，赖在外婆身上不肯下来，还伸手去抓外婆的脸。平时上课如出入无人之境，手工、游戏都不参加，玩玩具时去抢小朋友的。玩游戏时小朋友邀请他，他会粗暴地拒绝，手工作业他会去撕烂，经过一段时间的观察，发现他是一个外强中干的孩子，虽然表面上很霸道，其实内心缺乏自信，由于自理能力极差，任何事情都不愿意尝试。

四、分析与讨论

（一）原因分析

杰杰为什么有任性霸道的表现，而且对任何事情都没兴趣去尝试呢？经过与父母的沟通与了解，以及观察其平时的表现，总结起来，发现是由以下几个方面的原因造成的：

（1）父母的大撒把和外婆的严重溺爱。

杰杰的父母都是事业有成的人，工作很忙，母亲又在省城进修，对孩子的教育关心极少。他们认为，孩子还小不懂事，能做的事情很少，要等到大些才开始培养孩子的独立性。他们比较关注孩子的智力开发，只要求外婆平时多教他认字就可以了。另外就是外婆的包办代替，有求必应，缺点包容、错误体谅，这样就造成了杰杰的“健康心理过剩症”。因为长期在一种特别幸福的空间里，他对幸福的感觉明显降低，即使在很幸福的环境里也浑然不觉；其次是特别害怕困难，不愿接触生活中的艰难困苦，甚至会将一些平常的事也认为是痛苦的事而神经过敏。

（2）缺乏人际交往。

儿童时期，父母的关爱是最重要的。而杰杰长期接触的只是外婆一个人，因为生活在一个狭小的空间里，加上外婆怕伤到他，任何东西都帮他做好，极少带他去院子里跟其他小朋友接触，因此，杰杰不懂得如何与小朋友沟通，使得小朋友不愿与他交往。在入园初期，幼儿不论是行为习惯和学习积极性都是从成人或伙伴中学会的，特别是规则意识和与人分享的行为习惯，需要在交往中获得，说教的效果没那么显著。而杰杰不与人交往，不参加集体活动也是导致其社会性发展滞后的原因之一。

（二）纠正错误

婴幼儿期间发展是极其重要的，父母不要认为孩子还小，能做的事情很少，等到孩子大些再开始培养也不迟。其实独立性是孩子终身发展的动力，是时代的需要，一个缺乏独立性的儿童是无法适应现代化社会的需要的。长此下去，他会变得更加无法无天、更加自闭，甚至也许还会变得智力低下。因此，教师把杰杰作为研究的对象，并采取一些必要的、适合的措施帮他重新融入集体，重建自信心，成为一个有爱心的小朋友。针对问题的分析，老师制定了以下的措施：

（1）用“狐狸法则”培养其独立人格。

老师发现，造成杰杰这种现象的主要原因是杰杰父母没有对独立性的培养引起足够的重视。众所周知，家庭是幼儿成长的摇篮，家庭教育的成败对幼儿接受学校的教育和以后人生的发展都起着决定性的作用。单凭老师一方面的努力是无法取得良好效果的，因为家庭教育与幼儿园的教育是息息相关的。于是老师在给杰杰制定改善措施时选择从其母亲入手，与家长进行深入的沟通，告诉她杰杰的情况很严重，这种长期的依赖、自私霸道导致他缺乏自信，难以融入集体生活，从而影响了其智力发展及行为表现，并向她讲述了“狐狸法则”的故事——

沙漠中的母狐狸养了一窝小狐狸，小狐狸长到独立捕食的时候，母狐狸又咬又追，毫不留情。小狐狸中有一只瞎眼的，但妈妈也没有给它特殊的照顾，照样把它赶得远远的。因为妈妈知道，没有谁能养它一辈子。小狐狸就这样一天一天长大了，那只瞎眼的小狐狸也终于学会靠嗅觉来觅食。

杰杰母亲听了狐狸法则的故事很不平静，她终于对培养孩子独立人格产生了足够重视。她说：“谢谢老师的提醒。连狐狸都懂得不能靠父母养活，得自己去生活，显然这是自然界所有动物的生存法则。尽管有些残酷，但这就是动物族类持续生存的天然法则。”说到做到，母亲开始多抽时间陪杰杰，多带他接触外面的世界，培养亲子关系，尽量让他自己的事情自己做。我们叮嘱在这个过程中要注意度的把握，不要把溺爱变为严厉。老师与家长时刻保持联系，及时了解杰杰的情况，及时给父母提建议。

（2）在园参加创新思维活动。

幼儿园参与实施的创新思维活动，采取了新型的教学方法，从激励到磨砺，主要是使幼儿在轻松、充满鼓励的环境下发展创新思维能力和人格，让幼儿意识到自己可以按照自己的方法达到目的，这可以对自信心、学习兴趣、人际交往、智力等的发展起到很大作用。

由于杰杰懒散惯了，不能一下子让其像其他孩子一样参加集体活动，老师决定从以下几个方面进行培养：①给其充分的自由。孩子的独立性是在独立的活动中产生和发展的，也就是暂时不强迫他参加集体活动。②与他建立亲密的关系，让他感受到老师的爱，从而使他对老师和周围事物都具有信任感。③循序渐进，不随便批评。独立自主性的培养是一个长期的过程，需要循序渐进地进行，切不可急于求成，对孩子的发展做出过高不合理的要求，也不能因为一时不参加集体活动就横加指责。④让杰杰多参加智慧动作训练，在训练过程中有意创设一些条件让杰杰成功，让他重建自信心；鼓励他与小朋友合作，经过合作分享后，让他懂得与人交往是一件美好的事情，发展其社会性。比如，在玩创造性游戏“营救小动物”时，在选择跨越有障碍物的路标时让杰杰完成。在他顺利完成任务后，老师和小朋友一起为他鼓掌欢呼，经过一段时间的观察训练后，杰杰终于开始融入集体生活，尽管他与其他幼儿仍存在着明显的差距，但毕竟他开始一天天进步了。

（3）赏识教育。

由于儿童的无知和能力所限，儿童期是犯错误最多的时期，尤其像杰杰这种被外婆宠惯的幼儿，往往控制不住自己。这时老师要学会赏识教育，因为赏识教育承认个体差异，肯定孩子的长处和点滴进步，渐渐使差距缩小、消失，以赏识的目光激励孩子，孩子的变化会令人惊喜。

五、小结及建议

经过一年的智慧动作训练与父母的配合，杰杰的情况有了很大的变化，在园会自己吃饭，并且积极主动地参加游戏和学习活动，最可喜的是能与小朋友友好相处，还能主动地担任某些任务；在家里能够主动与父母说在幼儿园的事。这都归功于智慧动作训练的鼓励以及父母的配合。

从这个例子我们可以看出，幼儿智力发展与幼儿的情感、社会性发展密切相关，不能够只发展一个方面，而忽视别的方面。要把培养幼儿的独立人格作为首要任务，让父母意识到包办代替会致使孩子变得平庸，而且会剥夺他们创造美好事物的权利。幼儿园的智慧动作训练指导模式的思想，是把活动扩展到日常生活当中，使幼儿有更多的机会进行训练，形成一种思维习惯，所以趁着幼儿园生活是培养独立自主的关键期，要好好把握，在保证孩子安全的前提下，放手让孩子去做力所能及的事。

六、附 表

表1 个体情况调查表

姓 名	杰杰	入园年龄	三岁两个月	性 别	男
是否有病史	否	母亲怀孕情况	正常	健康状况	良好
个性发展情况	由于家庭忽视能力培养，造成自私霸道的个性，缺乏自信，能力差				
行为表现	平时很任性霸道，我行我素，不愿意尝试任何事物，对周围事物都不关心，不喜欢与人交往，有攻击性行为，集中表现在智力与社会性发展的滞后				

表2 幼儿家庭情况调查表

	年龄	职业	教育状况	健康状况	经济收入	居住环境	亲子关系	教养方式	家长病史	是否同亲属同住
父亲	35	医生	本科	良好	优越	好	一般	放任	无	是
母亲	32	医生	本科	良好	优越	好	较好	放任	无	是

活动设计

打开来　看一看（小班）

韶关市机关第一幼儿园　曾黄燕

活动目标：

（1）尝试用多种方法打开盖子，并大胆用语言进行表述。

（2）对活动感兴趣，能积极参与活动，体验成功的乐趣。

活动准备：

各种带盖的盒子、瓶子、罐子，总数略多于幼儿人数，内装若干糖果。教师演示用具一套，由大到小（如用胶带封住的电脑箱、积木盒，旺仔小馒头罐，内置小熊挂件等），DV。

活动过程：

（一）创设情境激发幼儿帮老师找宝贝

（1）请幼儿看 DV 后出示用胶带纸封住的电脑箱。

师：××的妈妈送来了很多的宝贝礼物，这是送给老师的，但是这个宝贝礼物藏到了箱子里，躲了起来，你们能想办法帮老师找出来吗？

让幼儿自由回答。

（2）请一幼儿帮助打开箱子。

师：哦，原来里面还有个盒子。

教师再次请一幼儿打开盒子，直至找到里面的宝贝礼物。

（二）请小朋友找宝贝

（1）师：刚才小朋友帮老师找到了宝贝，老师非常感谢你们，××的妈妈也为你们准备了好多宝贝。它们现在都藏在了罐子里、盒子里、瓶子里，现在你们自己去找找吧！

（2）幼儿在活动室周围找宝贝，尝试用各种方法打开盖子。

（三）说说是怎么找到宝贝的

师：你能告诉我们，你是怎么找到宝贝的吗？

让幼儿自由回答。

（四）数数、玩玩、比比，你的宝贝有多少

师：你能把你找到的宝贝糖果数数，说说有多少吗？

幼儿进行一一点数，并与同伴进行简单比较。

最后，引导幼儿互赠糖果、玩具，共同分享。

帮水搬家（小班）

惠东县实验幼儿园　罗巧丽

活动目标：

（1）知道能帮水搬家的物品，并能比较并找出运水最快的物品。

（2）体验帮水搬家游戏的乐趣。

（3）体验、学习合作的快乐。

活动准备：

大水桶6个，饮料瓶4个，小杯子4个，小水桶4个，纸、篮子、布、袜子、汤匙、筛子、罐子、海绵等物品。

关键环节：

引发好奇—进行探索—及时巩固—再次探索—巩固延伸。

活动过程：

（一）设置情境，引导观察，引发策略出现

教师出示几个装满水的桶和几个空桶：

师：小朋友，今天老师想请你们帮个忙，你们愿意吗？

师：这桶水太重了，我想把桶里的水搬到另一个桶里，有什么办法呢？请小朋友试一试。

（1）幼儿分组自由尝试使用各种工具帮水搬家。

（2）分享同伴帮水搬家的方法和使用的工具。

教师小结：我们帮水搬家可以用勺子、小桶、杯子、瓶子等。

（二）多次尝试，提供反馈，形成目标策略

师：老师今天请来了许多水宝宝和水宝宝的好朋友，你们想不想和水宝宝做好朋友呢？那我们来做个游戏吧！

（1）幼儿分组运用桶、瓶子、勺子进行运水比赛，看哪组运得最快。

（2）集中交流：哪个小组是第一个帮水搬完家的呀？你们是用什么运水的？

（3）讨论：为什么用水桶运水最快，而用杯子运水比较慢呢？知道是什么原因吗？（自由回答）

教师小结：因为水桶大，装的水多，所以运水快；杯子小，装的水少，所以运水比较慢。

（三）相似任务，训练巩固，促进策略迁移

（1）尝试用各种物品（纸、篮子、布、袜子、汤匙、筛子、罐子、海绵）搬水。

师：老师还带了许多物品，小朋友试一试怎样用这些物品帮水搬家？有好的办法告诉老师和小朋友。看谁想的办法最多、最好。

（2）集体分享幼儿帮水搬家的方法。

（3）让幼儿说说在日常生活中还有什么东西可以用来帮水搬家。

活动延伸：

和爸爸、妈妈一起找一找日常生活中可以用来帮水搬家的物品。

五彩缤纷的蘑菇（中班）

广东省科学院幼儿园　周锦雁

设计意图：

前段时候，我们带孩子到研究所参观了菇菌培育实验室和菇菌的标本、图片展览，孩子们的兴致很高。回来后，孩子们对蘑菇非常感兴趣，还带来了很多有关蘑菇的图片、资料。看着孩子对蘑菇这么有兴趣，我便抓住这一契机，设计了这个美术活动，引导幼儿进一步观察和了解蘑菇，在看看、做做、玩玩中加深对蘑菇的认识，体验手工制作的乐趣，并在操作活动中提高小朋友的想象力和创造力。

活动目标：

（1）学习用绘画、装饰、折叠、泥塑等多种方法制作和装饰五彩缤纷的蘑菇。

（2）激发幼儿的想象力和创造力。

（3）体验美术创作的快乐。

活动准备：

知识：引导幼儿观察蘑菇，感知其外形特征，了解蘑菇的生长、种类和作用等知识，萌发用美术形式来表现的欲望；蘑菇图片、蘑菇美术作品的范例各若干；画框、图画纸、蜡光纸、橡皮泥、垫板、剪刀、塑胶盘、油性笔、油画棒等。

活动过程：

（一）导入活动，引起兴趣

（1）师：刚才我们的蘑菇商店开张了，小朋友玩得很开心，还认识了各种各样的不同颜色、形状的蘑菇。有的蘑菇外形长得很漂亮，但它是有毒的蘑菇，不能食用，小朋友也不能在野外随意采摘来吃。今天老师准备和小朋友一起设计一个蘑菇画廊，请小朋友把你看过的和想象到的蘑菇制作出来，也可以像科学家一样创造一些外形漂亮、五彩缤纷的，又能够食用的“蘑菇”，放进画框里，我们把它挂到蘑菇画廊里，让更多的人欣赏和了解蘑菇，好吗？

（2）出示范例，请幼儿说一说，这些作品是用什么方法来制作的。老师简单介绍各种制作方法。

（二）激发幼儿的创作欲望

师：刚才，小朋友看了一些蘑菇作品，老师也为小朋友准备了许多材料，一会儿我们来比一比看谁最会动脑筋，用你灵巧的手，制作出五彩缤纷的蘑菇作品。

（三）提出活动要求，幼儿创作，老师指导

（1）引导幼儿自由选择材料进行制作，根据幼儿的能力进行个别指导，使每个孩子都能体验创作的乐趣，享受成功的快乐。

（2）鼓励幼儿大胆想象，创作出与别人不一样的蘑菇作品。

（3）提醒幼儿剪纸时，要把剪下的纸碎放到盘子里，保持桌面和地板的整洁。

（四）欣赏与评价

协助幼儿把美术作品布置成蘑菇画廊，引导幼儿欣赏自己和他人的作品，看看哪幅作品最有创意，想象力最强，感受用自己的作品来布置环境的快乐。

省力的轮子（中班）

江门市蓬江幼儿园　谭玉墀

活动目标：

（1）知道轮子是圆形的，可以由各种材料制成，它会滚动，并且可以省力。

（2）观察、表述轮子在生活中的应用。

（3）体验探索的乐趣。

活动准备：

纸皮箱两个，小拉车、木棍若干，各种各样的车子、轮胎，课件等。

活动过程：

（一）导入活动，引起幼儿活动兴趣

师：今天，老师带来了许多有轮子的东西给小朋友欣赏，你们想看吗？

（1）让幼儿仔细观察各种各样有轮子的物体，互相讨论、观察轮子是怎样的。

（2）教师引导，幼儿自由探讨。

（二）感知活动：尝试探索

（1）教师出示两个纸皮箱（其中一个有轮子）。请两个幼儿拉一拉，再交换推动，然后说出哪个省力点，为什么有的轮子会省力一些。

（2）为幼儿提供各种有轮子的玩具（车、船、飞机、手电筒、时钟等），在操作探索中启发幼儿想一想，哪些是相同的，哪些是不同的。

（3）启发探讨："你玩的玩具的轮子是怎样的？"

（三）师幼小结

（1）许多交通工具都有轮子（如自行车、摩托车、公共汽车、飞机、地铁等）。

（2）除了交通工具，还有一些物体也是有轮子的（请个别幼儿先回答）。

（3）轮子可以由各种大小、粗细不同的材料制成，例如，有橡胶、木头、塑料、钢做的轮子。

（4）轮子的作用。

最后，组织幼儿观看课件，注意观察轮子在社会生活中的应用。

活动延伸：

日常生活中，继续观察有哪些物品是有轮子的。

会变的纸花（中班）

佛山市南海师范学校附属幼儿园　曾　燕

活动背景：

一次美工活动后，有个小朋友把剩下的碎纸扔到了孩子们漱口的水桶里，突然他惊奇地喊起来："快看，快看，皱纹纸变了！变了！"他的喊声吸引了很多孩子围拢过来。我循声望去，原来是皱纹纸因为吸水而改变了颜色。这是难得的教育契机，我马上问："你们看看纸有没有变化？"孩子们争先恐后地趴在旁边看着，"有。""那是为什么呢？""不知道。"

是的，幼儿是天生的"科学家"，他们有无穷无尽的好奇，而且常常把这种好奇付诸行动——摸摸、尝尝、掂掂、搅拌、倒进倒出……通过各种尝试增长知识。无疑，小实验活动能让幼儿扮演小科学家的角色，能最大限度地满足孩子的好奇心。于是，带着孩子们的问题，结合中班幼儿喜欢探索，乐于尝试，愿意自己动手进行操作的年龄特点，我设计了这个活动。本次活动的组织是为了满足孩子探究实验的需求。

活动目标：

（1）激发幼儿的探索欲望，体验操作探索的乐趣。

（2）了解不同材质的纸的吸水性能。

（3）大胆表达自己的想法，尝试用表格记录。

活动准备：

各种纸的材料（报纸、包装纸、卡纸），纸制的花朵若干，实验记录表每组一张。

活动过程：

（一）发现纸吸水的现象

（1）出示纸花。

师：老师有一种“神奇”的花，请你现在把纸花放入水中，看看会有什么变化？

提问：你发现了什么神奇的事？（花打开了，花瓣湿了）

（2）为什么纸花会在水中“开放”呢？

教师小结：因为纸会吸水，纸做的花吸了水以后就会“开放”了。

（二）观察水滴在纸上的结果

（1）教师交代实验方法：将颜色水滴在纸上，耐心地观察一会儿，看看水滴有什么变化。（幼儿操作实验，教师巡回观察）

师：纸都会吸水吗？

（2）幼儿讨论实验结果：你发现了什么？你是怎么知道的？

教师小结：生活中的各种纸，有的吸水，有的不吸水。将水滴到纸的表面，如果水马上消失了，或是慢慢地渗透进去了，那这些纸是会吸水的；如果水一直停在纸的表面，那这些纸是不吸水的。

（三）第二次尝试，玩不同材料的纸花

（1）老师取出事先准备好的其他材料制成的纸花，问："这里还有不一样的纸花，你们知道这张纸叫什么名字吗？"

（2）"那么这些纸花放到水里会不会开放呢？"

（3）幼儿操作。

（4）提问：你的纸花开了吗？纸花遇到水为什么会开呢？（纸花在水里"喝"了很多的水）

（四）第三次尝试，学习合作记录实验结果

教师让一组幼儿（3 人）拿 3 种不同纸质的花进行合作比较。

（1）出示实验记录纸，师生一起讨论记录的方法。

（2）大家一起把纸花放入水中，仔细观察：什么纸质的花先"开放"，什么纸质的花接着"开放"，什么花最后"开放"。

（3）共同记录实验结果。

（五）讨论

教师示范操作，共同验证实验结果，将记录表贴在黑板上，记录结果。

为什么 × ×纸做的花最先"开放"？为什么 × ×纸做的花最后"开放"？

教师小结：不同的纸吸水的速度是不一样的，材料不一样，吸水的速度也不同，比如餐巾纸、绉纸很薄又粗糙吸水快而多，白卡纸光滑又厚吸水慢且少。

（六）讨论：纸在生活中的作用

（1）纸给我们的生活带来许多方便，人们根据需要制造出各种吸水和不吸水的纸，那纸有什么作用呢？

（2）天气热擦汗该选哪种纸？画水粉画该用哪种纸？包吃剩的食品如饼干糖果等该用哪种纸？并说明理由。

活动延伸：

生活中还有一些很特殊的纸，如不怕水的纸等。（启发幼儿注意观察平时生活中用到的纸）

谁的办法多（大班）

广州市黄金实验幼儿园　尚　攀

活动目标：

（1）通过操作，让幼儿利用已有的经验解决问题，培养问题迁移能力。

（2）训练幼儿动手操作能力。

活动准备：

一组：石头、橡皮泥、磁铁、装满水的玻璃瓶、泡沫板、硬纸片、筷子、透明胶、桶若干。

二组：装水的矿泉水瓶、装水的碗、洗发水瓶、软吸管、玻璃瓶、塑料杯、针筒。

三组：红黄蓝颜料、汤匙、盐、筷子、针筒、塑料杯、大桶、小桶（装水）。

活动过程：

（一）引出问题，引导观察，引发策略出现

（1）师：小朋友，今天老师要请你们解决三个问题，看看谁的办法多！

问题一：（老师把一些可以沉、浮的物体放在玻璃瓶里）小朋友，请看看这瓶子里的物体，有些什么现象？（要求幼儿说出有的物体沉，有的物体浮）

师：假如要使沉下的物体浮上来，浮着的物体沉下去，可以吗？

问题二：桌上有一瓶水，你们想想办法，在不动瓶子的情况下可以用什么方法让瓶子里的水倒流？

问题三：这里有一杯二色水，你们知道它是怎么变的吗？（帮助幼儿回忆变二色水的条件）那今天老师是要你们调三色水，你们用什么办法把它调出来？

（2）告诉幼儿分组的要求（相互之间可以商量），让幼儿进行自由分组操作并强调活动规则。（幼儿的实验要在不影响他人的情况下进行）

（二）多次尝试，提供反馈，形成目标策略

集中幼儿，请个别操作完毕并有代表性的幼儿介绍自己是怎样做的，为什么这样做。

（1）沉入水中的物体浮力小，借助浮力大的物体就可以浮起来，反之，浮起来的物体浮力大，借助浮力小的物体就可以沉下去。

（2）通过挤、吸、压的方式对水施加外力，能够改变水流的方向。

（3）加盐的多少能改变水的密度和重量。加盐越多的水密度越大，它就可以沉在没加盐且密度较小的水的下面。

幼儿再次进行操作。

（三）相似任务，训练巩固，促进策略迁移

有针对性地对活动进行简单的说明讲解。

教师小结：今天，小朋友都开动了脑筋，想出了许多办法，解决了老师的难题，以后小朋友碰到类似的问题只要勤动脑，一定可以解决问题。现在老师这里有许多用过的废旧笔头，怎么样让它变废为宝继续使用呢？下课后小朋友一起来想一想吧。

请幼儿与老师交流自己的操作经验。

潜水艇为什么能浮和沉（大班）

佛山市南海区机关幼儿园　刘洁玲

活动目标：

（1）大胆操作，了解潜水艇的简单原理。

（2）乐于探索与发现。

活动准备：

潜水艇录像、矿泉水瓶人手一个、透明塑料箱一个、六只装满水的大水盆、铁钩、绳子、橡皮筋、吸管、泡沫板、木块若干。

活动过程：

（一）出示空矿泉水瓶，引起幼儿兴趣

师：老师手上拿着什么呀？（幼儿回答）

师：这个空的矿泉水瓶是轻的还是重的呢？要是把它放到水面上会怎么样？（请幼儿示范）

（1）师：怎样才能使这空矿泉水瓶沉下去呢？小朋友想一想有什么方法？

教师示范给瓶子灌水的方法。（因为瓶子里装满了水，变重了，所以沉下去了）

（2）师：现在瓶子沉下去了，老师请小朋友帮帮忙，怎样才能使这个沉下去的矿泉水瓶再浮上来呢？

教师介绍材料：木块、泡沫、铁钩、绳子、橡皮筋，还有吸管。

请小朋友三个人一组用老师提供的材料进行实验，但是实验的时候不能用手去碰沉在水底的矿泉水瓶，只用这些材料来想办法。

（3）幼儿动手操作，教师巡回指导。

（4）实验后请小朋友说一说："你是用什么材料使沉在水里的矿泉水瓶浮上来的呢？"

（二）利用矿泉水瓶的浮沉实验引出潜水艇

（1）师：这个矿泉水瓶在水里可以沉下去又可以浮起来，就像我们海军叔叔开的什么呀？（幼儿回答）

（2）请幼儿观看潜水艇录像，并说一说："录像里的潜水艇有什么本领？"

（3）师：如果用我们刚才实验用的材料能不能使潜水艇浮上来呀？用钩子能不能把这么大的潜水艇钩起来呢？用橡皮筋和绳子可以把潜水艇拉起来吗？用泡沫和木块能不能把它托起来呢？（幼儿回答）

（4）引到用吸管来想办法。

师：现在这个沉在水里的矿泉水瓶就是潜水艇，怎样用这根吸管使它浮上来呢？

（5）幼儿操作，教师巡回指导。

（6）请小朋友说一说自己是怎样做的。

（7）教师根据小朋友说的方法示范一次。

（三）教师小结

（1）"其实呀，潜水艇在大海里能沉和浮，跟我们做矿泉水瓶实验的原理是一样的。你们相信吗？老师请小朋友看一看录像，你们就明白了。"

（2）"原来，潜水艇是利用水柜的排水和进水来控制潜水艇的上浮和下沉。"

（四）结束

师：潜水艇呀还有很多很多的秘密等着小朋友去发现，让我们一起再去找找看看，好吗？

斜坡（大班）

佛山市桂城中心幼儿园　潘青雨

活动目标：

（1）探索、了解实验变量与实验结果的关系。

（2）发展观察力，学习做观察记录。

（3）激发探索与合作精神。

活动准备：

斜坡板、积木、小圆球、蜡笔、小棍子、小皮球，生活中各种斜坡的图片、录像片。

关键环节：

提出问题—探索发现—观察记录—交流小结—再次尝试。

活动过程：

（一）观察不同的物体在同样的斜坡上移动的速度有什么不同

请幼儿尝试分别把小圆球、蜡笔、小棍子在斜坡上作自上而下的移动，观察、比较它们的移动速度后，记录下来。

请幼儿谈谈自己刚才所做实验的结果，哪种物体移动得最快？哪种物体移动得最慢？

教师小结：不同的物体，在相同的斜坡上移动的速度会有所不同。

（二）引导幼儿通过自己的探索，感知物体移动的速度与接触面光滑度有关系

让幼儿尝试把小圆球、蜡笔放在光滑和粗糙的斜坡板上移动，看看物体在哪一种斜坡板上移动得快。

（1）介绍记录表的记录方法。

（2）请幼儿分组进行小实验并记录。

（3）归纳小结实验结果，概括出摩擦力的概念。

请幼儿互相议论，将自己发现的现象说出来。

让幼儿思考：为什么同样的物体放在两个坡度一样，表面不同的斜坡上，移动的速度会不同呢？

教师小结：任何物体移动时都会产生摩擦力，光滑面比粗糙面的摩擦力小。

（三）幼儿根据问题，提出假设，并设计实验验证假设

（1）如何使相同的东西在相同面板的斜坡上移动的速度不一样？

（2）请幼儿分组合作做实验并记录。

（3）归纳小结实验结果。

幼儿互相介绍自己设计的实验及其结果。

教师小结：倾斜度越大，物体移动的速度就越快。

（四）引导幼儿发现斜坡在生活中的应用

（1）让幼儿讨论：你在哪些地方见过斜坡？它们有什么作用？

（2）观看录像、图片，进一步了解生活中斜坡的用途。

（五）游戏：斜坡变变变

引导幼儿利用自己的身体（四肢、背部等），倾斜成斜坡状，使小球在自己身体上滚动，看谁想到的办法多。调整身体的倾斜度，小皮球滚动的速度有什么变化？

神奇的水柱（大班）

惠州市机关第三幼儿园　曾晓云

活动意图：

现实生活中有许多幼儿熟悉的现象，它们蕴涵着深刻的科学道理。“神奇的水柱”这一活动，让幼儿在反复的操作中感受科学、探索科学，从而培养孩子们的科学素养。

活动目标：

（1）探索、发现水位高度与水柱喷射之间的关系。

（2）大胆表达、交流探索的过程和结果。

（3）学会分享与合作。

活动准备：

大小不同的塑料雪碧瓶若干，根据需要在每只瓶子上钻洞并用胶布封住，然后装上水；带底座的小红旗和小黄旗每人各一面；用于加水的桶和杯子各一只；胶布若干。

活动过程：

（一）设置情境，引导观察，引发策略出现

（1）师：小朋友，你们喜欢玩水吗？今天老师准备了许多瓶子，我们一起来玩喷水的游戏，好吗？

（2）引导幼儿观察两个瓶子有什么相同和不同的地方，如果撕去洞上的胶布，是红色水柱喷得远，还是绿色水柱喷得远。

（3）交代规则：①用黄旗表示猜想，用红旗表示结果。②应同时撕下两只瓶子上的胶布。③实验结束后，要用胶布将洞口封好。

（二）多次尝试，提供反馈，形成目标策略

（1）进行第一个实验。

提供两个瓶身粗细相同、水面、洞口一样高但水色不同的瓶子。

提问：两个瓶子有什么不同？猜一猜什么颜色的水柱喷得远？在认为喷得远的瓶子前面插上小黄旗，如果认为一样远就在两只瓶子中间插上小黄旗。

由两名幼儿同时撕下胶布，小组成员观察结果，在喷得远的水瓶前插上小红旗，观察自己的猜测与结果是否相同。

幼儿记录假设与实验结果。

教师小结：水面一样高，喷水的洞口一样高，喷出的水柱一样远。

（2）进行第二个实验。

实验方法同上，提供的是瓶身粗细一样、洞口一样高，但水位不同、颜色不同的两个瓶子。

教师小结：喷水的洞口一样高，水面高的水柱喷得远。

（3）进行第三个实验。

实验方法同上，提供的是瓶身粗细一样、水位一样，但洞口高度不同、水色不同的两个瓶子。

教师小结：水面离喷水的洞口越远，从洞里喷出的水柱就越远。

（4）交流实验过程与结果。

引导幼儿观察记录表，交流本次实验中的发现。

提问：如果两个瓶子粗细不一样，哪个瓶子喷出的水柱远？

（三）相似任务，训练巩固，促进策略迁移

（1）进行三次实验，实验方法同前，三次实验提供的瓶子分别是：第一次：瓶身粗细不同、水色不同，水位相同、洞口高度相同的两个瓶子；第二次：瓶身粗细不同、水色水位不同，洞口高度相同的两瓶子；第三次：瓶身粗细不同、水色与洞口高度不同，水位相同的两个瓶子。幼儿实验后记录结果。

（2）教师小结：不管瓶子的粗细怎样，只要水面、洞口一样高，喷出来的水柱就一样远；如果洞口一样高，水面高的，水柱就喷得远；水面离洞口越远，从洞里喷出的水柱就越远。

（3）引导幼儿观察记录表，交流第二次实验的结果与发现。

活动延伸：

出示粗细相同，水面高度不同，洞口高度一样并盖紧盖子的两个瓶子。请幼儿想一想：如果把两个瓶子倒过来，哪一个瓶子喷出来的水柱远呢？

奇妙的根（大班）

惠州市机关第一幼儿园　李惠玉

活动目标：

（1）会用比较、概括的方法发现植物根的不同形态。

（2）知道根的种类，初步认识直根、须根、储藏根，了解根的作用。

活动准备：

芹菜、菠菜、大蒜、苋菜、葱、芋头、香菜、凉薯、洋葱等蔬菜；贴有三种根标志的盆；课件“各种各样的根”；布置直根、须根、储藏根的场地。

活动过程：

（一）引导幼儿观察植物的根，初步认识一些植物的根

提问：

（1）你们的桌上有些什么？

（2）请你们仔细看看、摸摸，再来说说它们是什么样子的？启发幼儿互相讨论。

（3）请你在桌上找出有根的植物，告诉大家，根是什么样子的？

（4）除了葱和青菜的根，桌上还有没有植物的根？

（带幼儿去看一看，摸一摸，比一比，动手寻找植物的根。）

（二）围绕问题交流发现，利用课件介绍三种根的外部特征

请幼儿看课件，介绍三种根的外部特征。

师生讨论：

幼儿A：我看到的是葱的根，它的根细细长长的，像我爷爷的胡须。

幼儿B：我看到的是菠菜的根，它的根是一条长长的比较粗的根。

……

师：小朋友们说得真好！都发现了植物有不同的根。

（1）认识须根。我们来看，大葱的根像胡须一样，有很多细小的分支，这种根叫须根。哪些小朋友找的也是须根？

幼儿A：我找的芹菜是须根。

幼儿B：我找到洋葱的根是须根。

（2）认识直根。再来看看菠菜的根长得怎样？跟须根一样吗？菠菜的根中间是直直粗大的根，旁边长了很多细小的根，这种根叫直根。

小朋友，想一想，你刚才找的是直根吗？

（3）认识储藏根。小朋友，请看看，萝卜的根是什么根？怎么那么肥大？原来这种在主根上变肥大的根，叫储藏根。哪些小朋友刚才看到的也是储藏根的植物呀？

（三）游戏：它们是什么根？

（1）提问：小朋友，我们刚才认识了须根、直根、储藏根。智慧爷爷的菜地里有很多不同根的植物，你们能帮帮他，看看这是什么根吗？（当屏幕出现植物时）它是属于哪种根呢？

（2）出示课件：苋菜、葱、凉薯……

（四）操作分类

（1）要求：智慧爷爷的菜地里有那么多根，请小朋友帮忙分一分类（小朋友们按特征来分一分，说一说）。

（2）给植物的根找家。

师：根宝宝要回家了，请把这些须根、直根、储藏根送回家（出示贴有三种根标志的智慧箱）。

（五）教师小结

（1）师：你知道根有哪些作用？

幼儿 A：根可以吸水。

幼儿 B：根可以固土。

（2）提问：植物没有根会怎样？

师：植物的根是多种多样的，根的作用很大，植物没有根吸收水分和养料就无法生长。所以，我们平时不要去摇小树，要是摇断了它的根，它就不能活了。现在我们去给小树和花浇水，让它们的根吸收足够的水，使小树和花快快长大吧。

油和水（大班）

惠州市七五二〇〇部队幼儿园　黎　斌

活动目标：

（1）探索、发现油和水混合时，水在下、油在上互不相溶的现象。

（2）初步了解油和水融合的方法，对洗涤用品产生关注和好奇。

（3）增强自信心和敢为性。

活动准备：

知识经验准备：对洗涤用品有初步的认识；物质准备：小瓶、水、食用油、筷子、洗衣粉、洗洁精、盐、糖等，鸡、鸭的羽毛、头饰各一。

关键环节：

提出问题—幼儿尝试—教师指导—再次尝试—解决问题。

活动过程：

（一）设置情境，引导观察，引发策略出现

（1）介绍各种材料，提出问题：油和水混在一起会怎样？幼儿自由操作实验。

教师指导幼儿操作时，油和水取多少由幼儿自己确定，油和水谁先倒入瓶内由幼儿自己确定。

（注：目的在于使幼儿感知油在水上面的现象，不受油量多少和倒入先后顺序等因素影响。）

（2）集体讨论：

你是怎样倒水和油的？

水和油倒在一起后有什么样的变化？

用筷子搅拌后，油和水有变化吗？

教师小结：油不能溶解于水，且油比水轻，所以能浮在水面上。

（二）多次尝试，提供反馈，形成目标策略

教师出示鸡和鸭头饰，“小朋友都知道，鸭会游泳，而鸡不会游泳，为什么?”幼儿大胆发言，说出自己的见解。

教师小结：出示鸭和鸡的羽毛。鸭的毛上有一层油脂，油脂不但不溶于水，而且还比水轻，所以鸭可以浮在水面上。而鸡的羽毛则没有这种油脂，它的羽毛被水淋后就粘在一起，所以鸭会游泳，而鸡则不会。

（三）相似任务，训练巩固，促进策略迁移

（1）提问：装有油和水的小瓶，如果放进洗衣粉用筷子稍加搅拌会怎样？

(2) 幼儿操作实验：请幼儿按照自己的意愿取洗洁精、洗衣粉，或盐、糖放入小瓶，加以搅拌，观察小瓶内的变化。

(3) 集体讨论：盐、糖不能让油和水融合在一起，而洗衣粉和洗洁精能让油和水融合在一起，那还有什么东西能让它们融合在一起呢？

(4) 提问：你是怎样做的？发现了什么？（请幼儿讲述操作过程和结果）

附　录

黄金早期教育集团简介

黄金早期教育集团由广州杰出青年协会（业务主管单位为广州市共青团市委）主办，是专门从事婴幼儿早期教育研究和培训的专业权威机构，致力于为幼儿园提供0～6岁婴幼儿优质课程，并提供相应的园长培训、教师培训、家长培训及幼儿园经营管理专家式服务。自1987年成立以来，集团坚持基础研究与应用研究并重，走“科研兴教”之路；坚持运用国内外先进的教育理念，对幼儿教育进行积极的探索和改革；坚持把科研成果推广应用到幼儿园教育实践中。集团已发展成为具有较大规模和重大影响力的“产、学、研”一体化的早期教育研究和培训集团。

2004年11月27日，由黄金早期教育集团承担的全国教育科学“十五”规划课题（教育部重点课题）和联合国教科文组织在中国首次立项的学前教育课题“0～6岁婴幼儿机能发展研究”、“规范性语言领先的双语教育研究”经由中国心理学会和联合国教科文组织的鉴定专家的严格审核，顺利通过结题鉴定。2009年3月，广州黄金高德教育研究有限公司承担的教育部“十一五”重点课题“幼儿科学创造力培养”经中国心理学会组织的专家严格审核，顺利通过结题鉴定。这三项研究成果进一步充实和完善了“黄金早期教育工程”。

黄金早期教育集团依法办学，稳步发展。目前已发展到广东、广西、湖南、湖北、江西、福建、山东、上海、天津等地1 000多所幼儿园（其中80%为公办园，300多所省一级幼儿园，在学幼儿30多万人，超过100万名幼儿接受过黄金教育）。

集团属下拥有广州黄金早期教育研究所、广州黄金早期教育培训中心、广州高德早期教育培训中心、江门黄金早期教育培训中心、湛江市黄金早期教育培训中心、韶关市黄金早期教育培训中心、广西南宁黄金早期教育培训学校、佛山市南海黄金早期教育培训中心、广州黄金商贸培训学院、广州黄金高德教育研究所、广州黄金高德教育研究有限公司、广州高德早期教育研究所、黄金实验幼儿园、黄金港湾幼儿园、黄金新港幼儿园等15个子机构（其中三所全资幼儿园园舍达20 000多平方米，共计1 500多名在读幼儿）。

经多家风险投资机构调查显示，黄金早期教育集团的规模、经济总量、知识产权（200多项）、家长满意度、幼儿可持续发展等指标均列居全国0~6岁教育机构前茅。

展望未来，黄金早期教育集团将始终如一地坚持“科研顶天、服务立地”的宗旨，积极探索，不断挑战自我，以高度的责任感和一贯的务实精神，为推进中国学前教育事业的发展而努力！

欲了解黄金早期教育集团具体情况，请浏览黄金教育数字平台 www.1248e.com。

“黄金早期教育工程”简介

“黄金早期教育工程”由广州黄金早期教育集团主办，是一项尝试将先进的幼教理论从概念的层面应用到实践层面的应用性工程，于1992年开始立项研究，1997年在广州市省一级幼儿园试点推广，至2008年，已在广东省内外300多所省一级幼儿园实施。多年实践证明：“黄金早期教育工程”深受幼儿喜爱、家长认同，对促进幼儿和谐发展成效显著，对华南地区的幼儿教育产生了积极影响。

一、雄厚的科研实力

1. 课题研究

广州黄金早期教育集团引进30多名国内外著名的心理学、教育学、学前教育专业的教授及一批经验丰富、具有高级职称的幼教专家担任指导专家和教学督导，其中专职教研员本科学历者达到100%，充分保证了课题研究和课程构建的质量。

集团申请的全国教育科学“十五”规划课题“学校优质教育建设研究”子课题“0~6岁婴幼儿机能发展研究”和“规范性语言领先的双语教育研究”于2001年6月开题立项，历时3年多，于2004年11月27日隆重举行了“科研成果鉴定会”。经辽宁师范大学教科院博士生导师杨丽珠教授、西南师范大学教科院博士生导师张大均教授、华南师范大学教科院博士生导师郑希付教授、广西师范大学教科院心理学系主任李宏翰教授和福建师范大学教科院副院长连榕教授组成的专家鉴定组严格审核，一致认为：这两个课题的各项指标均达到验收要求，理论研究水平尤为突出，应用性研究成果有巨大的推广价值。

2009年3月6日，广州黄金高德教育研究有限公司承担的教育部人文社会科学重点研究基地重大研究项目“儿童科学思维过程与科学创造力培养”实验研究子课题“幼儿科学创造力培养”，经华南师范大学主管教科研的副校长莫雷教授、华南师范大学学前教育系主任杨宁教授、北京教科院早期教育研究所所长梁雅珠副教授组成的专家组严格审核，一致认为：该课题是一项具有教育实践意义的课题，从心理学和教育学的角度阐述了婴幼儿创造力发展的必要性与可行性；从实证的角度探讨了婴幼儿创造力发展对个体有关心理素质和可持续性发展的影响；对于完善我国幼儿创新思维课程体系，促进教师专业化成长具有较重要启示，产生了积极的教育效果和较广泛的社会效果。

2. 专家介绍

“黄金早期教育工程”主编莫雷博士、教授：中国心理学会副会长、华南师范大学副校长、博士生导师。

“黄金早期教育工程”副主编李惠健博士、教授：广州黄金早期教育研究所所长、香港学前教育学院客座教授、首届广州十大杰出青年。

“黄金早期教育工程”首席科学家陈哲博士、教授：国际著名发展心理学家、美国加州大学（美国十大名校之一）终身教授、博士生导师。

二、科学的应用研究

1. 理论基础

此项工程以最新的科研成果“关键期理论”（获诺贝尔奖）、“学习双机制理论”、“个体脑力资源利用理论”、“早期教育优化基础理论”、“神经生理学脑机制理论”、“机能形成载体理论”、“类母语情景理论”和“微观发生理论”为依据，是一项理论与实践相结合的科研应用性成果。

2. 基本思路

(1) 坚持一个中心。一个“中心”是指以使幼儿主动获得对其可持续发展有重大意义的工具性机能为中心，使幼儿的学习有利于其智能的提高，有利于其学习兴趣、良好思维习惯的培养，有利于其健康心理及个性的发展，有利于其下一步的可持续发展。

(2) 注重两个适合。两个“适合”是指适合幼儿的接受能力，适合幼儿的心理承受能力。

(3) 抓住三种时机。三种“时机”是指幼儿的潜能闪现期、机能敏感期、机能特效期。

(4) 体现核心目标。核心目标是：在最佳时机，用最佳方法，使婴幼儿主动获得最有用的机能。

① 最佳时机：什么时候学最好？能学会的时候学，最好；最有意义的时候学，最好；最有效果的时候学，最好。幼儿在0~6岁为早期教育的最佳时机，即关键期。

② 最佳方法：怎样学最好？适合幼儿接受能力的教育方法，最好；适合幼儿心理承受能力的教育方法，最好。“因材施教”；“玩中学，学中玩”；“愉快式、无意式、随意式”的教育方法是幼儿早期教育的最佳方法。

③ 最有用的机能：学什么最好？由幼儿主动获得对其一生可持续发展最有用的机能，最好。

3. 基本原则

学得无意，学得随意，学得乐意。

4. 研究成果

此项工程在科研理论指导下，研究出了一套操作性强、实效性强的应用性课程，主要包括：黄金幼儿成长课程、黄金多媒体优质课程、黄金阅读课程、黄金教练英语课程，黄金幼儿科学创新思维课程、黄金0~3岁亲子课程、黄金幼小衔接课程。

三、严谨的质量体系

1. 培训体系

所有黄金课程教师均须经严格培训，合格后才能上岗任教。由集团派出专家对教师进行三方面的培训：①理论培训；②教学操作培训；③现场指导培训。

2. 督导制度

集团每周或每月派出教学督导对合作幼儿园黄金课程的教学情况进行指导，同时收集幼儿园园长、老师的意见，了解课程实施中的情况，加强双方的沟通，共同提高教学质量。

3. 标准流程

此项工程教学科研具有很强的科学性、实效性，教学模式系统化、标准化，由集团向幼儿园提供《教学锦囊》、教学活动方案、教学教具、教师用书、幼儿用书、教学 VCD、录音带、教学电脑软件、教具、学具、头饰、卡片等。

4. 优质管理

严格贯彻国家教育方针，与教育部门的要求吻合；课程设置体现了《幼儿园教育指导纲要（试行）》的要求，以幼儿为中心，以游戏为基本活动，符合幼儿心理接受能力和认知发展规律；教学分组严格控制人数，保证教学质量；严格审核合作幼儿园条件，从管理上确保课程实施的质量。

四、完善的服务保障

1. 服务幼儿

此项工程实行游戏化教学，坚持“玩中学，学中玩”，符合幼儿身心发展规律；因材施教，激发幼儿学习兴趣，激活幼儿思维，并使其养成良好的学习习惯，深受幼儿的喜爱，学习保持率非常高。

2. 服务家长

每学期请专家到幼儿园进行“家长学校讲座”，为家长提供育儿指导，并现场解决家长的育儿难题；每学年为家长提供六期育儿报纸《黄金育儿锦囊》；“黄金教育数字平台”（www.1248e.com）24小时提供网上咨询和育儿指导；开通专家热线电话，供家长电话咨询。

3. 服务园长

率先把MBA课程引入幼儿园管理中，为幼儿园培养善于管理、精通管理的职业园长。每学年举办两次KMBA课程研讨会，为园长提升现代化管理水平提供交流的平台，让他们实现从职务园长向职业园长的转变。

4. 服务教师

为教师提供丰富的教育理论和完善的教学配套资源及服务，每学期组织师资培训、教研活动和教学汇报，有效地提高教师的综合素质和教研水平。

5. 服务社会

此项工程贯彻党的教育方针，符合《幼儿园教育指导纲要（试行）》的要求，得到教育主管部门的认同，是落实《纲要》的具体化体现，是幼儿园正常教学活动的补充和延伸，享有较高的社会信誉度。

相关新闻报道

◇ 课题立项的相关报道

铅笔有啥用 “古怪”答案多

“小朋友，你告诉姐姐这支铅笔可以用来做什么，好不好?”“画画、写字、飞镖、玩具、数数……”前日，在广州市某幼儿园的招生现场，不少小孩子面对“老师姐姐”的这道问题，展开了想象的翅膀，“古灵精怪”的答案层出不穷。

一连两天，记者发现今年不少幼儿园的“入学试”都呈现出一大特点，就是老师和小朋友聊天的内容一改以往诸如“形状、颜色”等单一封闭的话题，而采用了答案不限的“开放式”问答，十分新颖。广州市第二幼儿园园长张秀英认为，“新现象”说明科学的早期教育观念正逐步在广州形成，未来越来越多的幼儿园将更注重幼儿创新思维的培养与开发。

国家级课题研究幼儿创造力开发

莫雷表示，初生婴儿的脑部就像一张白纸，要有外界足够的听、视、触觉等感官刺激，各种机能才会渐渐发达，刺激越多，发展也越快。但假如不能把握出生后几年的这个时期，随着年龄的增长，启发、培养各种机能就会越费力，效果也会越差。“而这种刺激，就是我们通常所说的‘创造力’，早期教育就是要激发孩子创新潜能的开发。”他说，“这也是为什么我们国家大部分中学拿下奥数金牌的学生，长大后少有成为数学家的原因之一。因为这些学生小时候大都接受的是灌输教育和常规性的训练，缺乏创造力的培养。”

创造力有多大影响？开放式幼儿教育怎样推行？采取什么方式

开发？为了让科学早期教育能形成系统，昨天，由全国教育科学“十五”规划国家级课题“样例学习及其心理机制研究”总课题组，委托中国心理学会学校心理专业委员会组织实施的“幼儿科学创造力培养”，正式在广州开题，并于今年9月起开始全面启动该课题的实施研究。

据悉，课题的主持者除莫雷教授外，还有国际著名发展心理学家、美国加州大学发展心理学教授、博士生导师陈哲教授。在开题报告上，陈哲教授提出，该课题的意义，在于通过开发性的创新教育，开发幼儿的创造潜能，促进幼儿身心全面和谐发展，并最终形成系统，进一步提高幼儿教育、教学质量，提升幼儿教师的专业水平。

“目前国内关于早期教育的研究还比较薄弱，在教育目标上重知识传授轻思维培养，尤其是创新思维的培养，教学方法上重教师灌输，轻幼儿探索精神和行为的养成，这种现状影响了幼儿科学创造力的开发，继而影响全面素质的提高。”国家督学、联合国教科文组织中国教育学术交流中心专业委员会副主任姚继业昨天出席开题报告时说，“现在，广州部分幼儿园已经开始转换教学观念，是一个好现象，但仍需要系统的开发。这一课题的立项和实施研究，将把幼儿科学创造力的培养在理论和实践的层面上加以研究和探索，能为我省，乃至全国的早期教育提供技术支持。”

（《南方日报》，谢苗凤　胡键报道）

针对幼儿教育重知识、轻思考弊病
广东启动幼儿创新研究

近日，由中国心理学会学校心理专业委员会主办、广州黄金早期教育集团承办的“幼儿科学创造力培养”课题正式立项，致力于开展对幼儿创新能力的研究。据了解，9月1日，该课题将开始

把广东15所幼儿园作为教育实验基地，继而推向全国。

专家指出，幼儿时期是创造力发展的关键期。目前我国在幼儿科学创造力培养方面的研究还非常薄弱，教育目标上重知识传授、轻思维培养，教学方法上重教师灌输、轻幼儿探索精神和行为的培养，影响幼儿全面素质的提高。该课题是全国教育科学“十五”规划国家级课题“样例学习及其心理机制研究”和美国加州大学重点课题的联合子课题，旨在从理论和实践层面上研究探索培养发展幼儿科学创造力的有效方法。

（《人民日报》，张乐人　崔瑞梅报道）

◇结题鉴定的相关报道

“幼儿科学创造力培养”课题研究成果鉴定会在广州华泰宾馆举行。

李惠健博士：（课题的应用研究成果——黄金科学创新思维课程）主要特点是新颖性、独创性和价值性。

该课题于2005年6月开题，由广州黄金早期教育研究所承担。

（广东电视台报道，相关视频链接请看 www.1248e.com/黄金展示厅/新闻报道）

6岁前培养创造力最佳

近日，教育部研究课题“幼儿科学创造力培养”在广州举行了科研成果鉴定会。该研究认为，6岁前是儿童发展科学创造力的关键时期。

华南师范大学教育心理学博导莫雷教授认为，“科学创造力”是逻辑运算机能中最重要、最高级的组成部分，须在其发展的关键期中，与该机能的载体相互作用才能形成。该研究表明，“科学创造性人格”包含六要素：好奇、敢为、自信、独立、坚持、乐观。教育专家认为，科学的成功需要有稳定的持久的情绪情感、活泼自信的性格和勇于克服困难的意志品质。

莫雷教授认为，“幼儿自身具有潜在创造力，3～6岁的孩子思维不受习惯约束，能根据问题的要求使用一种新的方法去寻求答案。4至4岁半是发散能力的飞跃时期，对发展孩子的能力和创造力十分重要。”

“幼儿受社会规范的约束力较弱，好奇心和好胜心强，由于不受约束地思考和做事，敢想、敢做，有强烈的创造精神。”研究表明，一般人在5岁时可具有90%的创造力，在7岁时具有10%的创造力，而8岁后创造力下降为2%。因此在培养创造力方面，6岁前的时间是最宝贵的。

（《广州日报》，冯秋瑜报道）